谨以此书献给

中国矿业大学建校 113 周年！

中国矿业大学

体育发展史

项立敏　翟丰　编著

中国矿业大学出版社
·徐州·

图书在版编目(CIP)数据

中国矿业大学体育发展史 / 项立敏，翟丰编著. --
徐州 ：中国矿业大学出版社，2022.5
ISBN 978 - 7 - 5646 - 5386 - 6

Ⅰ. ①中… Ⅱ. ①项… ②翟… Ⅲ. ①中国矿业大学
—体育运动史 Ⅳ. ①G807.4

中国版本图书馆 CIP 数据核字(2022)第 073517 号

书　　名	中国矿业大学体育发展史
编　　著	项立敏　翟　丰
责任编辑	万士才
文字编辑	张海平
出版发行	中国矿业大学出版社有限责任公司 (江苏省徐州市解放南路　邮编 221008)
营销热线	(0516)83884103　83885105
出版服务	(0516)83995789　83884920
网　　址	http://www.cumtp.com　**E-mail**:cumtpvip@cumtp.com
印　　刷	江苏凤凰数码印务有限公司
开　　本	787 mm×960 mm　1/16　**印张** 16.75　**字数** 337 千字
版次印次	2022 年 5 月第 1 版　2022 年 5 月第 1 次印刷
定　　价	58.00 元

序

习近平总书记在北京冬奥会、冬残奥会总结表彰大会上指出:“伟大的事业孕育伟大的精神,伟大的精神推进伟大的事业。”习近平总书记始终将体育与国家发展、民族振兴紧密联系在一起,他多次谈到体育“是实现中国梦的重要内容”“体育强则中国强,国运兴则体育兴”。因此,重视体育运动便是重视国家的发展与昌盛、民族的振兴与腾飞、伟大事业的奋进与实现。

党的十八大以来,以习近平同志为核心的党中央高度重视体育工作,从全局和战略高度谋划体育事业改革发展,将全民健身上升为国家战略,推动全民健身和全民健康深度融合,加快推进体育强国建设。中国矿业大学是教育部直属的全国重点高校,先后进入国家“211 工程”“985 优势学科创新平台项目”和国家“双一流”建设高校行列。自 1909 年建校以来,中国矿业大学历经 14 次搬迁、12 次易名,薪火相传、弦歌不辍、砥砺前行。一代又一代矿大人胸怀天下的精神从未懈怠,开发矿业、开采光明、建设祖国、造福人类的使命从未改变。如今,矿大体育也走过了 113 年的辉煌,这是一代代矿大体育人不懈努力、锐意创新的结果,是贯穿矿大校史各时期的诸如何廷辉、王式乾、朱恩魁、马振刚、王允升等学校体育工作领导者为之拼搏积淀的光辉历史。巍巍矿大,洋洋校史,正是因为学校对体育一贯的重视,才成就了如今矿大优良的体育传统。

体育可以强壮一国之民,可以提振国民之精气神,可以强化国民之文化自觉。中国矿业大学历来重视体育工作,体育作为教育的重要组成部分,在学校发展的各个历史时期,为培养全面发展的高素质人才发挥了重要作用,对活跃校园文化、展示学校精神面貌与办学实力作出突出贡献。中国矿业大学百十余年体育发展历程,在不同时期都具有十分显著的标志和特点。

早在 1919 年福中矿务专门学校时期,校长许沅要求学生做到:“抱定力”,献身实业以挽回权利收自强之效;“服勤劳”,注重体育以备他日降大任于肩头;“爱名誉”,勉益加勉做到立品与修业并重。这充分体现学校创办者对学生期望之殷切。1924 年,福中矿务大学时期的《福中周刊》也记载了“研究学术,发展体育,陶冶性情,共圆公家利益为宗旨”的学校体育理念。1931 年,福中矿务大学易名为私立焦作工学院,这一时期体育传统进一步形成。焦作工学院积极推进体育之普及,于

1933年举行全院体育考试，以示其与操行及学业成绩并重之意。抗日战争全面爆发后，学校辗转西北，几经流离，尽管没有安静稳定的学习生活环境，但师生们在艰苦中仍然坚持体育锻炼。如今想来，若是前辈们没有强健的体魄，又怎能撑过次次搬迁对体力和意志的考验，又何来如今之薪火相传的矿大精神？

新中国成立前，学校曾有多人和多队代表河南省参加第十五、十六、十七届华北运动会：教师刘宝成作为民国时期国家篮球队中锋，参加过第十一届奥运会；教师王堪若作为民国时期国家篮球队队员，多次参加远东及东亚运动会；1936年10月在上海江湾体育场举行的“中华民国第六届全国运动会”上，学校有篮球、排球、网球、足球和田径等学生运动员代表河南省赴会。新中国成立后，焦作工学院重获新生。1950年，学校改名中国矿业学院并迁址天津，在天津办学的历史虽短，却是极为重要的一个时间段。为了增强学生体质，加之日后工作要求，当时的副院长吴子牧十分重视学生的体育运动和文娱生活，要求保证学生每天有1小时的体育锻炼时间，对比如今社会“每天运动1小时”的口号，可以说具有十足的先进性。

1958年，荣获“全国体育运动红旗院”称号，是学校体育全面发展的又一重要标志。学校从天津迁至北京，更名为北京矿业学院后全面恢复和发展体育。学校具备严谨科学的体育课教学、轰轰烈烈的课外体育锻炼、享誉北京及全国高校的代表队比赛成绩，得到了国家体育运动委员会贺信表扬，获得由国务院副总理贺龙颁发、国家体育运动委员会授予的“全国体育运动红旗院”光荣称号。学校优良的体育传统得以进一步继承和发扬。

1988年获全国大学生运动会“校长杯”第一名是学校体育的又一次崛起与辉煌。在学校领导的鼎力支持下，在体育工作者的辛勤努力下，学校继承优良体育传统，锐意进取，开拓创新，进行体育课程教学改革，开先河在全国高校首办高水平运动队，比赛成绩雄居江苏高校首列，课外体育活动的开展全国领先。此后在1992年、1996年、2004年、2007年、2012年、2021年的“全国大学生运动会”上，学校共7次夺得“校长杯”。学校在体育课程教学、群众性体育活动的开展与体育代表队、高水平运动队建设上均取得令人瞩目的成绩，受到省级表彰20余次、国家级表彰20余次。

历史汇聚了一代又一代矿大健儿拼搏书写的体育华章。从北京矿业学院到中国矿业大学，学校组建了一批批高素质的体育教师队伍，涌现出一代代成就学校体育辉煌的领军人才。他们中有参加过第十一届奥运会的国家篮球队中锋刘宝成，多次参加远东运动会的国家篮球队队员王堪若，新中国200米栏比赛纪录的创造与保持者、国家队队员、运动健将刘书谦等一批颇有见树的老前辈；有广纳人才、默默奉献、担任近20年体育主任的老前辈王厚熙先生；有在艰难岁月永不言弃，在三汇坝半山腰上坚守学校体育的张文郁教授；有敢为天下先，开创我国高校办高水平运动队先河、被称为矿大体育一面旗帜的马中华教授；有高瞻远瞩、努力提升办学

目　录

层次、我校体育专业学科建设的开拓者张庆权教授……是他们带领一代又一代矿大体育人扛起了学校体育的“红旗”，成就了学校体育辉煌的历史篇章。

近年来，在学校的鼎力支持和学院的不懈努力下，体育学院采取多种措施大力培养、提高教师的学历水平和教学能力，引进多名博士和运动健将，目前形成具有博士学位教师12名、硕士学位教师36名、高级职称教师占比60%以上的教师队伍。矿大公共体育课教学、大学生课外体育活动和竞技运动取得辉煌成就的同时，学校领导和体育工作者也开始了矿大体育向更高层面的发展——体育学科建设。在历经非学历教育、成人学历教育取得成效后，学校于2000年始先后申办“社会体育”和“体育教育”本科专业；在此基础上2004年又先后成功报批了“体育教育训练学”“体育人文社会学”“体育专业硕士”硕士点；2019年“体育学”一级学科硕士点获批，使矿大体育提升到更高层次。

以史为鉴，开创未来。中国矿业大学体育的辉煌成就与经验，亟须进行系统的回顾与总结，更需进行全面的继承与弘扬，在崭新的历史交汇时期将中国矿业大学体育事业的发展推向更高的高度，此为撰写《中国矿业大学体育发展史》之目的所在。如今，回首来时路，已是一百一十三载春秋冬夏，吾辈自当紧握接力棒，坚守“崇德尚学”校训，弘扬“好学力行、求是创新”的优良校风，传承“自强不息、艰苦奋斗、追求卓越”的矿大精神，继续为中国矿业大学的体育事业争取异彩纷呈的辉煌业绩。《中国矿业大学体育发展史》是矿大体育工作百十余年发展历程的缩影，希望后来者取得更加绚丽的成绩，传承属于矿大人的使命，守护属于矿大人的荣光！

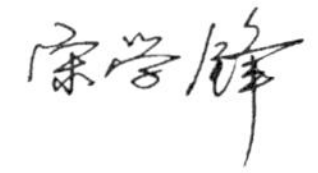

二〇二二年五月二十二日

第一章　学校体育发展简史

第一节　学校概况及发展历程

一、学校发展概况

中国矿业大学是教育部直属的全国重点高校，先后进入国家“211 工程”“985 优势学科创新平台项目”和国家“双一流”建设高校行列。学校为全国首批具有博士和硕士学位授予权的高校之一，设有国家批准的研究生院。学校现坐落于素有“五省通衢”之称的国家历史文化名城——江苏省徐州市，有文昌和南湖两个校园，占地 4 200 余亩，校舍建筑面积 156 万平方米，馆藏图书文献 2 000 多万册（件）。学校现有 2 个国家“双一流”建设学科、1 个一级学科国家重点学科，8 个二级学科国家重点学科，1 个国家重点（培育）学科；6 个江苏省优势学科、7 个江苏省重点学科；18 个一级学科博士点，1 个专业学位博士点，36 个一级学科硕士点，19 个专业学位硕士点。学校设 23 个学院，72 个本科专业，有全日制本科生 23 500 余人，各类博士、硕士研究生 13 300 余人，留学生 740 余人，继续教育学生 22 000 余人；有教职工 3 400 余人；有 5 个国家级科研平台，33 个省部级科研平台，1 个国家大学科技园；另设有 1 个独立学院徐海学院。

中国矿业大学始于 1909 年创办的焦作路矿学堂。1931 年，更名为私立焦作工学院。抗日战争全面爆发后，1938 年西迁陕西城固，与东北大学工学院、北平大学工学院、北洋大学工学院联合组建国立西北工学院。抗战胜利后，几经辗转，于 1949 年 9 月迁回焦作原址。1949 年 12 月，焦作工学院拨归当时的燃料工业部领导。1950 年 3 月，更名为中国矿业学院。1951 年 4 月，学校从焦作搬迁至天津办学。1952 年，北洋大学、唐山交大、清华大学的采矿系调整到中国矿业学院。1953 年，学校迁至北京，改称北京矿业学院，成为北京学院路著名的“八大学院”之一。1970 年，学校迁至四川省合川县三汇坝镇，更名为四川矿业学院。1978 年，学校开始搬迁至江苏徐州办学，恢复中国矿业学院校名，并在北京学院路原校舍设立中国矿业学院北京研究生部。1988 年，学校更名为中国矿业大学，邓小平同志亲笔为学校题写了校名。1997 年，中国矿业大学北京研究生部改设为中国矿业大学北京校区。1998 年，原煤炭工业部撤销，学校划归国家煤炭工业局管理。2000 年，学校整体划转教育部直属管理。2003 年，中国矿业大学北京校区从中国矿业大学独立出去，命名为中国矿业大学(北京)，至此，中国矿业大学和中国矿业大学(北京)成为两个相互独立的办学实体。2004 年，学校成为国家批准设立研究生院的 56 所高校之一。1997 年学校成为国家“211 工程”重点建设高校，2006 年成为“985 优势学科创新平台项目”建设高校，2017 年成为“双一流”学科建设高校。

伴随着历史的风雨，历经时代的沧桑，中国矿业大学与中国工业化进程同步发展，与人民共和国一起成长，学校的发展史是与国家同向共进、与行业休戚与共、与地方同频共振的一部奋斗史。110 多年来，历经 14 次搬迁、12 次易名，历经艰辛，颠沛流离，却依然薪火相传，弦歌不辍，形成了“自强不息、艰苦奋斗、追求卓越”的矿大精神。在中华民国，学校把“教育英才，备物质建设之先锋；从事研究，求吾国学术之独立”作为历史责任。新中国成立后，学校把“开发矿业、开采光明、建设祖国、造福人类”作为神圣使命。一代又一代矿大人的努力奋斗，铸就了中国煤炭高等教育的一流品牌和独特的精神文化品格，形成了“崇德尚学”的校训，“学而优则用、学而优则创”的办学理念，“好学力行、求是创新”的校风。

学校建设与发展，得到了党和国家领导人的亲切关怀。毛泽东同志“开发矿业”的题词激励着一代代矿大人为事业不懈奋斗；邓小平同志亲笔批示指引学校在改革开放中走上中兴之路；江泽民同志来校视察学校科研工作并为学校建校 90 周年题词；胡锦涛同志为学校建校 100 周年发来贺信；习近平同志见签了学校与德国杜伊斯堡-埃森大学签署两校教育与科技合作协议。陈至立、周济、陈希、袁贵仁、陈宝生等教育部历任领导也一直关心学校事业发展，先后来校视察指导工作。

中国矿业大学作为当今全国唯一以矿业命名的特色鲜明的高水平大学，在上级主管部门、煤炭能源行业和社会各界的支持下，通过长期发展和建设，已经形成了以工科为主、以矿业为特色，理工文管法经教艺等多学科协调发展的学科专业体系和多科性大学的办学格局。近年来，学校按照“强工、厚理、兴文、拓医、育新”的思路调整学科布局，优化学科生态，服务国家科技自立自强和高层次人才培养的能力不断增强。近年来，在巩固原有特色优势学科基础上，学校设立了碳中和科学与工程、储能科学与工程、人工智能、物联网等 8 个交叉学科，为国家双碳战略和生态文明建设，推动行业转型升级、智能矿山建设搭建了学科平台；工程学、地球科学、材料科学、化学、数学、环境与生态学、计算机科学和社会科学总论 8 个学科进入 ESI 全球前 1%，其中工程学进入前 1‰，矿物资源与开采工程学科领域连续 5 年进入全球前 50 强；形成了矿业工程与安全科学、遥感测绘与环境、地质学与地质工程、土木建筑与力学、机械电气与控制、计算机与信息、管理与经济、化工与材料等优势学科领域。

学校始终坚持社会主义办学方向，贯彻党的教育方针，落实立德树人根本任务，致力于培养德智体美劳全面发展，具有家国情怀、国际视野，富有创新精神、实践能力，能够引领科技创新、行业发展、社会进步的栋梁之材。学校现有72个本科专业，24个国家级一流本科专业建设点，11个“教育部卓越工程师计划试点专业”和3个教育部综合改革试点专业；建成22门国家级精品课程、国家精品资源共享课、国家精品视频公开课和国家精品在线开放课程，18门课程入选首批国家级一流本科课程。进入新世纪以来，学校获8项国家级教学成果奖，2项首届全国教材建设奖，2人被评为全国教材建设先进个人；拥有3个国家级实验教学示范中心、2个国家级虚拟仿真实验教学中心和1个国家级人才培养模式创新试验区、9个国家级工程实践教育中心。学校入选“国家大学生创新性实验计划”项目高校和“卓越工程师教育培养计划”试点高校，建设了全国高校实践育人创新创业基地和国家级大学生科技创业实习基地。学校先后被评为全国和江苏省毕业生就业工作先进集体及全国创新创业典型经验高校和江苏省创业教育示范校，2012年被国务院授予“全国就业先进工作单位”称号。建校以来，先后为国家和社会输送了34万余名毕业生，其中许多人已成长为各行各业的科技精英、管理骨干和领军人物。

学校贯彻落实中央人才工作会议精神，实施人才强校战略，努力打造一支师德高尚、业务精湛、数量充足、结构合理、充满活力的教师队伍。学校现有专任教师2 129人，其中受聘教授岗位489人、副教授岗位883人，博士生导师475名、硕士生导师1 573名，拥有博士学位的教师占比超过80%。教师队伍中，有国家级教学团队4个、国家自然科学基金委创新研究群体3个、教育部创新团队4个、江苏高等学校优秀科技创新团队15个。拥有两院院士16名(含外聘)，国家级教学名师5人，国家级高端人才88人次，享受国务院政府特殊津贴176人，国家有突出贡献中青年专家12人。4人获全国五一劳动奖章，3人被评为“全国模范教师”，5人被评为“全国优秀教师”，7人获全国优秀科技工作者称号。

学校坚持“四个面向”，强化有组织的科研攻关，不断提高科技创新能力，取得了一大批高水平科技成果。学校拥有2个国家重点实验室，1个国家工程研究中心，1个国家工程技术研究中心、1个国家地方联合工程实验室，1个省部共建协同创新中心，4个教育部重点实验室，3个教育部工程研究中心，1个教育部野外科学观测研究站，24个其他省部级科研平台。学校在深圳、北京、新疆等地分别设立深圳研究院、能源资源战略发展研究院、西部能源研究院，在校内组建碳中和研究院、物联网(感知矿山)研究中心、人工智能研究院、可持续能源研究院等4个交叉学科直属科研机构，与徐州地方政府和企业共建深地科学与工程云龙湖实验室、徐州市生态文明建设研究院、中国矿大—徐工矿业智能装备技术研究院等6个对外合作科研平台。“十二五”以来，学校共承担包括国家“863计划”“973计划”、国家科技重大专项、重点研发计划、国家自然科学基金项目等国家级科研项目1 839项；获国家科学技术奖36项，获奖数量位居全国高校前列；2021年到账科研经费超过8亿元。

学校积极发挥自身优势，服务行业人才培养、科技进步及地方经济社会发展，推进产学研协同创新，入选首批“高等学校科技成果转化和技术转移基地”“国家知识产权示范高校”。学校与1个省级人民政府、14个地市级人民政府建立了全面合作关系，与14家国有大型企业共建了研究机构，全面合作单位达到165家。学校积极融入长三角经济带，加入长江教育创新带科教合作体，与南京六合区共建未来创新港。学校发挥学科优势，围绕潘安湖采煤塌陷区综合整治开展科技攻关，助力徐州实现了从“一城煤灰半城土”到“一城青山半城湖”的华丽转身，倡议发布了《潘安湖宣言》，为全国资源枯竭型城市的转型发展提供了智力支持和技术保证。2017年12月习近平总书记到徐州考察，对潘安湖治理给予了高度赞扬。学校承办万名煤矿总工程师、全省安全生产管理干部大轮训等培训任务，行业影响力显著提升。

学校积极开展国际交流与合作，不断推进国际化办学，与近百所国外高校建立了合作伙伴关系。联合20余所国外大学发起成立了“国际矿业、能源与环境高等教育联盟”，成为“一带一路”国际合作交流平台。加入了联合国教科文组织“国际矿业工程教育能力中心”并成为该中心在华唯一旗舰高校。在巴基斯坦和厄瓜多尔合作共建“中巴矿物资源英才中心”和“中厄矿业学院”。在澳大利亚格里菲斯大学创办了“旅游孔子学院”。获全国首批“高层次国际化人才培养创新实践基地”。积极主办承办“国际矿业科学技术大会”“能源、资源、环境与可持续发展国际会议”“绿色开采理论与实践国际研讨会”“国际匹兹堡煤炭会议”等具有国际影响力的国际学术会议，学术交流日益活跃。

源深流自远，行健天同功。中国矿业大学新时代的奋斗目标是：到本世纪中叶，把我校建成能源资源特色世界一流大学。

站在新的历史起点上，学校将坚持以习近平新时代中国特色社会主义思想为指导，贯彻党的教育方针，落实立德树人根本任务，开拓创新、踔厉奋发、勇毅前行，高质量推进新一轮“双一流”建设，深入实施“十四五”改革与事业发展规划，加快建设能源资源特色世界一流大学，为实现第二个百年奋斗目标、实现中华民族伟大复兴的中国梦贡献矿大力量！（数据截至2022年3月）

二、学校变迁历程

（一）焦作路矿学堂（1909—1915）

1909年3月1日，河南焦作，开学典礼。

（二）福中矿务学校（1915—1919）

1915年6月1日，河南开封，开学典礼。

（三）福中矿务专门学校(1919—1921)

1919年2月,改名为福中矿务专门学校;1920年4月,由开封迁回焦作。

（四）福中矿务大学(1921—1931)

1921年夏,改名为福中矿务大学(本部在焦作)。

（五）私立焦作工学院(1931—1938)

1931年,改名为私立焦作工学院;1937年10月,举校迁至陕西西安;1938年3月,由陕西西安迁至甘肃天水。

（六）西北工学院(1938—1946)

1938年7月,国民政府教育部决定将焦作工学院与国立北洋工学院、国立北平大学工学院、东北大学工学院合并改组,成立西北工学院。1938年11月,焦作工学院从甘肃天水迁至陕南城固古路坝。

（七）私立焦作工学院(1946—1949)

1946年8月,焦作工学院复校;1947年11月,迁至河南郑州;1948年8月,迁至江苏苏州。

1949年4月,苏州解放。随即,华东人民政府接收了焦作工学院。6月1日,焦作工学院在苏州举行了建校40周年庆祝活动。

（八）焦作工学院(1949—1950)

1949年8月,华北人民政府接收了焦作工学院;9月,学校返迁焦作(成为国立高等学校)。

1949年12月,燃料工业部正式接管了焦作工学院。

1950年3月,华北煤矿专科学校并入焦作工学院。

（九）中国矿业学院(1950—1953)

1950年,在天津筹建中国矿业学院。

1951年4月26日,焦作工学院结束,中国矿业学院成立。

1952年,清华大学采矿系、天津大学(原北洋大学)采矿系、唐山铁道学院采矿系并入中国矿业学院。

（十）北京矿业学院(1953—1970)

1952年春,中国矿业学院筹备在北京建校。10月,进入了天津、北京两地办学的过渡时期。

1953年9月,改名为北京矿业学院。

1961年,北京煤炭学院并入北京矿业学院。

（十一）四川矿业学院(1970—1978)

1970年5月,学校迁至四川省三汇坝,改名为四川矿业学院。

（十二）中国矿业学院(1978—1988)

1978年6月23日,恢复中国矿业学院校名,开始在江苏省徐州市筹备建校工作。

1978 年 11 月，成立中国矿业学院北京研究生部。

1982 年 12 月，学校从四川省至江苏省徐州市的搬迁工作全部结束。

1984 年 12 月 22 日，学院在徐州市建校工程竣工。

（十三）中国矿业大学（1988— ）

1988 年 4 月 2 日，学校正式更名为中国矿业大学，5 月 11 日，邓小平同志为学校题写了校名。

1997 年，设立中国矿业大学北京校区。

1998 年 9 月，北京煤炭管理干部学院并入北京校区。

2002 年，北京校区东校园（原北京煤炭管理干部学院一部分）并入北京广播学院。

2003 年，中国矿业大学北京校区从中国矿业大学分离出去，命名中国矿业大学（北京），中国矿业大学和中国矿业大学（北京）成为两个相互独立的办学实体。

2003 年 6 月 30 日，中国矿业大学南湖校区开工奠基仪式举行。

2004 年 5 月，教育部批准学校正式建立研究生院。

2004 年 9 月，6 000 余名 2004 级本科生顺利入住南湖校区，标志着学校南湖校区正式启用和运行。

2005 年 11 月 21 日，中国矿业大学银川学院正式挂牌。

2006 年 7 月，学校完成了办学主体由文昌校区向南湖校区的搬迁，两校区办学格局基本形成。

2007 年 11 月，中国矿业大学南湖校区主体工程竣工。

第二节　学校体育发展简史

中国矿业大学具有优良的体育传统，学校体育工作伴随着学校的变迁、发展而发展，取得了辉煌的成绩，沉淀、积累了深厚的体育文化。

1958 年学校被国家体委授予“全国体育运动红旗院”的光荣称号。改革开放以后，体育工作在各级领导的关心与支持下，重焕生机，迅速发展，在矿大体育人的摸索与创新中，开辟出一条崭新的道路，集中体现在“五个率先”上。

第一个率先：1983 年，率先在全国高校试办高水平运动队，招收田径和男子篮球队运动员，开创了我国高校试办高水平运动队之先河。

第二个率先：1996 年起，矿大体育人调整思路、与时俱进，体育课程实行教师挂牌上课、学生自主选课的改革。1996 年，从传统的按学生专业、行政班级上课改革为“单元课内选项课”；1997 年改革为“周内选项课”，也称“挂牌选课”；1998 年在全校试行“分层次体育课教学”改革。经过教学实践，学校逐步推进学生自主选择上课教师、自主选择上课时间、自主选择上课内容的"三自主"教学改革,构建了"三自主"体育教学模式。从2002年9月起,全国高校开始推行体育课"三自主"教学模式。

第三个率先:学校党政领导历来高度重视学校体育工作,从2007年起,率先在全国高校本科生培养方案中,规定每天下午第7、8节课时间(每天16:00时至18:00时)不安排课程,空出时间用于大学生课外体育锻炼,从制度上保障了大学生每天一小时的体育锻炼时间。

第四个率先:在2008年2月18日,学校与冀中能源集团签署了共建体育学院的战略合作伙伴协议,体育学院更名为冀中能源体育学院,是我国高校首次校企联合、共建体育院系的实践探索,开创了我国高校"校企联合"办学新模式。

第五个率先:学校开创了"校企联合"办运动队、聘请职业教练员在高校执教的先河。1997年,学校与河北省邢台矿务局联合组织、训练女子篮球队,先后聘请原天津女篮主教练、河北省女篮主教练、总教练李汉亭,原青岛队主教练张世璋,原河北露露男篮(甲B)教练董昆岭担任学校女篮教练;2004年聘请国内著名职业教练、前男篮国手、有全国CUBA"铁腕教练"之称、目前任国家男篮"蓝队"教练的白江担任学校男子篮球队教练,开创了全国普通高等学校聘请著名职业教练担任学校高水平教练员的先河。

1988年、1992年、1996年、2004年、2007年、2012年、2021年,学校先后七次获得全国大学生运动会"校长杯"。1992年被教育部评为"全国普通高校体育课程评估优秀学校"。1993年被评为"全国高等院校课余训练试点先进学校"。1994年"大学体育"被评为"江苏省二类优秀课程",学校连续多次被评为"全国贯彻《学校体育工作条例》优秀学校"。2000年"大学体育"被评为"江苏省一类优秀课程"。学校连续六次被国家体育总局评为"全国群众体育先进单位"。2008年获"江苏省体育教育工作先进学校"称号。

2000年学校体育部改为体育系。2003年11月成立体育学院。经过几年的发展,学院现已有社会体育指导与管理和运动训练两个本科专业、体育学一级学科硕士点,具备体育专业硕士学位授予资格。

2008年11月22日,中国矿业大学冀中能源体育学院暨体育学院成立五周年庆典举行,"中国矿业大学冀中能源体育学院""国家体育总局体育文化发展中心研究基地""全国煤矿体育管理干部培训基地"三个揭牌仪式同时举行,这是国家体育总局体育文化发展中心和中国煤矿体协对学校的信任和支持,标志着矿大体育进入一个新的发展阶段。体育学院聘请第七届和第八届全国政协常委、九三学社中央常委、第十二届北京市人大常委会副主任、国务院体育学科评议组组长、原北京体育大学副校长田麦久教授担任名誉院长。

矿大体育在与时俱进中不断发展、壮大、完善。秉承矿大优良体育传统,弘扬矿大体育文化，为学校和国家的体育事业再创辉煌是我们永远的职责与追求！

从福中矿务大学到中国矿业大学，从体育股到体育学院，在113年的办学历程中，中国矿业大学始终将体育作为学校教育的重要组成部分。经过多年不懈努力和发展，学校在体育课程教学、课外体育活动和运动训练比赛等方面形成了独具特色的校园体育文化和校园文化。中国矿业大学体育在百十余年的历史河流中，熠熠闪光，绽放光芒。

在20世纪初期的福中矿务大学时期，体育就是学校教育的重要组成部分。学校设置了体育课程，教授体操术、柔软术等，且规定学生必须修习2个体育学分；专设了体育组织，即"体育股"，股长为何廷辉、王式乾。《福中矿务大学学生会会章》第一章第二条，明确提出"本会以联络感情、研究学术、发展体育、陶冶性情、共圆公家利益为宗旨""足球队、篮球队、网球队、田径队、拳术队及其他各种运动属之"；运动场地器材设备的建设与维护、经费保障等都有较完整的管理机制。

到了30年代以后，焦作路矿学堂改称私立焦作工学院，学校体育工作更加完备。据私立焦作工学院《校史》记载，"李校长改就他职，三公司更聘张广兴为校长。十二年十一月，张校长抵校，除保持旧有精神外，并注重体育，提倡课外作业。增筹经费建筑宿舍……"当时学校建立了体育室，并设有专任体育教员负责体育课教学，制定了较系统的体育课教学大纲、课外体育活动的规定和体育代表队训练和参加各类比赛的机制。有多人（队）代表地区和省，参加河南省运动会、华北运动会和全国运动会。

1950年，以焦作工学院为基础，在天津建立了新中国第一所矿业高等学府——中国矿业学院。学院设立了体育教研室，主任为王厚熙。体育教研室聚集了一批当时在体育界极有建树的知名教师，他们分别是副教授王厚熙、讲师王堪若、讲师刘宝成、助教马中华。学校体育课教学、群众性体育活动和运动训练有了完整、系统、科学的开展。

1953年，学院迁至北京，改称北京矿业学院，体育事业随着社会的变革得到了完整、系统的建设和发展。学院建立了以院领导为核心的体育运动委员会、院大学生体育协会和各单项体育协会，院、系的团委和学生会均建立了体育机构。在院党委行政的正确、具体领导下，学院坚持德、智、体全面发展的教育方针，始终将体育作为活跃校园文化和展示学校综合实力的重要组成部分；坚持体育课内外结合、普及与提高相结合的原则，使体育课程教学科学、有序地进行；群众性体育运动蓬勃开展。

学院迁至北京后，体育教研室教师队伍及组织也迅速得到了充实和完善。确定了体育课为学生的必修课程，体育课不及格者不能毕业；制订了科学、系统的体育课教学大纲；开设了田径、体操、篮球、排球、足球、游泳、棒球、垒球、滑冰和军事体育等几十项体育教学内容，为学生课外体育锻炼奠定坚实的基础。

1954年，学院制定了《北京矿业学院"准备劳动与卫国"体育制度预备级或一级锻炼手册》。之后不断系统完善了学生体育锻炼的各项规章、制度、办法和标准，学生以达到《准备劳动与卫国》(简称“劳卫制”)为标准的体育活动空前活跃。为了加强对体育的宣传、教育和指导，学校出版了体育刊物《北京矿业学院体育运动》；时任国务院副总理贺龙在视察学校时阅读了《北京矿业学院体育运动》，还谱写了《锻炼！未来的红色矿工》歌曲，激励全校职工体育锻炼。在开展“千分运动”“破纪录，晋一级”运动和“劳卫制复查”运动的推动下，学生体质逐步提高，在校健康学生基本都达到了二级劳卫制、三级运动员和普通射手的标准。

在体育教学深入发展、课外体育锻炼蓬勃开展的基础上，学校体育运动水平也随之发展和提高。学校组建了田径、体操、篮球、排球、足球、游泳、棒球、垒球、射击、无线电、摩托车、航海等多项运动队；建立了专门的运动队党、团组织，进行统一管理；开办了运动队食堂，以保证运动训练。1958 年，学院有运动健将 6 名，他们分别是：马拉松运动健将董耀禄，露天采矿专业；马拉松运动健将辛承墚，矿山设计专业；跨栏(200 米)运动健将刘书谦，青年教师；环城马拉松运动健将崔云海，院矿山机械厂青年工人；竞走(20 公里)运动健将朱昌发，矿山测量专业；射击运动健将林家琪，矿山设计专业。还有一级运动员 37 名，并有 15 人多次打破全国纪录，3 人 4 次平全国最高纪录，10 人 24 次打破 11 项北京市最高纪录，有 9 名运动员代表北京市参加了第一届全国运动会。

1958 年，北京矿业学院被国家体育运动委员会授予“全国体育运动红旗院”的光荣称号。

1960—1976 年，由于自然灾害和“文化大革命”等原因，学校体育与全国其他高校一样受到了极大的冲击。学校 1970 年从北京迁至四川华蓥山(现重庆市合川市)，改称四川矿业学院。1972 年招收“工农兵学员”后，学校党政和各级领导，以及体育教师，继承了优良传统，带领师生在陡峭的山岩上、狭窄的沟壑里开辟场地，艰难地进行体育课教学，因地制宜地开展课外体育锻炼，适时地组建了篮球、排球、田径、体操、乒乓球和羽毛球等运动队，且参加重庆市的各类比赛，成绩名列前茅，为学校赢得了盛誉。

1978 年，经党中央、国务院批准，学校在江苏省徐州市重新建校，恢复中国矿业学院校名。1988 年，更名为中国矿业大学。

学校的振兴为体育的发展带来了机遇。学校相继恢复了原北京矿业学院时期的各级各类体育组织机构。1985 年体育教研室升级为体育部(处级，校直属二级单位)，2000 年更名为体育系，2003 年成立中国矿业大学体育学院。至此，学校的体育课程教学、群众性体育活动开展、运动队训练、体育专业建设等得到全面的发展和提高。

在体育课教学方面，学校紧跟时代的发展，不断对体育课程进行改革和创新。1996 年开始，将传统的按专业班级上课改革为“单元课内选项课”；在“单元课内选项课”改革取得良好效果的基础上，1997 年改为“周内选项课”；1999 年，在“单元课内选项课”和“周内选项课”取得改革成果基础上，借试行“学分制”之机，深入改革体育课程教学，在全校试行“分层次”体育课教学模式（按学生不同的基础，在同一个项目中分为初级班、中级班和高级班的体育课程教学模式）和学生“三自主”选课教学模式（学生根据自身的基础、兴趣和爱好，自主选择上课内容，自主选择教师，自主选择上课时间）。体育课程教学改革不断深入，取得了较好的成果。学校大学体育课程多次被评为优秀课程，先后被评为江苏省二类课程和一类课程。学校在全国、江苏省的公共体育课程教学检查评估中，多次荣获“普通高校体育课程评估优秀学校”的荣誉。

学校始终坚持“课内外”结合的原则。体育课程教学取得的成果，有力地推动了群众性体育活动的开展。定期举行的全校性比赛项目有田径、篮球、排球、足球、健美操、乒乓球、羽毛球、网球等 10 余项；各学院、校团委、学生会及各单项体育协会和俱乐部都定期或不定期地举行丰富多彩的体育比赛与活动；集体早操、定量课外锻炼（即每学期必须参加定量课外体育锻炼，且按比例计入体育课成绩）、冬季长跑锻炼月等课外锻炼已形成传统。在历次江苏省、全国的表彰中学校多次荣获“群众体育先进学校”称号。1988 年在大连举行的第二届全国大学生运动会期间，学校体育教研室（部）副主任张庆权教授作为群众体育先进单位（学校）代表，受到国务院总理李鹏的接见。

学生体育代表队、高水平运动队的训练和比赛，是中国矿业大学的特色之一。在徐州建校后，学校迅速组建了田径、篮球、排球、健美、艺术体操、乒乓球、羽毛球、武术等多支代表队，在参加校际、省和全国乃至国际比赛中取得了优异成绩。1983 年，根据全国高等学校体育工作会议领导讲话“有条件的工矿企业和高校，可招收‘体育特长生’办运动队”的精神，在国家还没有出台招收体育特长生政策的情况下，在校党、政组织和领导的大力支持下，学校于 1983 年创建男子篮球、田径高水平运动队，开创了改革开放以后我国高校试办高水平运动队的先河。1985 年国家教委在山东省掖县召开的全国高校体育工作会议（简称“掖县会议”）上，正式确定了在高校试办高水平运动队，国家教委与国家体委于 1986 年颁布了《关于开展课余训练，提高学校体育运动技术水平的规划》的通知，确定了包括中国矿业大学在内的 55 所高校试办高水平运动队。学校随即先后招收运动员组建了田径、男女篮球、武术、艺术体操、游泳和网球等高水平运动队。

1985 年，由马中华教授任教练，中国矿业大学乔刚、于新德、郑建华、王玉强 4 名学生组成的中国大学生男子篮球队，参加了在日本神户举行的第十三届世界大学生运动会。从第二届全国大学生运动会开始的历届全国大学生运动会上，江苏省代表团几乎均以中国矿业大学学生为主参赛；1988 年，第三届全国大学生运动会首次设立“校长杯”，中国矿业大学获“校长杯”第一名。此后，1992 年、1996 年、

2004 年、2007 年、2012 年、2021 年学校均夺得“校长杯”。迄今为止，学校有 80 余名高水平运动员获“运动健将”称号，100 余名高水平运动员获一级运动员称号。1993 年 4 月，全国政协副主席、著名科学家钱伟长来学校视察时参观了学校体育成就展室，并为学校高水平运动队题词“矿大学子 自强不息”。

学校在“十一五”期间，实现从研究教学型大学向多科性研究型大学的转变，初步建成研究型的高水平大学总体目标。为了拓宽学科建设，1993 年开办“体育师资班”“体育大专班”“武术秘书”“现代秘书班”等非学历教育和学历教育班，2000 年停止招生。教育部于 2000 年、2004 年先后批准学校设立“社会体育指导与管理”和“体育教育”本科专业并招生；2015 年，学校获批“运动训练”本科专业招生资格（注：2013 年“体育教育”本科专业停止招生，专业置换为“运动训练”专业；2015 年获教育部批准，从 2019 年开始招收第一届“运动训练”专业学生）。2003 年 9 月，国务院学位委员会批准学校“体育教育训练学”硕士学位研究生招生资格。2004 年 9 月，学校招收第一届“体育教育训练学”研究生。2006 年，获批“体育人文社会学”硕士点。2007 年，招收第一届“体育人文社会学”研究生。2011 年起，新增“全日制体育硕士专业学位”招生资格，并开始招收第一届“专业学位”研究生。2019 年，获批“体育学”一级学科硕士学位授权点，开始按照一级学科硕士点招收硕士研究生。迄今为止，学校共培养体育人才 1 000 余名。

到目前为止，学校体育学科共受到省级表彰 10 余次，国家级表彰 9 次；15 人次（队次）代表国家参加国际比赛，40 余人次（队次）取得全国性比赛冠军，80 余人获“运动健将”称号。原体育部主任马中华教授，被国家原人事部、劳动部和煤炭部联合授予“全国煤炭系统劳动模范”称号；1994 年体育部副主任张庆权教授，在上海第 48 届世界男子健美锦标赛和国际健联代表大会期间，获得国际健联主席签发的“国际健联荣誉证书”。

中国矿业大学体育教学，作为教育的一部分，对活跃校园文化、促进精神文明建设和培养全面发展的高素质人才发挥了积极的作用。自 20 世纪以来，中国矿业大学经过百年历史的洗礼，正以全新的面貌迎接明天。百年华诞，盛世华章！在描绘宏伟发展蓝图的今天，中国矿业大学体育学科也会有全新的发展，也会以更加辉煌的业绩拥抱明天！

第三节　学校体育机构与职能沿革

一、体育行政机构的变迁与历任领导

（一）体育行政机构的变迁

1925 年，福中矿务大学设体育股。设立股长，同时设立网球队长、篮球队长、

足球队长、田径队长、拳术队长。

1931 年，焦作工学院设体育室。

1951 年，中国矿业学院（天津）设体育组。

1954 年，北京矿业学院设体育组。下设体育课教学研究组、运动训练组、器材管理室。

1970 年，四川矿业学院设体育教研室。

1980 年，中国矿业学院（徐州）设体育教研室。

1987 年 5 月，成立体育部（系、处级）。下设公共体育教研室、运动训练研究室、专业课教研室、场地器材管理室及体育部办公室。

2000 年 6 月，体育部改称体育系。下设公共体育教研室、运动训练研究室、专业教研室、场地器材管理室及体育部办公室。

2003 年 11 月，撤系建立体育学院。下设社会体育系、体育教育系、公共体育教学部、运动训练管理中心、场地器材管理中心及院办公室。

2008 年 2 月，中国矿业大学体育学院与河北冀中能源集团联合办学，改称中国矿业大学冀中能源体育学院。下设体育系、公共体育教学部、体育科学研究中心、运动训练管理中心、体育馆与场地器材管理中心、党政办公室、教学管理办公室、研究生管理办公室、学生工作管理办公室。

（二）历任主任、院长、副院长（表 1-1）

表 1-1　体育学院历任主任、院长、副院长统计

序号	姓　　名	职　　务	任职时间
1	何廷辉、王式乾	福中矿务大学体育股主任	1925 年
2	朱恩魁、马振刚	焦作工学院体育室主任	1931 年
3	王允升	焦作工学院体育室主任	1931 年 12 月
4	王厚熙	中国矿业学院（天津）体育组组长	1951.9—1953.9
		北京矿业学院体育组组长	1953.9—1970.
5	张文郁	四川矿业学院体育教研室主任	1970—1980.7
		中国矿业学院体育教研室主任	1980—1982
6	刘培福	四川矿业学院体育教研室副主任	1970—1980.7
7	马中华	中国矿业学院体育教研室主任	1982—1987.5
		中国矿业学院体育部主任	1987.5—1993.6
8	张庆权	中国矿业学院体育教研室副主任	1982—1987.5
		中国矿业大学体育部副主任	1987.5—1993.6
		中国矿业大学体育部主任	1993.6—1995.6

表 1-1(续)

序号	姓　名	职　务	任职时间
9	王朝军	中国矿业大学体育部副主任	1993.6—1995.6
		中国矿业大学体育部主任	1995.6—2000.6
		中国矿业大学体育学院院长	2004.12—2016.10
10	程　杰	中国矿业大学体育部副主任	1995.6—2002.9
		中国矿业大学体育系主任	2002.9—2003.12
		中国矿业大学体育学院院长	2003.12—2004.10
11	池忠军	中国矿业大学体育系主任	2000.6—2002.9
12	孙天明	中国矿业大学体育系副主任	2002.9—2003.12
		中国矿业大学体育学院副院长	2003.12—2006.1
13	杨　剑	中国矿业大学体育系副主任	2002.9—2003.12
		中国矿业大学体育学院副院长	2003.12—2007.9
14	项立敏	中国矿业大学体育学院副院长	2007.4—2012.6
15	孙　耀	中国矿业大学体育学院副院长	2007.9—2020.7
16	许彩明	中国矿业大学体育学院副院长	2012.6—2020.7
17	张矛矛	中国矿业大学体育学院副院长	2016.11—2020.7
18	张利先	中国矿业大学体育学院院长	2016.10—2018.7
19	翟　丰	中国矿业大学体育学院副院长	2007.4—2016.11
		中国矿业大学体育学院院长	2018.7 至今
20	王军利	中国矿业大学体育学院副院长	2020.7 至今
21	张大中	中国矿业大学体育学院副院长	2020.7 至今
22	严海波	中国矿业大学体育学院副院长	2020.7 至今

二、体育学院党组织机构的变迁与历任领导

1. 体育党组织机构的变迁

1958—1960 年，北京矿业学院设体育党总支，党总支书记为傅满孝。下属支部包括：中长跑支部、全能跳跃支部、短跑跨栏支部、投掷支部、文工团支部、体育教学研究组支部；下设机构有：训练处、学习处、生活处、文工团、学生体育协会、体育教学研究组。

1960—1986 年，为体育党支部，归属基础部党总支领导。

1986—1993 年，为体育部党总支，下属支部包括教工支部和学生支部。

1993 年撤销党总支，建立支部，归属教务党总支领导。

1998—2000年，为直属党支部。

2000年，建立党总支。

2007年，成立体育学院党委。

2. 历任书记、副书记(表1-2)

表1-2 体育学院历任书记、副书记统计

序号	姓　　名	职　　务	任职时间
1	傅满孝	体育党总支书记	1958—1960
2	董耀禄	体育党支部书记(归属基础部党总支领导)	1961—1979
3	张庆权	体育党支部书记	1979—1983
4	张文郁	体育党支部书记	1983—1986
		体育党总支书记	1986—1993
5	马中华	党支部书记(归属教务处党总支领导)	1993—1998
6	曾昭艳	直属党支部书记	1998—2000.6
7	姜建平	体育系党总支书记	2000.6—2004.10
8	蔡晓星	体育系党总支副书记	2002.9—2006.3
9	白克义	体育学院党总支(党委)书记	2004.11—2012.5
10	郭　鹏	体育学院党总支(党委)副书记	2006.3—2016.12
11	龙景奎	体育学院党委书记	2012.5—2015.8
12	张利先	体育学院党委书记	2015.8至今
13	翟　丰	体育学院党委副书记	2018.7至今
14	李德福	体育学院党委副书记	2016.12—2019.4
15	关福远	体育学院党委副书记	2019.4—2020.7
16	李　琳	体育学院党委副书记	2020.7至今

三、现任领导班子

党委书记张利先：全面负责学院党务工作，重点负责教工党员、工会、妇委会的工作。

党委副书记李琳：主管体育学院团委、学生工作办公室，负责院学生工作。

院长、党委副书记翟丰：全面负责体育学院的整体工作，重点负责学科建设与师资队伍建设工作。

教学副院长张大中：主管体育系、公共体育教学部、教学管理办公室，负责体育专业本科生教育、公共体育课教学、学生体育活动和校内学生体育竞赛的管理。

研究生科研副院长王军利：主管体育科学实验中心、运动训练管理中心，负责研究生培养、科研项目的申报立项和学术研究、高水平运动队的招生训练和比赛的管理。

行政副院长严海波：主管学院办公室、场地器材管理中心，负责学院行政事务、财务及后勤保障的管理。

四、体育学院下设机构

体育学院下设体育系、公共体育教学部、体育科学实验中心、运动训练管理中心、体育学院党政办公室、教学管理办公室、研究生管理办公室、学生工作管理办公室。

体育学院的其他组织：体育学院工会、体育学院妇委会、体育学院团委、体育学院学生会。

第四节 体育学科、专业与师资队伍建设

一、体育学科、专业建设

1. 体育专科班

体育专科学历证书班（学制 1 年，1993—1994 年）。煤炭系统各中小学体育师资匮乏，经学校报请煤炭部教育司和中国煤炭体育协会批准，为煤炭系统各矿务局所属中小学校培养体育教师，由中国矿业大学颁发专科学历证书（在煤炭系统内承认其学历）。

体育专科班（学制 2 年，1992—1994 年）。在体育师资班的基础上，为煤炭系统各矿务局所属中小学校培养体育教师。按大纲计划培养合格后，由中国矿业大学颁发专科毕业证书（成人教育）。

武术秘书班与现代秘书班（武秘班：学制 1 年，1993—1995 年；现代秘书班：学制 2 年，1996—2000 年）。在体育师资班、体育专科班办学取得成效后，1993 年体育部与成人教育学院共同开办面向全国招生的 1 年制武术秘书班（非学历教育），1996 年改为 2 年制现代秘书班（成人专科学历教育）。体育部负责专业、思想培养教育，成人教育学院负责学籍管理，并经培养合格后颁发全国统一的成人教育专科毕业证书。

2. 体育本科专业

社会体育和体育教育本科专业。在开办体育专科学历证书班、体育专科班和武术秘书班、现代秘书班等成人教育取得成效后，学校于 2000 年 1 月获批“社会体育”本科专业招生资格，当年 9 月开始招生。2004 年 3 月，获批设置“体育教育”本科专业，自当年 9 月开始招生。

2013 年，体育教育本科专业停止招生，申请置换为运动训练专业。

2015年3月，学校获批“运动训练”本科专业招生资格。（2019年招收第一届学生）

3. 研究生招生与培养

2003年9月，国务院学位委员会批准中国矿业大学“体育教育训练学”硕士学位研究生招生资格，可行使硕士学位授予权。2004年9月，学校招收第一届体育教育训练学研究生。

2004年5月，教育部批准中国矿业大学正式成立研究生院，为体育专业硕士点的申报提供了更好的机遇。

2006年1月，中国矿业大学获批“体育人文社会学”硕士点，于2007年9月招收第一届体育人文社会学研究生。至此，中国矿业大学在体育学科建设上实现了2个体育本科专业、2个体育硕士专业的跨越式发展。

2019年5月6日，经国务院学位委员会第三十五次会议审议批准，发布《国务院学位委员会关于下达2018年动态调整撤销和增列的学位授权点名单的通知》（学位〔2019〕8号），中国矿业大学“体育学”一级学科硕士点获批。

二、师资队伍建设

学校始终重视体育教师队伍建设。1950年，在天津组建中国矿业学院初期就聚集了一批当时在体育界极有建树的教师，其中知名的有王堪若、刘宝成、马中华等。

王堪若副教授：中华民国篮球队队员，曾多次代表中华民国参加远东运动会。

刘宝成副教授：中华民国篮球队主力中锋，于1936年随中华民国体育代表团参加在德国举行的第十一届奥林匹克运动会。

马中华教授：原华北男子篮球队主力后卫。1954年任北京矿业学院学生男子篮球队教练，率队于1955年获北京市高校“三好杯”篮球赛冠军，1962年获北京市大学生篮球赛冠军。1985年任中国大学生男子篮球队教练，参加了在日本举行的第十三届世界大学生运动会，1986年晋升为教授。历任北京矿业学院体育教研室秘书、副主任，中国矿业学院体育教研室主任，中国矿业大学体育部主任（正处级），中国矿业大学体育部党支部书记，徐州市政协常委，中国大学生田径协会第一、第二、第三届副主席兼秘书长，江苏省高级职称评审委员会体育学科评审组组长。

截至2021年12月，体育学院共有专任教师57人。其中教授6人，副教授28人，博士12人，硕导14人。

教授6人：项立敏、翟丰、孟献峰、许彩明、张矛矛、黄美蓉。

副教授28人：李晓新、樊六东、刘晓伟、张安君、石道兴、张青、徐碧鸿、王晓贞、杨家坤、张清华、张大中、张晓侠、张松奎、孙耀、王涛、乔秀芳、古强、孙志鹏、杨文礼、高艳敏、周鹏、王小云、张艳平、王明伟、王军利、李立杰、孙术奇、陈文佳。

博士 12 人：翟丰、徐碧鸿、张松奎、许彩明、王军利、黄美蓉、张矛矛、王明伟、陈文佳、宋春景、陈春平、童甜甜。

硕士研究生导师 14 人：项立敏、翟丰、孟献峰、许彩明、张矛矛、张青、张清华、杨文礼、王军利、黄美蓉、宋春景、王明伟、陈文佳、陈春平。

第二章　新中国成立以前的矿大体育

在中国矿业大学110余年的办学历程中，无论是体育课程教学，还是学生课外体育活动的开展，或者是运动训练和竞赛，都是学校教育的重要组成部分，并形成了独具特色的校园体育文化，展现了学校的办学精神。

在新中国成立前的福中矿务大学和焦作工学院时期，体育是学校教育的重要组成部分，体育课程均为必修课程，且规定学生必须修习2个体育学分。学校制定了较完善的体育课教学大纲，选择了体操术、柔软术、田径、篮球、排球、网球和国术（武术）等教学内容。另外，运动场地器材设备的建设与维护、经费保障等都建立了较完整的管理机制。

第一节　早期学校体育课教学

一、“福中”时期的体育课教学

在20世纪初期的福中矿务学校时期，体育就是学校教育的组成部分。学校行政领导和教学主管部门都十分重视体育教学工作，始终将体育作为必修课程。

1915年6月1日，福中矿务学校在开封举行成立典礼。在开学典礼上，河南巡按使田文烈首先发表训词。他强调：

夫富国之道以商业为先，经商之基以技能为重。矿务为最大之商业，实赖有最精之技能。……既欲挽回权利，亟当培养人才。以本使期望之殷，遂不觉其言词之切。撮其大要约有三端：

一曰守坚定。浅尝中辍，大道无可至之。期恒久德，贞圣人有不刊之训用：志纷则功难，就矢心壹则业易成。况矿学之精深非克期所能罄。本校造端伊始，责效方者必殚心毕力以相求，庶取精用宏之有。得此亟欲为诸生告者一也。

二曰戒骄。盈满能招损，固尽人而皆然。虚以受人，实为学之要务。况矿校之设，学理最繁。知识以愈浚而愈新，艺术以愈攻而愈巧。此时教学相长之力，即他日实地练习之资。倘以一得自矜，安有众长可集？此亟欲为诸生告者二也。

三曰忍劳苦。自来立大功、膺大任者，必有凝固之精神，贞强之体干，固卫生之有益，亦习勤之使然。矿校之兴关系尤切。盖将积数年之讲习，策实业之进行，缒幽凿深，必身亲于其境，劝心忍性乃增益所不能其力弥劳，其用弥大此。亟欲为诸生告者三也。(《河南巡按使田训词》，原件存于中国煤炭档案馆，福中总公司案卷，第 1743 卷)

学生应“忍劳苦”，“必有凝固之精神，贞强之体干”。

福中矿务学校校长许沅在开学典礼上要求学生：“‘抱定力’，献身实业以挽回权利收自强之效；‘服勤劳’，注重体育以备他日降大任于肩头；‘爱名誉’，勉益加勉做到立品与修业并重”。

《河南福中矿务学校简章》共有 22 章 138 条，其中第二章为学科，规定“预科之学科为国文、英文、算术、代数、几何、三角、物理、化学、地质、矿物、图画、音乐、体操”13 门，规定体育教授柔术，及各学科的教授时数。(注：当时的“体操”，即是现在的“体育”。)第七章为操场规则，规定了体操纪律，要求爱惜体育器材，提倡在课余时间做种种有益之游戏。

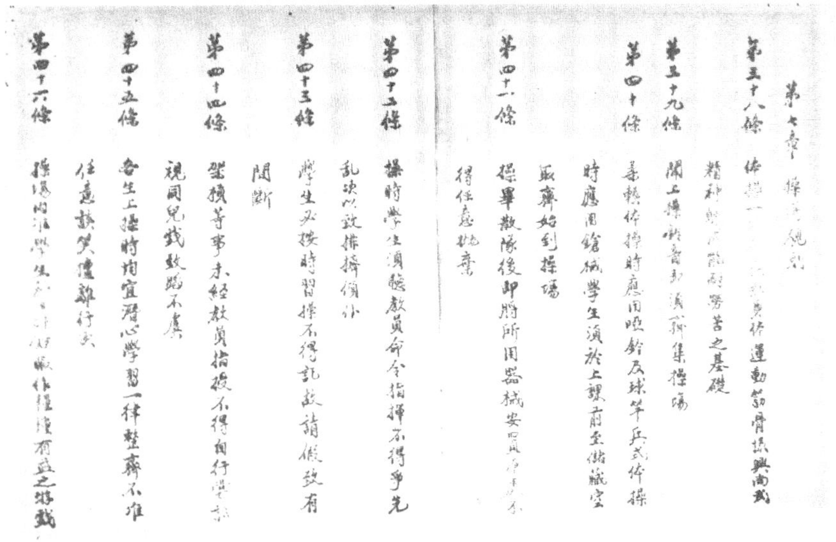
第七章 操場規則
第三十八條 體操一科[illegible]運動筋骨振興尚武精神[illegible]耐勞苦之基礎
第三十九條 開上操鈴音即須齊集操場
第四十條 柔軟體操時應用啞鈴及球竿兵式體操時應用鎗械學生須於上課前至儲藏室取齊始到操場
第四十一條 操畢散隊後即將所用器械安置原處不得任意拋棄
第四十二條 操時學生須聽教員命令指揮不得爭先亂次以致排擠傾仆
第四十三條 學生必按時習操不得託故請假致有間斷
第四十四條 架槓等事未經教員指授不得自行[illegible]視同兒戲致蹈不虞
第四十五條 各生上操時均宜潛心學習一律整齊不准任意談笑違離行次
第四十六條 操場內[illegible]學生[illegible]作種種有益之游戲

图 2-1　《河南福中矿务学校管理规则》之“操场规则”

附：《河南福中矿务学校管理规则》之“操场规则”

第七章　操场规则

第三十八条　体操一科为强壮身体、运动筋骨、振兴尚武精神，练成能耐劳苦之基础。

第三十九条　开上操铃音即须齐集操场。

第四十条　柔软体操时，应用哑铃及球杆；兵式体操时应用枪械。学生须于上课前至储藏室取齐，始到操场。

第四十一条　操毕散队后即将所用器械安置原处不得任意抛弃。

第四十二条　操时学生须听教员命令、指挥，不得争先乱次以致拥挤倾覆。

第四十三条　学生须按时习操，不得托故请假致有间断。

第四十四条　架杠等事，未经教员指授不得自行尝试，视同儿戏致蹈不虞。

第四十五条　各生上操时，均宜潜心学习，一律整齐，不准任意谈笑擅离行决。

第四十六条　操场内准学生于日课余暇做种种有益之游戏。

1920 年 5 月 10 日，福中矿务专门学校迁回焦作后，开始逐年增添教学设施。修建了一个长 700 尺(1 尺约为 0.333 米)、宽 150 尺的运动场，还有足球场、篮球场和网球场等，以满足学校进行体育课程教学、学生课外体育锻炼和学校体育代表队的训练之需要。

1920 年 11 月，从美国留学归来的李鹤接替周振先担任福中矿务专门学校校长。1921 年夏，李鹤把学校改名为福中矿务大学，并主持制定了《福中矿务大学规程》。学校积极开展体育教育，要求学生注重身体锻炼，强调智育和体育并重，在第二章“规则”第二十六节“课程表”中，预科开设国文、英文、算术、物理、化学、体育等课程，规定在大学预科一年两个学期开设体育课，规定每周两小时的体育课，各一学分。在第三章“课程”第四十四节有关体育课程内容中明确规定：“教授中国各项柔术、柔软体操及各种运动，由学生向教员商选一、二项习之，每生至少有二学分之成绩，欲多习者聽”(聽，同听，旧读 tìng，意为：任凭，随)。

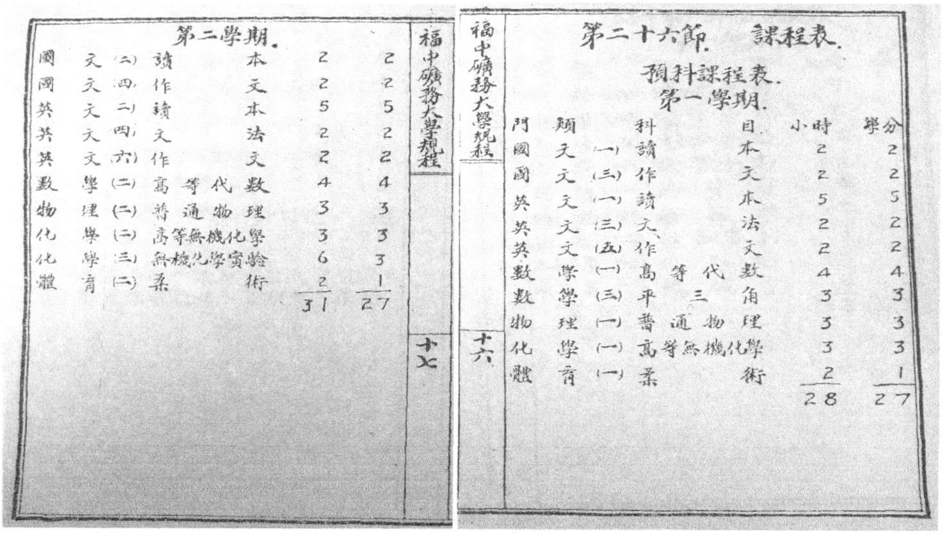
福中礦務大學規程

第二十六節　課程表

預科課程表

第一學期

門類		科目	小時	學分
國文	(一)	讀本	2	2
國文	(三)	作文	2	2
英文	(一)	讀本	5	5
英文	(三)	文法	2	2
英文	(五)	作文	2	2
數學	(一)	高等代數	4	4
數學	(三)	平三角	3	3
物理	(一)	普通物理	3	3
化學	(一)	高等無機化學	3	3
體育	(一)	柔術	2	1
			28	27

十六

福中礦務大學規程

第二學期

國文	(二)	讀本	2	2
國文	(四)	作文	2	2
英文	(二)	讀本	5	5
英文	(四)	文法	2	2
英文	(六)	作文	2	2
數學	(二)	高等代數	4	4
物理	(二)	普通物理	3	3
化學	(二)	高等無機化學	3	3
化學	(三)	無機化學實驗	6	3
體育	(二)	柔術	2	1
			31	27

十七

图 2-2　福中矿务大学预科课程表

柔术分柔软体操和兵式体操两种，柔软体操即指现代的体操练习，如哑铃、球杆等器械操；兵式体操指德国式新体操、丹麦军体操，包括枪械、队列等训练。学校还设有架杠等体育锻炼设施供学生日常练习，校园内有较好的体育文化氛围，对于培养能适应在铁路和煤矿等野外及艰苦行业工作的人来说具有重要意义。

福中矿务专门学校时期的校风学风极为严整，《福中矿务大学规程》中对学生的课堂纪律、行为规范等各方面都提出了严格要求。严格的课业要求促成了学校良好的学习风气。学校的严格管理并不意味着办学保守。针对古代"文士阶层"重学问轻体能、重文史轻理工、重理论轻实践的积弊，学校积极支持学生的文体活动。尽管当时在校学生人数不多，但校内专辟有图书室、阅报室供学生了解信息，以提高学生综合素养，活跃学生文化生活。

二、"焦工"时期的体育课教学

1931 年 4 月，张仲鲁再次出任福中矿务大学校长，并于同年 8 月将福中矿务大学改称私立焦作工学院，成为近代中国唯一的一所私立工学院。从 1931 年到 1937 年 7 月，焦作工学院进入一个发展相对快速的时期。学院的办学规模逐步扩大，各种制度逐渐完善，办学水平不断提高，使学校的发展进入创办以来最好的时期。

在私立焦作工学院时期，学校体育工作更加完备。据私立焦作工学院《校史》记载，"李校长改就他职，三公司更聘张广舆为校长。十二年十一月，张校长抵校，除保持旧有精神外，并注重体育，提倡课外作业。增筹经费建筑宿舍……"

为促进学生全面发展，1931 年焦作工学院设立体育室，历任主任为朱恩魁、马振刚、王允升，并设有专任体育教员负责体育课教学，制定了较系统的体育课教学大纲、课外体育活动的规定和体育代表队训练和参加各类比赛的机制。学校积极推进体育之普及，于 1933 年起，焦作工学院举办全院体育考试，"以示其与操行及学业成绩并重之意"。

为了"奖励学术研究及补助品学优良之学生完成学业起见"，学院设立了奖学金。在学生奖学金评定时有体育方面的要求。《焦作工学院周刊》第二卷第六期（1933 年 10 月 9 日）刊载《焦作工学院奖学金规则》，其中有关体育的要求如下：

第三条　凡学生在本学院肄业满一学期，各科成绩平均列入超等，体育、军事训练及格，品行优良者，得给予奖学金，每学期定额六名。

……

第五条　凡学生在华北、全国或远东运动会得有分数而学业平均成绩在七十分以上并品行优良者，亦得给予奖学金，每学期定额三名。如超奖学金定额时，另由本院设法募集之。

1936 年 11 月 16 日、30 日，《焦作工学院周刊》第五卷第 11、12 期合刊，第 13、

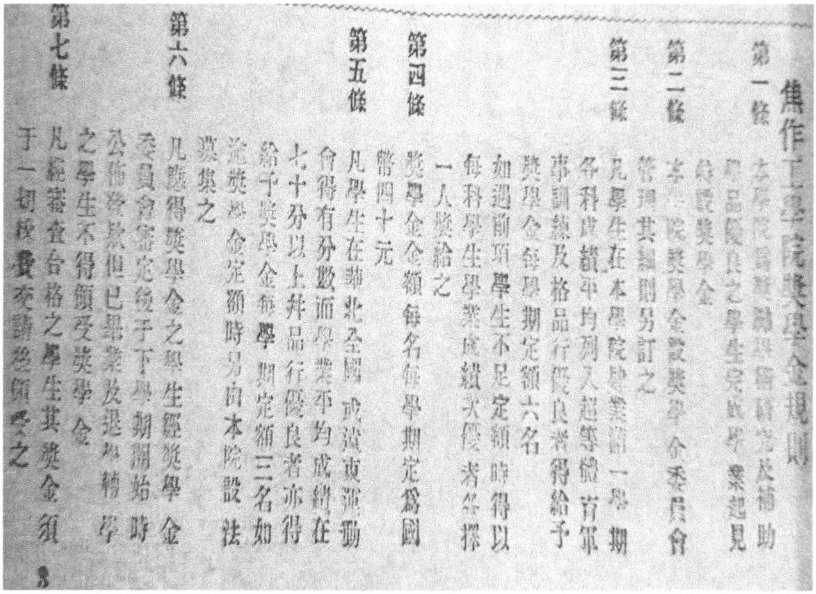

焦作工學院獎學金規則

第一條 本學院爲鼓勵學術研究及補助品學優良之學生完成學業起見特設獎學金

第二條 本學院獎學金設獎學金委員會管理其細則另訂之

第三條 凡學生在本學院肄業滿一學期各科成績平均列入超等體育軍事訓練及格品行優良者得給予獎學金每學期定額六名

如遇前項學生不足定額時得以每科學生學業成績次優者各擇一人獎給之

第四條 獎學金金額每名每學期定爲國幣四十元

第五條 凡學生在華北全國或省政府舉辦會得有分數而學業平均成績在七十分以上并品行優良者亦得給予獎學金每學期定額三名如逾獎學金定額時另由本院設法籌集之

第六條 凡應得獎學金之學生經獎學金委員會審定後于下學期開始時公佈發款但已畢業及退學轉學之學生不得領受獎學金

第七條 凡經審查合格之學生其獎金須于一切校費交清後領受之

图 2-3 《焦作工学院奖学金规则》

14 期合刊分两期刊载了《暂行大学体育课程纲要》，由此可见，体育课程是学校教学的重要组成部分。其中详细说明了开设体育课程的目标、时间、丰富的教学内容、教学要点及要求、场地器材设备等，其中的许多要求如培养学生养成体育锻炼的习惯、着运动服装上课、分班教学、坚持早操及课外体育锻炼等，也是现在大学体育教学中的基本要求和追求的目标。而对学生成绩的评定，充分考虑了学生的测验结果，又注重学生出勤、学习态度、进步幅度及课外体育锻炼情况，还包括体育理论知识的考核，较全面地对学生的体育成绩进行综合评价，具有较高的评价科学性，对现在的大学体育评价具有较好的参考、借鉴价值。

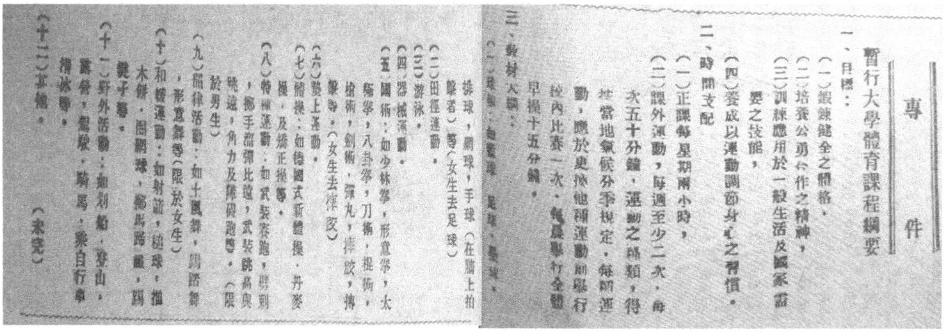

專件

暫行大學體育課程綱要

一、目標：

（一）鍛鍊健全之體格。

（二）培養公勇合作之精神。

（三）訓練應用於一般生活及國家需要之技能。

（四）養成以運動調節身心之習慣。

二、時間支配

（一）正課每星期兩小時。

（二）課外運動，每週至少二次，每次五十分鐘，運動之種類，得按當地氣候分季規定，每期運動，應於更換他種運動前舉行校內比賽一次，每晨舉行全體早操十五分鐘。

三、教材大綱：

（一）球類：如籃球，足球，壘球，排球，網球，手球（在牆上拍擊者）等（女生去足球）

（二）田徑運動。

（三）游泳。

（四）器械運動。

（五）國術：如少林拳，形意拳，太極拳，八卦拳，刀術，棍術，槍術，劍術，彈丸，摔跤，拳擊等。（女生去摔跤）

（六）墊上運動。

（七）體操：如德國式新體操，丹麥操，及矯正操等。

（八）特種運動：如武裝賽跑，障礙跑，擲手榴彈比賽，武裝跳高與跳遠，角力及障礙跑等。（限於男生）

（九）韻律活動：如土風舞，踢踏舞，形意舞等（限於女生）

（十）和緩運動：如射箭，毽球，擲木餅，圈網球，擲馬蹄鐵，踢毽子等。

（十一）野外活動：如划船，登山，露營，騎馬，乘自行車，滑冰等。

（十二）其他。

（未完）

图 2-4 《焦作工学院周刊》刊载的《暂行大学体育课程纲要》

附:《暂行大学体育课程纲要》

暂行大学体育课程纲要

一、目标

(一)锻炼健全之体格。

(二)培养公勇合作之精神。

(三)训练应用于一般生活及国家需要之技能。

(四)养成以运动调节身心之习惯。

二、时间支配

(一)正课每星期两小时。

(二)课外运动,每周至少二次,每次五十分钟。运动之种类,得按当地气候分季规定。每种运动,应于更换他种运动前举行校内比赛一次。每晨举行全体早操十五分钟。

三、教材大纲

(一)球类:如篮球、足球、垒球、排球、网球、手球(在墙上拍击者)等(女生去足球)。

(二)田径运动。

(三)游泳。

(四)器械运动。

(五)国术:如少林拳、形意拳、太极拳、八卦拳、刀术、棍术、枪术、剑术、弹丸、摔跤、搏击等(女生去摔跤)。

(六)垫上运动。

(七)体操:如德国式新体操、丹麦操及矫正操等。

(八)特种运动:如武装赛跑、劈刺、掷手榴弹比远、武装跳高与跳远、角力及障碍跑等(限于男生)。

(九)韵律活动:如土风舞、踢踏舞、形意舞等(限于女生)。

(十)和缓运动:如射箭、棒球、推木饼、圈网球、掷马蹄铁、踢毽子等。

(十一)野外活动:如划船、登山、露营、驾驶、骑马、骑自行车、滑冰等。

(十二)其他。

四、教学要点

(一)上正课及参加课外运动时,一律着运动服装,完毕后务须更换。

(二)每次上课开始时,以跑步一次为原则。

(三)各种运动应按当地气候,与学校设备,分季教学(例如春季田径运动、夏季游泳、秋季足球、冬季滑冰等)。

(四)一、二年级,注重各种运动之基本动作,而为普遍之练习;三、四年级每人每学期应就个性之好尚，至少专修两种程度较高之运动科目。

（五）每次上课，每一教员所教学生人数，不得超过四十人。

（六）一、二年级上课时，须分班教学，不得混合编制。

（七）所有体育教材，一、二年级须预定计划，妥为分配，以免偏重及遗漏之弊，至于三、四年级之专修科目，以能养成学生毕业后之运动习惯，用以调节身心及适应国家需要者为主。

（八）评定体育成绩，以下列各项作为准则：

1. 技能之优劣（凭测验之结果）；

2. 上课及参加课外运动之勤惰；

3. 努力之程度及进步；

4. 上课及参加课外运动时品性行为与态度之考查结果；

5. 笔试。（体育常识及运动规则等）

五、设备

（一）学校至少应有二十亩之运动场一所，内设各种球场、田径场等。

（二）学校须有沐浴设备，以备学生运动后净身之用。

（三）凡与教材有关之各种运动器械，亦应酌量设置。

六、附则

（一）独立学院及医药专科之体育课程适用本纲要之规定。

（二）专科学校及医学院之体育课程，除按本纲要教学（四）、（七）两项，一、二年级改作一年级（专科二年毕业者），三、四年级改作二年级（专科二年毕业者），三年级（专科三年毕业者）或三、四、五年级（医学院）外，馀均适用之。

（三）本纲要系指大学普通体育而言，大学体育学系及体育专科学校不适用之。

抗战胜利后，1946 年 8 月，学校在洛阳关林复校。1947 年 2 月 1 日，国民政府教育部以高字第 05824 号令批准了《私立焦作工学院课程标准表》，把体育课列为必修课程，但不计学分。学校的教学及管理继承了老焦工的传统，“对学生的平行、学业、体育等要求都很严格”。

1947 年 3 月出版的《私立焦作工学院简明一览》中记载，学院“设教务、训导、总务三处”，教务处下设学生生活管理组、体育卫生组、课外活动组。

第二节　早期学生课外体育活动

焦作工学院时期，学校特别重视学生的早操和课外体育锻炼，《焦作工学院周刊》多次刊载有关学生早操事宜。

如《焦作工学院周刊》第一期（1931 年 12 月 5 日）刊载院务会议决议中有“晨操缺席者，扣操行分”的要求。

第二卷第三期（1933 年 11 月 13 日）刊载：“本院早操，向甚注重。惟自本学期开始，体育主任王允升先生，率领运动选手，赴京参加全运会后，早操因以停顿，生多有延起，以至影响学习，甚或有害卫生。今为锻炼学生体格，养成早起习惯起见，早操急应恢复，自本周起，定即开始实行。”第四期记载：“自今日起，早操恢复，查学生到得很齐。惟有少数同学，身虽立在操场而不动作，殊失提倡早操之本意，后常戒免。”并且在《训育委员会、经济委员会》规则第四条第五款中规定“早操或自习无故缺席 5 次者记过一次”。

第二卷第四十四期刊载：“本学院为锻炼学生体格，并养成其早起良好习惯计，对于早操一门，向甚注重。去冬因天气严寒，清晨时间又短，曾经早日停顿。本学期早已上课多日，同学均已到齐，切值阳春时季昼间渐长，东风送暖，气候温和，正夙与夜寐，努力作业之际，早操急应恢复，闻于下星期一（3 月 4 日）起，定即开始实行。”

第二卷第四十六期（1934 年 3 月 13 日）刊载：“本院向有早操，以锻炼学生体格并养成其早起的良好习惯。去冬以清晨时间太短，曾停顿月余；现在昼间渐长，且值阳春时季，东风送暖，气候温和，正夙兴夜寐，努力作业之际，故早操已于上周恢复。”

第二卷第五十一期（1934 年 4 月 24 日）刊载：“体育主任王允升先生，因病请假，早操停止。近数日来，查学生多有晏起，甚至自习亦有耽误者，似此情形，不但有违学务规则，且于本身功课方面亦均不无亏损。自今以始，如有再犯者，非受相当处分不可。”

以上几例记载，足以说明学校对学生早操锻炼的重视。

焦作工学院时期，学校积极推进体育的普及，除举办全院体育考试外，学校组织了篮球队、排球队、足球队和网球队，各项运动均按时演习。学生非常注重体育锻炼，积极参加各种体育活动，尤以篮球一项风行全校。除了校队之外，学生中还有以“晨曦”“少勇”“瓦岗”“公鸡”“垃圾”“飞雁”“爱克思”等冠名的 10 余支“私人”（学生）球队，“每于课毕之暇，各队逐次演习并时有友谊比赛，旁观助兴者不乏其人”。

《焦作工学院周刊》第十九期（1933 年 4 月 3 日）刊载了学校于 3 月 13 日召开全体教职员会议，决定制订和实施学生体育锻炼标准：“本院为增进同学之健康起见，特遵守部颁国民体育实施方案（1932 年 12 月 21 日第三期刊载的《国民体育法》），制订体育标准，计分跳、跑、掷、篮球四种，不及格者不得升级或毕业，业经上次院务会议通过，至于详细办法，正由体育主任王允升先生起草，不日即可公布，望各生及早练习！”

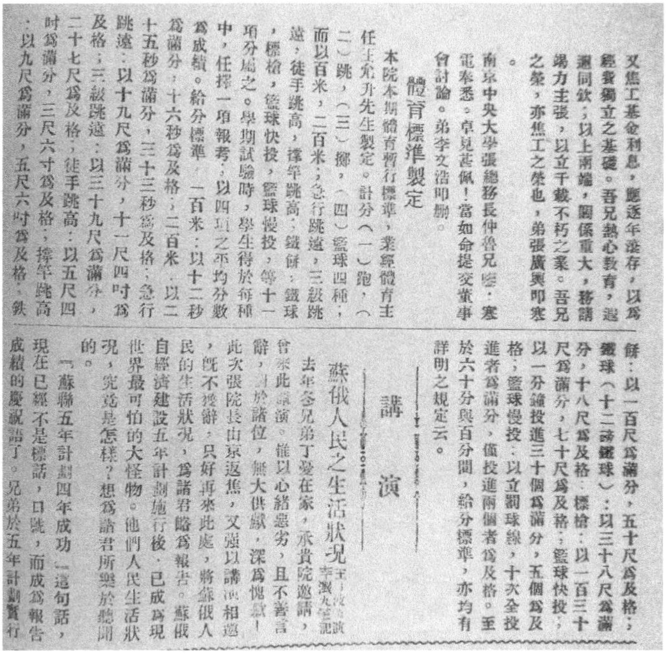

又焦工基金利息，應逐年滾存，以爲經費獨立之基礎。吾兄熱心教育，遐邇同欽；以上兩端，關係重大，務請竭力主張，以立千載不朽之業。吾兄之榮，亦焦工之榮也，弟張廣輿叩寒。

南京中央大學張總務長仲魯兄鑒：寒電奉悉。卓見甚佩！當如命提交董事會討論。弟李文浩叩刪。

體育標準製定

本院本期體育暫行標準，業經體育主任王允升先生製定。計分（一）跑，（二）跳，（三）擲，（四）籃球四種；而以百米，二百米；急行跳遠，三級跳遠；徒手跳高，撐竿跳高；鐵餅；鐵球，標槍，籃球快投，籃球慢投，等十一項分屬之。學期試驗時，學生得於每種中，任擇一項報考；以四項之平均分數爲成績。給分標準：一百米：以十二秒爲滿分，十六秒爲及格，二百米：以二十五秒爲滿分，三十三秒爲及格；急行跳遠：以十九尺爲滿分，十一尺四吋爲及格；三級跳遠：以三十九尺爲滿分，二十七尺爲及格，徒手跳高：以五尺四吋爲滿分，三尺六寸爲及格；撐竿跳高：以九尺爲滿分，五尺六吋爲及格，鐵餅：以一百尺爲滿分，五十尺爲及格；鐵球（十二磅鐵球）：以三十八尺爲滿分，十八尺爲及格；標槍：以一百三十尺爲滿分，七十尺爲及格；籃球快投：以一分鐘投進三十個爲滿分，五個爲及格；籃球慢投：以立罰球線，十次全投進者爲滿分，僅投進兩個者爲及格。至於六十分與百分間，給分標準，亦均有詳明之規定云。

講演

蘇俄人民之生活狀況 [illegible]講演 [illegible]筆記

去年冬兄弟丁憂在家，承貴院邀請，曾來此講演。惟以心緒惡劣，且不善言辭，對於諸位，無大供獻，深爲愧歉！此次張院長由京返焦，又強以講演相邀，既不獲辭，只好再來此處，將蘇俄人民的生活狀況，爲諸君略爲報告。蘇俄自經濟建設五年計劃施行後，已成爲現世界最可怕的大怪物。他們人民生活狀況，究竟是怎樣？想爲諸君所樂於聽聞的。

「蘇聯五年計劃四年成功」這句話，現在已經不是標語，口號，而成爲報告成績的慶祝語了。兄弟於五年計劃實行

图 2-5　体育主任王允升先生制订的《体育暂行标准》

附:《体育暂行标准》

体育暂行标准

计分

(一)跑,(二)跳,(三)掷,(四)篮球四种;而以百米,二百米;急行跳远,三级跳远;徒手跳高,撑竿跳高;铁饼;铅球;标枪;篮球快投,篮球慢投等十一项分属之。学期试验时,学生得于每种中,任择一项报考;以四项之平均分数为成绩。

给分标准

一百米:以 12 秒为满分,16 秒为及格;二百米:以 25 秒为满分,33 秒为及格;急行跳远:以 19 尺为满分,11 尺 4 寸为及格;三级跳远:以 39 尺为满分,27 尺为及格;徒手跳高:以 5 尺 4 寸为满分,3 尺 6 寸为及格;撑竿跳高:以 9 尺为满分,5 尺 6 寸为及格;铁饼:以 100 尺为满分,50 尺为及格;铅球(12 磅铅球):以 38 尺为满分,18 尺为及格;标枪:以 130 尺为满分,70 尺为及格;篮球快投:以 1 分钟投进 30 个为满分,5 个为及格;篮球慢投:以立罚球线,10 次全投进者为满分,仅投进 2 个者为及格。至于 60 分与百分间,给分标准,亦均有详明之规定云。

1937 年 7 月 7 日“卢沟桥事变”后,抗日战争全面爆发。学校辗转西北,漂泊

流离。1937 年 10 月初，学校在郑州徘徊；10 月 24 日迁抵西安，25 日复课。1938 年 3 月，学校又决定由西安迁到甘肃天水，校址设在天水县城南公园水月寺。同年 11 月，又迁往陕西城固古路坝，组建国立西北工学院，于 1938 年 11 月 12 日举行开学典礼。在学校组织机构中设立训导处，下设有体育组，设体育主任 1 人和体育讲师若干人，负责学生的体育教学和体育锻炼工作。

1946 年 8 月，学校在洛阳关林复校。虽然学生人数少，但校内体育活动仍然非常丰富，各个班级均有篮球队，1946 级两个班，甲班球队名为 LUCKY 队，乙班也有，经常打比赛。

1947 年 11 月，学校迁往郑州。1948 年 8 月 14 日，改为省立焦作工学院。学校体制有了变化，设立体育副教授兼体育卫生组主任（1 人，月薪 400 元），事务员（1 人，月薪 120 元）。1948 年 8 月下旬，学校迁到江苏省苏州市。学校从 1946 年至 1948 年，三年三迁，陷于困境。在多次搬迁过程中，学生们在艰苦的办学环境中，依然苦中作乐，学院成立的学生会，设有文体部组织开展体育文化娱乐活动。

1949 年 4 月 27 日，华东人民政府接收了焦作工学院，将学校改为国立。学校按照政府指示迁返焦作办学，学校由此获得了新生。

第三节　早期学校体育运动队及比赛

体育代表队是学校体育不可缺少的重要方面，是激发学校奋进精神的组成部分。因此，学校十分重视体育代表队的建设、训练和比赛。在福中矿务大学时期，学校形成的体育文化传统得以继续发扬。

《河南福中矿务大学学生自治会章程》第三章第十一条规定：本会干事会除常务干事外，设事务部及学术部，学术部设研究股、体育股、游艺股、出版股等。体育股专门负责学生体育锻炼、竞赛活动组织等工作，并配合学校完成为河南省遴选运动员的工作。选举李文运为体育股干事（1933 年 3 月 6 日，选举刘国祥为体育干事）。

1924 年 11 月 3 日，《福中周刊》（1925 年 6 月《福中周刊》改为《福中矿务学校刊》）第 21 期刊载，学校成立了校友会，干事部设体育股，还分设网球队长查宗禄、杨元厅，篮球队长周殿营，足球队长郭桂昌、赵综章，排球队长、田径队长单志钧，拳术队长王子俊等，建立多支体育代表队，并经常组织学生开展体育竞技比赛，“一则资以练习，二则藉以联络各班感情”。

《福中矿务大学学生会会章》第一章第二条明确提出：“本会以联络感情，研究学术，发展体育，陶冶情操，共圆公家利益为宗旨”“足球队、篮球队、网球队、田径赛队、拳术队及其他各种运动属之”。

1924年4月7日，《福中周刊》第3期刊载："为了参加第十一届华北运动会，学生会体育股还组织学生在闲暇时间练习，并定期进行选拔，择优代表学校参加河南省队。"

福中矿务大学时期学校成立的多个体育代表队，经常参加比赛，并取得很好的运动成绩，对提高学校的声誉、提高学生的体质健康水平、形成矿大优良的体育传统发挥了重要作用。

1925年6月，《福中矿务大学校刊》刊登了学校网球队的合影照片。

图2-6　福中矿务大学网球队

创办于1931年6月的《矿大学生》记载了干事会召开常委会讨论有关体育的内容：

第一次常委会讨论运动器材消耗过量应如何补救的问题，决定由体育主任拟定详细办法，讨论公布实施。

1931年5月9日下午召开第二次常委会："本次全省运动会为期已届，本校运动员均积极练习，拟于12日赴汴。"

1931年5月24日，常委会对参加全省运动会进行了总结："本次参加全省运动会，虽无大胜利，然令汴垣各界心目中有个矿大，也可以说有点价值。至于失败原因，盖缺少经验和练习。"

1931年8月建立焦作工学院后，学校积极建设各类专业运动场地，更加重视体育代表队的建设。

1932年1月4日的第5期《焦作工学院周刊》(1931年12月5日创刊)记

载："本月二日下午二时，本市著名之各位体育专家与本院学生篮球队在院体育场内举行友谊赛，数百人围观，院队获胜。""各位专家气势汹汹传过神速，本院队员精神焕发亦不示弱。本月20日下午二时，本市著名之各位体育专家，与本院学生篮球队在本院体育场内作友谊之篮球赛。双方俱系劲敌，故颇轰动一时。观赛者围场之四周，不下数百人。司令（裁判员）李宜逢君精神饱满，声音洪亮，增加两方战士锐气不少。银笛一声，双方齐集中线。经李司令介绍，两方为礼，以示友谊后即开始比赛。各位专家身手灵活，传过神速。本院队员亦各精神焕发，不肯稍让。战未三分钟，专家鲁竹吾君使了个调虎离山计，将各队员闪过，行至篮下，轻轻一掷命中篮内，乃首开纪录。俄而继续再战，双方造成循环纪录。后专家等以稍存客气，故结果本院队员胜。专家中凌卓吾君技术最为高超，神出鬼没，变化无穷，堪称个中能手。闻凌君于民国十四年曾角逐于远东运动场中，为南开大学五虎上将之一。"

"兹将双方队员姓名职位录后。各位专家：中锋鲁竹吾，左锋郭培岑，右锋刘应初，左卫凌卓吾，右卫王允升。本院队员：中锋宋肃曦，左锋刘鸿捷，右锋王振戎，左卫马书润，右卫李文运，后补右锋胡昌来。"

《焦作工学院周刊》第47期（1933年3月20日）刊载："本院为便于教职员运动，于科学馆右侧隙地，添设篮球场地一节。该场地业经竣工，教职员执行委员会体育股，拟组建教职员篮球队，于昨日发出通知，征求队员。闻报名者极为踊跃，三日内即将分组，积极练习。"

《焦作工学院周刊》第52期（1933年5月1日）刊载："新网球场因洋灰（即水泥）未干，暂时不准打球，并不准穿皮鞋入场，以免损坏。""本院添建洋灰网球场一个，现已竣工，已函请中原公司派员莅院验收矣。"

《焦作工学院周刊》第二卷第13期（1933年12月4日）刊载："本院对于体育，素极提倡，大多数同学亦感觉运动之兴趣。是以篮球、排球以及田径赛等，无不练习娴熟，且铁饼一项，曾在华北新创纪录，遐迩皆闻。惟以校址狭隘，缺乏足球场所，无法练习，深为憾事。近查中山公园，地面广大，无物障碍，颇适练习足球之用，今又加以修理，载置足球木门两个。自即日起，即行开始练习。"

田径运动在当时的焦作工学院开展得极为普遍，学校积极创造条件，整修运动场地，加强运动员的训练，举办全校田径运动会。学校田径代表队的成绩优异，多次参加华北运动会的预选赛，代表河南省参加华北运动会，并取得了优异的运动成绩。

《焦作工学院周刊》第40期（1932年12月12日）刊载："本院对于体育，素极提倡，大多数同学亦感具运动兴趣，每日凌晨自动赴北场广场中练习径赛者颇不乏人。惟本院与该厂距离较远，前往练习颇觉不便。校方有鉴于此，拟在本院运动场中，修一跑道，以便同学练习，刻正设法铺垫。"

《焦作工学院周刊》第48期（1933年3月6日）刊载："体育一端，至关重要。

图 2-7　焦作工学院篮球队

图 2-8　焦作工学院足球队

图 2-9　焦作工学院排球队

健强的体格，不但为人生莫大之幸福，抑且为伟大事业之基础。望各同学特别注意！并希各就性情所近，报名一种运动从事练习。”同时院务会议决议“定于 5 月 5、6 两日举行院春季运动会”。第 53 期、第 54 期《焦作工学院周刊》对学院召开春季运动会的盛况进行了详细报道，刊载了参加各个项目的运动员取得的优异成绩。

在焦作工学院时期，学校田径代表队参加的比赛和取得的优异成绩在《焦作工学院周刊》上多有刊载。

1931 年 12 月，体育主任王允升率领学校 19 名选手赴开封参加中华民国全国运动会河南预选会，后选定宋肃曦等 6 人参加中华民国全国运动会。

1932 年 9 月 19 日，《焦作工学院周刊》第 28 期刊载：“本届华北运动会河南预选会，定于 9 月 23 日在汴举行。所有田径各项，本院运动员均已报名参加，拟于 19 日首途。计参加高级组者，为本科学生于立应、李帮华、张铭琴、杨道贵、马应章、王允厚、杨绍芳、从国玉、曹宗元等 9 名。参加中级组者为高中部学生刘鸿杰、王克兢、胡昌来、俞禹卿、宋肃曦、王书鼎、刘国祥、徐乃勤、沈季良、李发宗、陈汝瑾、王梯、樊宝兰、马振德、王清、张养军等 16 名。”

1932 年 9 月 26 日，《焦作工学院周刊》第 29 期刊载：“本月 23 日，华北运动会河南预选会在汴（今开封市）举行，所有高中两组，本院运动员均经报名，准备参加各节比赛。兹悉运动员等一行 25 人，已于 18 日上午，由体育主任率领，搭车赴汴。”

1932 年 10 月 10 日，《焦作工学院周刊》第 31 期刊载：“华北运动会河南预选会，因雨改于9月25—27日在汴举行，本院运动员获得胜利者高级组为：王允厚200米第一，马应章400米第二，杨绍芳铁饼第二，李帮华标枪第二，于立应标枪第三；中级组宋肃曦百十米高栏第一，王书鼎400米第三及三级跳远第四，胡昌来跳远第一及百米第四，刘国祥铁饼第一及12磅铅球第一；球类高级组排球、网球双打及中级组网球单打、双打亦均顺利，总计获得40余分。而刘国祥铁饼以33.90米成绩，突破去年华北纪录，尤为豫体育界增加声色。”

1932年10月24日，《焦作工学院周刊》第33期刊载：“本届华北运动会于双十节在汴开幕，本院运动员刘国祥铁饼，以突破上届华北纪录成绩获得冠军，胡昌来跳远第三，宋肃曦高栏第四，杨道贵三级跳远第三及急行跳远第四，实为本院参加华北运动会以来空前之胜利。而田赛一项，河南省共得8分，本院独占7分，尤甚欣幸！该运动员等及王体育主任（王允升）已运动完毕，已于日前乘车返校。”在20日下午召开的院务会议决定：“定于22日下午四时，开露天慰劳大会，推马葛友、高警寒、王允升三先生负责筹备。”

1933年9月，《焦作工学院周刊》连续两期，详细刊载了《二十二年全国运动大会河南省预选会竞赛规程》《选拔规程》《二十二年全国运动大会竞赛规程》，并报道：“民国二十二年（1933年）全国运动大会，于双十节在南京举行，河南省预选会定于九月二十日起，在汴（开封）举行，以资挑拔选手，参加全运，本院昨已将报名单寄去，计田径及球类选手二十余人，均系高级组，已于十七日首途赴汴。”

1936年10月19日，《焦作工学院周刊》第五卷第7、8期合刊记载：“本月一日，河南第四区举行第二届运动大会，选拔各项选手，以便参加省运会。本院运动员26人，由体育主任王允升，率领前往参加，五日返校。此次运动会，我校得奖独多，可见体育主任，素日指导有方也。计排球队员为郑锡卿、宋肃曦、刘鸿捷、程云升、胡昌来、屈仲五、吴传润、李宜逢、王允发、王克竞、陈汝瑾、冯维鑑等12人。先败辉县乡师，后败四十军。各队员均特别努力，其中尤以宋肃曦、刘鸿捷、胡昌来三人勇猛异常，结果夺得冠军。网球队员为王允发、胡昌来、陈汝瑾三人，先败温县，后败四十军，平得冠军，台维杯赛亦为冠军。篮球队员为张文谟、赵志英、刘恩荣、候恩铣、李锐、韩玉琦、石帮彦、蒋文第、牛继武、刘国忠等10人。一日连战三场，先败新乡，次败温县，最后与四十军决赛，因连战三场，未得休息，又当本队练习时，宿将牛继武不幸伤腿，至位落亚军，否则，鹿死谁手，尚不敢必也。百十米高栏第一为宋肃曦，急行跳远第一为胡昌来，铁饼及铅球第一为刘国祥，铁饼第三为刘鸿捷，十项第二为史久光。共获得银盾3座、锦标10面、砚台2个、网球拍2把、名人书籍数套云”。

当时中福公司对学院师生参加省级以上比赛也颇为支持，如1933年全运会河南预选赛，中福公司即“案准500元实报实销”支持师生参赛。

同年，河南省举行第六次运动大会（选拔参加中华民国第六届全国运动会选手）。据《焦作工学院周刊》报道，已知本院参加河南省第六次运动大会选手，已夺

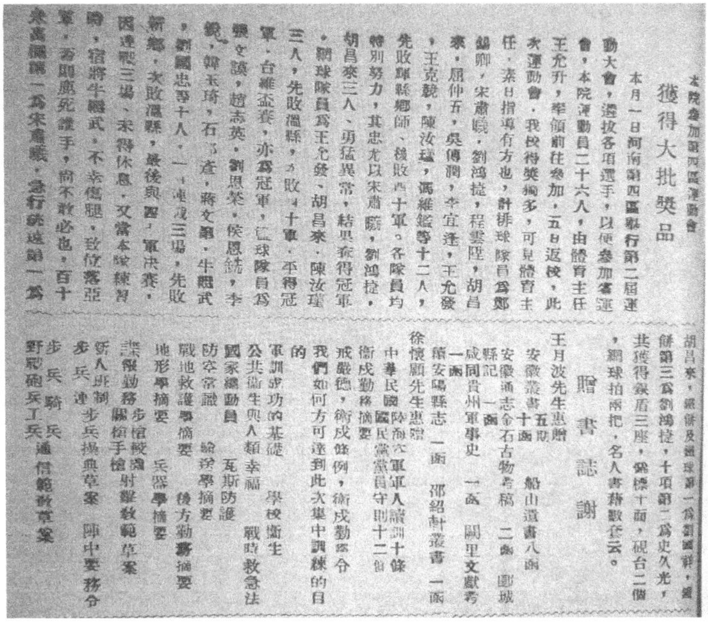

本院參加第四區運動會

獲得大批獎品

本月一日河南第四區舉行第二屆運動大會，選拔各項選手，以便參加省運會，本院運動員二十六人，由體育主任王允升，率領前往參加，五日返校，此次運動會，我校得獎獨多，可見體育主任，素日指導有方也，計排球隊員爲鄭錫卿，宋肅巖，劉鴻提，程雲陞，胡昌來，顧仲五，吳傳潤，李宜逢，王允發，王克競，陳汝瑾，馮維鑑等十二人，先敗輝縣鄉師，復敗四十軍。各隊員均特別努力，其中尤以宋肅巖，劉鴻提，胡昌來三人，勇猛異常，結果獲得冠軍，網球隊員爲王允發，胡昌來，陳汝瑾三人，先敗溫縣，乃敗四十軍，平得冠軍，台維孟賽，亦爲冠軍，籃球隊員爲顯文讀，趙志英，劉恩榮，侯恩銑，李銳，韓玉琦，石了產，蔣文鄭，牛顯武，劉國忠等十人，一連戰三場，先敗新鄉，次敗溫縣，最後與四十軍決賽，因連戰三場，未得休息，又當本院練習時，宿將牛顯武，不幸傷腿，致位落亞軍，而且應死護手，尚不敢必也，百十米高欄第一爲宋肅巖，急行跳遠第一爲胡昌來，鐵餅及鉛球第一爲劉國幹，鐵餅第三爲劉鴻提，十項第二爲史久光，共獲得銀盾三座，錦標十面，硯台二個，網球拍兩把，名人書籍數套云。

贈書誌謝

王月波先生惠贈

安徽叢書五期十函　船山遺書八函

安徽通志金石古物考稿二函　鄢城縣記一函

成同貴州軍事史一函　關里文獻考一函

續安陽縣志一函　邵紹軒叢書一函

徐懷顧先生惠贈

中華民國陸海空軍軍人讀訓十條　國民黨黨員守則十二條

衛戍勤務摘要

戒嚴法，衛戍條例，衛戍勤務令

我們如何方可達到此次集中訓練的目的

軍訓成功的基礎　學校衛生

公共衛生與人類幸福　戰時救急法

國家總動員　瓦斯防護

防空常識　輸送學摘要

戰地救護學摘要　後方勤務摘要

地形學摘要　兵器學摘要

諜報勤務　步槍輕機槍手槍射擊教範草案

新人班制　步兵連步兵操典草案　陣中要務令

步兵騎兵野戰砲兵工兵通信範教草案

图 2-10《焦作工学院周刊》刊载的比赛消息

得铁(铅)球冠军、铁饼冠军、跳远冠军。参赛故况后续公告。

10 月 10—20 日，在上海江湾体育场举行的中华民国第六届全国运动会，学校有篮球、排球、网球、足球和田径等学生运动员代表河南省赴会。

图 2-11　参加各级运动会的焦作工学院选手

图 2-12　参加各级运动会球类比赛的焦作工学院选手

第三章 北京时期的矿大体育

第一节 焦作、天津时期的中国矿业学院体育

焦作路矿学堂1909年在焦作创办，其后经福中矿务专门学校、福中矿务大学、私立焦作工学院的复迁等时期；抗战爆发后，与北洋大学工学院、东北大学工学院、北平大学工学院合并成立西北工学院；抗战胜利后，焦作工学院在河南洛阳复校，在战火中几经辗转。人民政府接管焦作工学院后，焦作工学院即成为在天津的新中国矿业学院的一部分。

1949年12月23日，中央人民政府政务院发出政秘字141号令，决定将焦作工学院拨归燃料工业部领导。1950年3月11日，燃料工业部决定将新开办的华北煤矿专科学校并入焦作工学院。根据国家建设和发展的需要，燃料工业部决定以焦作工学院为基础，筹建中国矿业学院，并将学校由焦作迁到天津。1950年9月4日，在天津成立中国矿业学院筹备处，租用开滦大楼为办公、教学用房，操场是天津市的体育场。据回忆，当时学生的体育活动是每天早上在街道边上跑步，下午集体到天津体育场活动。

自1951年2月1日起，学院焦作部分开始搬迁天津。2月20日，学院在天津新址举行了庆祝中国矿业学院津焦合校大会，标志着学校在焦作办学的终结。焦作工学院的学术文化积累已经完全汇入了新中国第一所矿业高等学府——中国矿业学院的发展中。20世纪50年代中期，依托焦作工学院原址尚存的房舍发展起来的焦作矿业学院就成为今天的河南理工大学。

1951年，天津、焦作两地合校时组建了院学生会，设有学习部、体育部、群众文化部等，并设立部长，在学生会主席团的协调下开展工作。体育部负责组织全院的早操、长跑、上体育课；组织篮球、排球等体育项目比赛，协同体育教研室筹办全院运动会。因为活动的场地比较小，由学生会的体育部长带领同学们跑步去天津市体育场做早操，组织运动会。

据王从实回忆，在天津时期，学院没有大操场，学生的体育课及课外活动锻炼，分别在饭厅前面一块空地开辟的篮球场和一个不很规则的排球场，以及1951年9

图 3-1　1951 年 1 月，焦作工学院全体运动员参加河南新乡专区第一届人民体育大会合影

图 3-2　中国矿业学院（天津）主楼

月后新建学生宿舍后面空地开辟的篮球场进行，也曾到天津市第二体育场去上课。早上的体育锻炼就是长跑，沿马路或海河边跑到解放桥再跑回来，往返约 30 分钟。

1951 年秋，学院进行专业改造与教学计划的修订，改善办学条件，充实师资队伍，设立体育等 17 个教研组，聘请副教授王厚熙担任体育教研组主任，讲师王堪若、讲师刘宝成、助教马中华，负责全校学生的体育课教学和群众性体育活动的开展(此时期被称为“津院”)。

由于天津办学条件的局限，1952 年秋季招生已无处容纳。1951 年 10 月 28 日，燃料工业部提出在北京建校方案。1952 年 6 月 15 日，中央财经委员会正式批准中国矿业学院在北京建校。1952 年 10 月和 11 月，中国矿业学院分天津和北京两个部分，天津部分称津院，北京部分称京院。从 1953 年 8 月开始，学校由天津搬迁到北京，9 月搬迁完成。1953 年 9 月 11 日，中央人民政府政务院文教委员会以“[53]文教秘字第 75 号”函核准中国矿业学院改称为“北京矿业学院”。至此，学校在首都北京掀开发展历史上崭新的一页。

第二节　学校体育课教学

1953 年 9 月，京津合校搬迁至北京，改称北京矿业学院。为做好学校的教学组织工作，加强教学管理工作，根据 1950 年 8 月 14 日政务院批准颁布的《高等学校暂行规定》，学院建立起若干个课程的教学研究指导组，简称教研组。当时北京矿业学院在公共基础课方面设有政治课教研组、体育教研组(10 人)等若干教研组，归属教务处领导。(教研组随着负担的课程增多、人员增加而陆续改称为教学研究指导室，简称教研室)

1949 年以前，教学计划一般称为“课程表”，编入到《大学规程》《学则》等之中。教学计划一般由学校自主制订，由学校的教务会议审议通过后执行。中华人民共和国成立以后，国家对教学计划的控制加强，教学计划由高等教育部审批和颁发，视教学计划为法规性文件，学校必须遵照执行，如有变动，必须上报审批。1958 年后，国家下放修订教学计划权，由学校制订，专业主管业务部门审核、备案，但教学计划的修订原则和主要公共课、基础课的内容、时数仍由教育部和主管业务部颁发。

1952 年 11 月 3 日，中央人民政府教育部下发《为改进北京各高等学校体育工作的几点批示》文件，对各高校提出几点要求：

(1) 体育课程和其他课程一样，须拟订教学计划送学校行政审查批准后，然后进行教学。学校行政应按照所订教学计划经常进行检查。

(2) 在体育课的身体锻炼教材尚未统一规定前，应按照身体全面发展的原则，根据现有条件，尽量结合中华全国体育总会所公布的“准备劳动与卫国”体育制度试行标准中的各种运动项目进行教学。

(3) 学生的课外运动除复习体育课教材外，还要参加北京市体育分会举办的体育锻炼、运动会、体育表演会，以及各种运动竞赛等群体活动。应在学校保健委员会下设立课外运动组，由校行政、校体育行政机构、卫生室、青年团、学生会等代表参加。

1954年5月4日，中央人民政府体育运动委员会公布“准备劳动与卫国”体育制度（简称劳卫制）的暂行条例和项目标准。随后中央体委、教育部等多部门发出关于在中等以上学校中开展群众性体育运动的联合指示。

1956年1月30日，中华人民共和国高等教育部下发《一般高等学校体育课试行教学大纲》文件，要求组织体育教师制订学习计划，到1956年暑假后正式试行。其要求参照苏联高校的体育教学大纲的基本内容，制订全国统一的体育教学大纲。

北京矿业学院体育教研组在王厚熙主任的带领下，研究、制订了详细的教学计划，开设一、二年级公共体育课和病残学生康复保健课。公共体育课程开设田径、体操、篮球、排球、足球、乒乓球、羽毛球、游泳、棒球、垒球、滑冰和军事体育等十几项体育课程，以及气功、太极拳等康复保健类的课程，同时结合“劳卫制”的项目进行教学。并且，根据工科（矿业）的特点，重点选择耐力、力量类教材内容，配合季节性的游泳和滑冰。授课组织形式基本以专业班级为主要教学组织模式，为学生课外体育锻炼奠定了坚实的基础。

1960年10月，《中共中央关于增加全国重点高等学校的决定》发布后，北京矿业学院成为全国重点高等学校。1959年至1961年是我国“三年困难时期”，体育运动和体育课程教学受到一定的影响。

1961年1月，中共中央召开了八届九中全会，提出了“调整、巩固、充实、提高”的八字方针。9月15日，中共中央发出指示，批准试行《教育部直属高等学校暂行工作条例》（简称《高教六十条》）。

为了加强公共基础课教学工作，院务委员会于1962年3月决定成立公共基础课委员会，负责领导高等数学、普通物理、外语和体育四门课程各教研组的工作。委员会由王定衡、孙德兖、汤光霖、齐殿林、王厚熙、李维统、刘凤鸣等7人组成，王定衡为主任委员，体育教研组主任王厚熙先生负责体育课程的工作。

1962年至1963年上半年，教学工作主要是进一步贯彻落实《高教六十条》，严格要求，实事求是，因材施教，教学秩序稳定，教学质量进一步提高。

在此期间，完成了新教学大纲和教学计划的修订。这次修订主要是进一步体现党的教育方针和《高教六十条》的精神，进一步贯彻以教学为主和“少而精”的原则。在教学实践中，对于贯彻“少而精”的原则取得了一些初步成果和经验，更好地实现了劳逸结合，保护了师生的健康，但对“少而精”原则在认识上还不完全一致，工作也不平衡。所以，学院指出，新的教学计划是否正确地反映了教学上的要求，还需要在教学实践中验证。与此同时，根据教学计划组织了各专业年级的学生4 742人，教师300多人分赴13个省市的70多个厂矿社队进行了毕业实习、生产实习和生产劳动。

1964年至1966年，教学上主要是围绕贯彻“少而精”的原则开展工作的。

北京矿业学院体育教学大纲（草案）

1962.1

体育教研组

说明

排球

体操

图 3-3　1962 年的《北京矿业学院体育教学大纲(草案)》

1964 年 4 月学院召开三级干部会,5 月中旬,学院召开了教师代表会议,在总结、贯彻“少而精”、减轻学生学习负担经验的基础上,发动教师进一步改进教学工作。对各类课程明确“三基”(即基本理论、基本知识、基本技能)要求,实行“五定”(即定“三基”内容和要求、定教学环节的有机配合、定课内外学时、定教学日历、定执行大纲),通过这些工作,教学内容比 60 年代初有所精简,增加实验课、习题课和课外作业等环节。

北京矿业学院 1966 年起停止招生,学校的体育教学、学生课外体育锻炼和运动队的训练相继停止。

第三节　大学生课外体育活动

1949 年 9 月 29 日，中国人民政治协商会议第一届全体会议通过的《中国人民政治协商会议共同纲领》第 48 条规定“提倡国民体育”。

1951 年 1 月，北京市开始推行“体育锻炼标准”，以后逐步传播到全国广大地区。8 月 6 日，中央人民政府政务院作出关于改善各级学校学生健康状况的决定，要求“各级人民政府教育行政部门及各级学校教职员必须严肃注意这一问题，立即纠正忽视学生健康的思想和对学生健康不负责任的态度，切实改善各级学校的学生健康状况”。

1952 年 6 月 10 日，中华全国体育总会成立大会在北京举行。毛泽东为大会题词：“发展体育运动，增强人民体质”。11 月 15 日，中央人民政府委员会第十九次会议通过成立中央人民政府体育运动委员会，并任命贺龙为中央人民政府体育运动委员会主任。

1953 年 6 月 30 日，毛泽东主席在接见中国新民主主义青年团第二次代表大会主席团时，号召全国青年做到“身体好、学习好、工作好”。

1954 年 1 月 8 日，中共中央批转《中央人民政府体育运动委员会党组关于加强人民体育运动工作的报告》中指出，现在的人民健康状况还远不能适应工作的需要，为了改善这种情况，除了加强卫生工作和逐步改善劳动、学习等条件外，开展体育运动确是一种最积极的有效的方法。同时指出“改善人民的健康状况，增强人民体质，是党的一项重要政治任务”。5 月 4 日，中央人民政府体育运动委员会公布“准备劳动与卫国”体育制度（简称“劳卫制”）的暂行条例和项目标准。随后，中央体委、高等教育部、教育部、卫生部、青年团中央、全国学联等单位发出关于在中等以上学校中开展群众性体育运动的联合指示。

在以上大背景下，北京矿业学院学生大规模课外体育锻炼轰轰烈烈地开展起来。

1954 年 3 月 9 日，北京矿院召开了学院体育运动委员会会议，通过了该学期学生体育锻炼计划，并对开展体育活动的若干问题作了决定，通过了学院 1954 年春季田径体操运动大会的规程。会议推选出马中华、江汉信担任学院体育运动委员会的秘书。会上，校长吴子牧对如何改进体育教研组的教学和加强学生课外锻炼的组织及开展体育运动的中心任务发表了讲话，表示今后他将每月参加一次体育教研组的会议，以帮助改进和提高体育教研组的工作。他指出，开展学生的课外体育锻炼的基本环节就是巩固与加强已经组织起来的锻炼小组，从各方面保证锻炼小组能顺利进行活动，同时指示把单项比赛当作一件经常性的工作进行，以此鼓励同学们锻炼的热情。并对各学院代表队的工作提出了具体意见。随后，在 3 月 31 日的会议上，讨论评选全院学生模范体育锻炼小组的办法及春季运动大会的具体问题。

1954 年 5 月，中央人民政府体育运动委员会公布了《“准备劳动与卫国”制度暂行条例》，在全国中等以上学校试行。其宗旨使青年学生通过全面身体训练而有一副强健的体魄，更好地进行创造性劳动和捍卫祖国。北京矿业学院积极实行“劳卫制”，首先试行了“劳卫制”预备级，全院学生参加“劳卫制”预备级锻炼的人占总人数的 90%，成绩达到及格以上的人占参加总人数的 85.7%(其中成绩优秀的占参加人数的 54.8%)。为了满足学生人数的增加，学院积极增添体育设备，1954 年暑期决定在田径场东侧增加篮球场 12 个(年内完成 9 个)、在大楼前开辟大足球场 1 个、沙坑 4 个，除此之外，还添购了固定双杠、冰鞋、球类等体育用品。

1954 年 10 月 15 日，北京矿业学院学生课外活动委员会正式成立并举行了第一次会议。

学院学生课外活动委员会的主要任务和工作范围是组织和领导全院学生的课外文体活动，负责学生在课外活动中的思想教育。委员会由吴子牧任主任委员，何杰、魏明为副主任委员，夏天任、吴明、王厚熙、曾祥星、郭永唐、王万里、李煌果、李梦刚、李海洲、姜汉信、汪式毂等 11 人为委员。下设办公室，由李煌果、马中华、李梦刚、高嘉浦、张玉鸣、姜汉信等 6 人组成，负责经常工作。第一次会议讨论并通过了“北京矿业学院 1955 年第一学期学生课外体育工作计划”“北京矿业学院各项体育代表队选拔实施办法及代表队锻炼制度”“北京矿业学院学生体育锻炼安全制度”及“北京矿业学院体育用品借用制度”。会上，全体委员一致对学生体育锻炼时间问题进行了考虑研究，决定将学生早操时间增加到 25 分钟，号召全院同学很好地利用这个时间进行锻炼，特别希望能广泛开展长跑和器械操运动。

从 1955 年开始，北京矿业学院每年都会召开一届体育锻炼积极分子大会，参加大会的除了有选出的体育积极分子外，各系、班的党团干部及班级体育干事、锻炼小组长及院代表队队员都会出席大会。会议先是对学院一年来的体育锻炼作总结报告，指出一年来取得的成绩、存在的缺点和改进的方向；然后，班级小组及个人代表发言，广泛交流经验；最后，通常由吴子牧院长对本院体育锻炼工作如冬季体育锻炼、院体育代表队存在问题等方面作指示。

北京矿业学院大力倡导体育锻炼，使这一时期的体育工作取得了出色的成绩。北京矿业学院体育的辉煌成就成为当时办学上的一个显著特色，在北京高校中享有盛名，也成为学院嗣后的一个光荣传统。

1956 年以前，学校体育运动逐渐发展，群众性体育锻炼已经组织起来。1956 年至 1957 年初，体育锻炼曾一度受到影响，但经领导及时注意和群众努力，这一低潮现象较快地得到克服。1957 年冬季到 1958 年，是北京矿业学院体育运动“大跃进”的时期。学生课外体育锻炼主要体现在以下方面：

一、推行"准备劳动与卫国"体育制度

1954 年 5 月，中央人民政府体育运动委员会颁布了《"准备劳动与卫国"体育制度暂行条例》。学校随即制定了《北京矿业学院"准备劳动与卫国"体育制度预备级或一级锻炼手册》，之后不断完善学生体育锻炼的各项规章、制度、办法和标准，学生的体育活动空前活跃。在全院开展"千分运动""破纪录，晋一级"运动和"劳卫制复查"运动的推动下，学生体质逐步提高。全校参加"劳卫制"锻炼的达 2 448 人，占全校总人数的 90%，其中有 2 098 人达到及格以上成绩，占参加人数的 85.7%，成绩优秀的 1 340 人，占参加人数的 54.7%。

二、冬季锻炼月

1957 年 11 月，学校向全校学生发出了"北京—莫斯科幻想性长跑""冬季百日锻炼运动"的号召。经过群众性讨论后，对各种不正确的思想进行了批判，群众对体育锻炼有了明确的认识，进一步认识到参加体育锻炼的目的与重要意义。因而参加锻炼的积极性和主动性更加高涨了，广大同学干劲十足，随后又提出"为祖国健康地工作五十年"的口号，接着就提出"个个有计划，人人有指标，天天上操场，大家都锻炼"的行动口号，除有病同学外，所有同学均分别制订了自己的锻炼计划。学校还在院刊上发布《1957—1958 北京矿业学院冬季锻炼计划》，要求大家按计划进行锻炼。不论严寒，还是酷夏，大家从不间断地锻炼。有的同学手破了、臂破了，仍坚持锻炼，就是下雨也坚持锻炼和竞赛活动，不少同学甚至打着伞在旁助兴。

锻炼的项目有长跑、踢毽、单双杠、跳绳等，每项规定一定的指标。全院参加锻炼的学生达 95.5%，并涌现出 68 个"百日锻炼"优秀班级，有 43% 的学生通过"劳卫制"一级标准，10.7% 的学生通过"劳卫制"二级标准，2.6% 的学生达到了等级运动员标准。经过"百日锻炼"，全院同学的体质和运动水平有了很大提高，参加院、系体育竞赛活动的人数大为增加，有的班级 100% 的学生参加院运动会。学校党委副书记魏明、副院长陈一凡带头锻炼是极大的榜样。

三、向"劳卫制"进军

"百日锻炼"之后，学院又于 1958 年 2 月提出了新的大学生体育锻炼奋斗目标，要求一年内 90%～95% 的学生通过"劳卫制"一级标准，其中 40%～45% 的学生通过"劳卫制"二级标准；每周保证课外锻炼 3～4 次，每次 45 分钟，每天早操保持 100% 出勤，并提高锻炼质量。在各系领导和各班干部的带动下，全校学生都积极参加体育锻炼活动。

党委副书記魏明同志(前排第一人)每天早上都和同学一起鍛鍊。

赶过早晨的太陽

早上的第一次笛声

图 3-4　全校师生参加冬季锻炼

(左上为党委副书记魏明和学生一同跑步锻炼;右上为《北京矿业学院学报》刊载的体育锻炼诗词;下图为矿院学生课外体育锻炼的情景)

1957—1958 北京矿业学院冬季鍛鍊計划

一、目的：为了更好的廣泛地發展羣众性的体育活动，丰富冬季日常生活，吸引全院同学现实戰勝嚴寒堅持鍛鍊的口号，進行鍛鍊，以增强体質提高学習效率，並通过与嚴寒作斗爭和集体的競賽，培养同学們的机智、勇敢、頑强、果断、集体主义精神等共产主义道德品質。

二、任务：

1.号召全院同学（除有病不能参加劇烈运动者外），都应積極参加这一活动，各級团組織应發动团員積極响应团的号召，帶头参加冬季百日鍛鍊。

2.凡参加百日鍛鍊的人和集体均有組織、有計划進行經常性的鍛鍊。

3.各系、班体育干部要开动腦筋想办法，

除外）。

③凡参加競賽的个人在冬季鍛鍊中能打破我院男子5000公尺或10000公尺、女子800公尺紀錄者給予奬勵。

附：測驗时間：本年度高校三好杯越野賽前及三月底共兩次。

我院男子5000公尺最高紀錄为16′10.9″，10000公尺最高紀錄为33′36.2″；女子800公尺最高紀錄为2′37.7″。

2.集体奬：

①全班有80％以上同学獲得个人奬的給予集体奬。

②獲得个人奬的百分比最多的給予系集体奬。（取二名）

五、項目和标准：（見附表）

附：如参加以下項目的鍛鍊，可將完成数目折合为以上項目的数目。

男女同学：滑冰，45分鐘，可折合为長跑1000公尺。

結合冬季百日鍛鍊的内容，开展多种多样的競賽活动，以便更好地組織同学進行冬季鍛鍊。

三、参加办法：

凡我院同学均应报名参加，由鍛鍊小組長統計人数交体委並报系体育部統一报院体协。

四、評奬办法：

1.个人奬：

①凡参加競賽的个人从57年11月25日起至3月30日止（寒假除外）各次参加鍛鍊的積累数达到所規定的优秀、良好的标准者給予个人奬。

②凡参加百日鍛鍊的个人在冬季鍛鍊中，男子3000公尺成績达到10′31″，5000公尺成績达到18′，10000公尺成績达到37′30″。女子800公尺成績达到2′40″給予奬勵（我院長跑隊隊員

男同学举重，每举30公斤杠鈴2次可折合为雙槓推起一次。

女同学：仰臥起坐，3次，可折合为俯臥撑一次。

六、統計办法：

1.个人：由本人根据自己鍛鍊定的数目实事求是的逐日报告給鍛鍊小組長，並由小組長按期將發的表格認眞填寫，小組長每周向本班体委彙报一次。

2.各班体委每週应將全班同学鍛鍊所完成的数字統计一次，每兩週向系体育部彙报一次。

3.各系体育部必須每週將本系各班鍛鍊情况統計公佈一次，最后作出統計。

七、發奬时間1958年4月上旬。

（本学期末作一次全院鍛鍊情况小結，表揚鍛鍊优秀的系、班級、小組）

附註：四年級同学因課程結束时間不同故到考試完了，按日期和标准折合。

等級	标准 項目 性別	引体向上（可間斷）	雙槓推起（可間斷）	長跑	跳繩（可間斷）	俯臥撑（可間斷）
良好	男子	500次	800次	100公里	15000次	
	女子			60公里	10000次	500次
优秀	男子	900次	1400次	180公里	27000次	
	女子			100公里	18000次	900次

补充办法

为了开展多种多样的羣众性体育活动，使同学們通过参加这些項目的鍛鍊，达到全面發展的目的，並可結合个人專長和爱好，進行單項提高，培养等級运动員，故把我們有條件進行鍛鍊的运动項目也規定到百日鍛鍊的項目中，作为補充項目，現將这些補充項目及折合基本項目的标准列后：

足球：每比賽一次可折合全部优秀。（比賽时間在45分鐘以上）

排球：每比賽一次可折合全部良好。（比賽三局以上）

籃球：每打45分鐘可折合長跑1000公尺。（只限於排定籃球活动时間，不包括星期六、日）比賽40分鐘可折合全部良好。（包括星期六、日）

爬繩：男同学（只用手）每爬四公尺可折合引体向上八次。女同学（手足並用）每爬二公尺可折合俯臥撑六次。

俯臥撑：男同学每作二次可折合雙槓曲伸一次。

·47·

滑冰：会滑的同学，每滑2000公尺折为長跑1000公尺。（包括男女）不会滑的同学，每滑45分鐘折为長跑1000公尺。

雙杠高低槓勞衞制規定动作（必須整套作）：折合雙槓曲伸（男）：一級3次，二級5次。折合俯臥撑（女）：一級2个，二級4个。

單槓勞衞制規定动作（必須整套作）：折合引体向上：一級2次，二級4次。

擺动雙槓推起每二次可折合雙槓曲伸一次。

男子1500公尺（成績5′20″）可折合为3000公尺、女子800公尺（成績3′20″）折为1500m。

說明：

1.仍按原来四項填入表内，並以原来四項为鍛鍊的基本項目。

2.体育运动的每个項目都有它單独的鍛鍊意义，这种折合办法只是为了开展多种多样体育活动和照顧个别同学的愛好，折合标准無任何科学根据。

3.凡折合标准都按这次規定，上次發的作廢，但以前折合的就不必更改了，今后按这个标准進行折合。

声明：

百日鍛鍊所規定标準中关於女同学的長跑标准更改於后：100公里改为90公里，其他項目不变。

補充：举重：每举30公斤槓鈴一次，可折为雙槓曲伸一次，每举45公斤槓鈴折为二次。

图 3-5　1957—1958 北京矿业学院冬季锻炼计划

(原载《北京矿业学院体育运动》,1958 年 9 月 5 日出版,46-48 页)

1958年3月以前，北京矿业学院通过劳卫制一级的占总人数44%，二级占10%，等级运动员占3.3%。经过五个月锻炼，截至7月31止，已经提前全面地超额完成全年体育锻炼跃进指标，在全院2 950名健康同学中通过劳卫制一级的占98%，通过二级的占62.7%，达到等级运动员占60%。随后在暑假时期大闹技术革命与勤工俭学中仍坚持锻炼，到8月31日，劳卫制一级100%，二级75.52%，等级运动员87.73%。除此之外，为了鼓舞同学们通过劳卫制二级向等级运动员努力，还制定了"红旗"运动员制度，已达到"红旗"运动员标准的709人，占24.37%，全校5个系全部达到"体育锻炼红旗系"标准，涌现出44个"体育锻炼红旗班"，并向国家体育运动委员会报捷。为配合开展群众性体育锻炼，还培养了国家三级裁判员600名。1958年8月2日，国家体委给学院发来贺信，祝贺在"劳卫制"锻炼中取得的成绩。

贺信内容如下：

北京市体委转北京矿业学院：

获悉你院在体育大跃进中，通过劳卫制一级的人数达到全院在校健康学生的98%，二级62.7%；达到等级运动员标准的60%。还有44个体育红旗班。这是你们在党的社会主义建设总路线的鼓舞下，鼓足干劲，力争上游的结果，是你们走向又红又专道路的初步胜利。我们感到十分高兴，特向你们祝贺。望再接再厉，争取更大的成绩，以便能更好地为建设祖国和保卫祖国服务。

国家体委

8月2日

表揚

国家体委来信祝賀我院

在勞衛制鍛鍊方面取得的成績

北京市体委轉

北京矿业学院：

獲悉你院在体育大躍進中，通过劳衛制一級的人数达到全院在校健康学生的98%，二級62.7%；达到等級运动員标准的60%。还有44个体育紅旗班。这是你們在党的社会主义建設总路綫的鼓舞下，鼓足干勁，力爭上游的結果，是你們走向又紅又專道路的初步胜利。我們感到十分高兴，特向你們祝賀。望再接再励，爭取更大的成績，以便能更好地为建設祖國和保衛祖國服务。

國家体委

8月2日

图3-6　国家体委贺信

为了加强对体育的宣传、教育和指导，学校出版了体育刊物《北京矿业学院体育运动》；时任国务院副总理的贺龙还亲自阅读了《北京矿业学院体育运动》刊物，并谱写了《锻炼！未来的红色矿工》歌曲，激励全校师生进行体育锻炼。

中央新闻电影制片厂来学校拍摄《准备参加比赛》的专题片。

成立于1956年3月的北京矿业学院体育协会和俱乐部，在学生课外体育锻炼过程中发挥了积极的、重要的作用。在学校党政和学校体育运动委员会的领导下，结合学生们的具体情况，提出一系列组织学生参加体育锻炼的具体措施，把领导意图具体化，发挥着贯彻领导意图和密切联系学生的组织作用。

学生进行冬季运动

学生长跑活动

学生进行举重练习

滑冰练习

篮球比赛

图 3-7　学生进行运动练习及比赛场景

在 1957 年底“冬季百日锻炼”开始时，北京矿业学院体育协会与体育教研组充分研究，根据季节和学生的体质状况，制订出男、女学生体育测验的项目和标准。开展在校间、系间、班级间、代表队间、各项运动项目间、同学间等的评比活动。形成了自上而下人人关心、人人参与的群众性学先进、赶先进的热潮，取得了推动群众性体育锻炼的良好效果。

为了在生产或实习期间开展体育锻炼，北京矿业学院体育协会与体育教研组

图 3-8 学校出版的
《北京矿业学院体育运动》杂志

图 3-9 中央新闻电影制片厂来学校拍摄体育锻炼专题片

充分研究，拟定了《北京矿业学院勤工俭学生产劳动体育锻炼标准》，并通过矿院体育小报、黑板报、广播、院刊等进行广泛的体育宣传；同时与体育教研组、团委的密切配合，组织和培训 600 名国家等级裁判员，保证了各项竞赛活动的需要。体育协

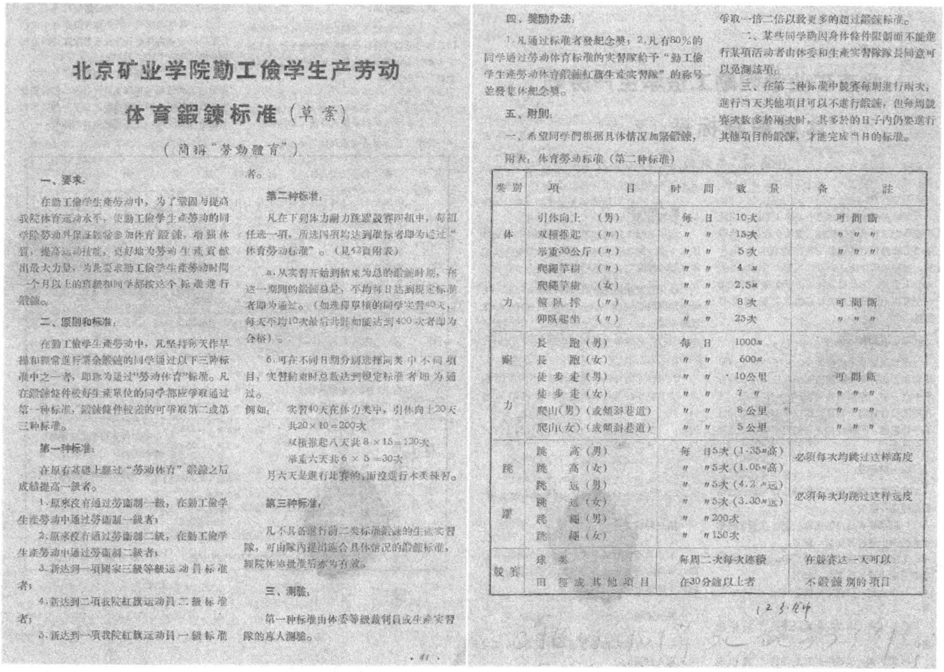

北京矿业学院勤工儉学生产劳动

体育鍛鍊标准（草案）

（簡稱“劳动體育”）

一、要求：

在勤工儉学生產劳动中，为了鞏固与提高我院体育运动水平，使勤工儉学生產劳动的同学除劳动外保証經常参加体育鍛鍊，增强体質，提高运动技能，更好地为劳动生產貢献出最大力量，为此要求勤工儉学生產劳动时間一个月以上的班級和同学都按这个标准進行鍛鍊。

二、原則和标准：

在勤工儉学生產劳动中，凡坚持每天作早操和經常進行業余鍛鍊的同学通过以下三种标准中之一者，即称为通过“劳动体育”标准。凡在鍛鍊條件較好生產單位的同学都应爭取通过第一种标准，鍛鍊條件較差的可爭取第二或第三种标准。

第一种标准：

在原有基礎上經过“劳动体育”鍛鍊之后成績提高一級者。

1.原來沒有通过劳衛制一級，在勤工儉学生產劳动中通过劳衛制一級者；

2.原來沒有通过劳衛制二級，在勤工儉学生產劳动中通过劳衛制二級者；

3.新达到一項國家三級等級运动員标准者；

4.新达到二項我院紅旗运动員二級标准者；

5.新达到一項我院紅旗运动員一級标准者。

第二种标准：

凡在下列体力耐力跳躍競賽四組中，每組任选一項，所选四項均达到准标者即为通过“体育劳动标准”。（見42頁附表）

a.从实習开始到結束为总的鍛鍊时期，在这一期間的鍛鍊总量，平均每日达到規定标准者即为通过。（如选擇單槓的同学实習40天，每天平均10次最后共計如能达到400次者即为合格）。

б.可在不同日期分別选擇同类中不同項目，实習結束时总数达到規定标准者即为通过。

例如：实習40天在体力类中，引体向上20天共20×10＝200次
双槓推起八天共8×15＝120次
举重六天共6×5＝30次
另六天是進行比賽的，而沒進行本类練習。

第三种标准：

凡不具备進行前二类标准鍛鍊的生產实習隊，可由隊內提出适合具体情况的鍛鍊标准，經院体協批准后亦为有效。

三、测驗：

第一种标准由体委等級裁判員或生產实習隊的專人測驗。

· 41 ·

四、奬励办法：

1.凡通过标准者發紀念奬；2.凡有80%的同学通过劳动体育标准的实習隊給予“勤工儉学生產劳动体育鍛鍊紅旗生產实習隊”的称号並發集体紀念奬。

五、附則：

一、希望同学們根据具体情况加緊鍛鍊，爭取一倍二倍以致更多的超过鍛鍊标准。

二、某些同学确因身体條件限制而不能進行某項活动者由体委和生產实習隊隊長同意可以免測該項。

三、在第二种标准中競賽每周進行兩次，進行当天其他項目可以不進行鍛鍊，但每周競賽次數多於兩次时，其多於的日子內仍要進行其他項目的鍛鍊，才能完成当日的标准。

附表：体育劳动标准（第二种标准）

类别	項目	时間 數量	备註
体力	引体向上（男）	每日 10次	可間斷
	双槓推起（〃）	〃 〃 15次	〃 〃 〃
	举重30公斤（〃）	〃 〃 5次	〃 〃 〃
	爬繩竿樹（〃）	〃 〃 4 м	
	爬繩竿樹（女）	〃 〃 2.5м	
	艇臥撑（〃）	〃 〃 8次	可間斷
	仰臥起坐（〃）	〃 〃 25次	〃 〃 〃
耐力	長跑（男）	每日 1000м	
	長跑（女）	〃 〃 600м	
	徒步走（男）	〃 〃 10公里	可間斷
	徒步走（女）	〃 〃 7 〃	〃 〃 〃
	爬山（男）（或傾斜巷道）	〃 〃 8公里	〃 〃 〃
	爬山（女）（或傾斜巷道）	〃 〃 5公里	〃 〃 〃
跳躍	跳高（男）	每日5次（1.35м高）	必須每次均跳过这样高度
	跳高（女）	〃 〃5次（1.05м高）	
	跳远（男）	〃 〃5次（4.2 м远）	必須每次均跳过这样远度
	跳远（女）	〃 〃5次（3.30м远）	
	跳繩（男）	〃 〃200次	
	跳繩（女）	〃 〃150次	
競賽	球类	每周二次每次連續	在競賽这一天可以
	田徑或其他項目	在30分鐘以上者	不鍛鍊別的項目

图 3-10 《北京矿业学院勤工俭学生产劳动体育锻炼标准(草案)》

（原刊于《北京矿业学院体育运动》,1958 年 9 月 5 日出版）

会与系、班级体育干部的密切合作，提高了学生体育锻炼的积极性、主动性。在体育“大跃进”时期，体育协会与体育教研组和团委的密切协作，就是思想、技术、组织与宣传工作的密切配合，是群众性体育工作的主力军。

第四节　学校体育运动队

学校党政领导和各级组织将体育代表队作为一种校园文化和精神提升予以重视。在搞好普通学生积极参与实施“劳卫制”的同时，先后组建了男子篮球队、女子篮球队、男子排球队、女子排球队、男子足球队、乒乓球队、田径队、男子体操队、女子体操队、游泳队、自行车队、水球队等多支代表队。自 1958 年开始，北京矿业学院开展了国防体育运动，成立了专门委员会，组建了射击队、摩托车队和无线电队，还修建射击靶场，各项运动水平在北京市高校中名列前茅。

时任北京矿业学院院长兼党委书记吴子牧和党委副书记兼院体育运动委员会主任魏明等校领导，始终将学院代表队工作作为党委和行政工作的一部分。为便于管理，学院成立了体育总支，付满孝任体育总支书记。组织活动都由体育总支管理，并设立体育代表队专用食堂，给运动员伙食补贴。

1959 年秋，由学院各个不同专业抽调具有运动天赋的同学组成运动员班——企 58-3 班，是矿院第一届体育代表队班，其中有校田径队和校男、女排代表队。之后又成立了企 59-3 班，制 59-5 班和电 60-4 班，为学校体育作出了重要贡献。

学校领导经常亲自参与体育代表队各项活动。

1954 年 4 月，学院举行第四届春季运动会，这是京津合校后举行的第一次运动会，共举行了 54 个田径、体操项目的竞赛，参加比赛的运动员共 689 人。中央体育学院(即现在的北京体育大学)，钢铁、石油、地质及农业机械化等系统的兄弟院校的师生也前来担任运动会的裁判。运动会上，很多教师积极参加比赛，60 多岁的何杰教务长参加了 1 500 米竞走。何杰从青年时代起就一直坚持锻炼，曾获得广东省 200 米短跑第一名。老教务长参加运动会，率先垂范，给全院同学很大鼓舞。这次运动会有 11 个项目打破学院纪录。闭幕式上学院体育运动委员会主任委员吴子牧院长为获奖的团体和个人发奖并做了讲话。

1955 年 1 月 26 日，在北京大学未名湖举行了西郊 14 所高等学校冰上运动会，比赛项目有男女速度溜冰、花样溜冰和两场冰球表演比赛。北京矿院冰上运动代表队参加了多项比赛，获得男子速度溜冰团体总分第一、女子速度溜冰团体总分第三的好成绩，唐雪芳同学获得个人总分第一的成绩，矿院冰球代表队还参加了冰球表演赛。

在 1955 年 5 月北京西郊九大学院举行的综合性田径运动会上，北京矿院田径代表队 61 名运动员参加了比赛。在此次比赛中，矿院获得了男子 5 000 米长跑、

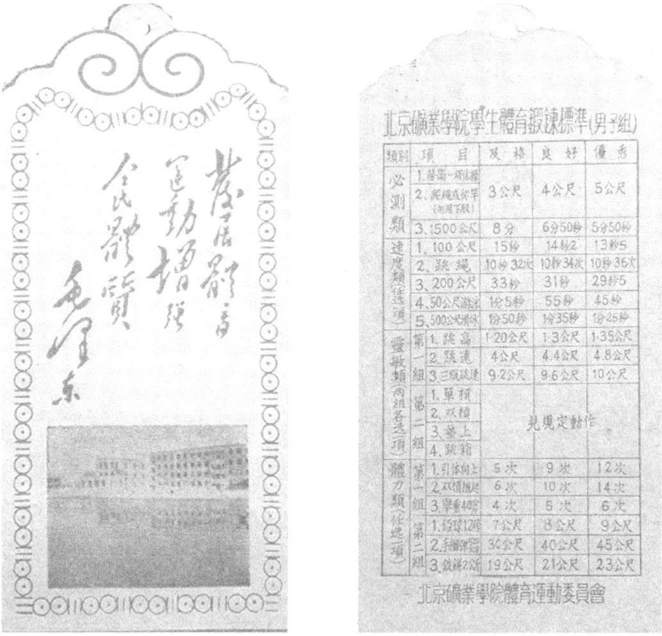

北京鑛業學院學生體育鍛鍊標準(男子組)

類別		項目	及格	良好	優秀
必測類		1、基本一級體操	3公尺	4公尺	5公尺
		2、爬繩或爬竿(兩用手爬)			
		3、1500公尺	8分	6分50秒	5分50秒
速度類(任選一項)		1、100公尺	15秒	14秒2	13秒5
		2、跳繩	10秒32次	10秒34次	10秒36次
		3、200公尺	33秒	31秒	29秒5
		4、50公尺游泳	1分5秒	55秒	45秒
		5、500公尺滑冰	1分50秒	1分35秒	1分25秒
靈敏類(兩組各選一項)	第一組	1、跳高	1·20公尺	1·3公尺	1·35公尺
		2、跳遠	4公尺	4.4公尺	4.8公尺
		3、三級跳遠	9·2公尺	9·6公尺	10公尺
	第二組	1、單槓	見規定動作		
		2、雙槓			
		3、墊上			
		4、跳箱			
體力類(任選二項)	第一組	1、引體向上	5次	9次	12次
		2、雙槓撐起	6次	10次	14次
		3、舉重40公斤	4次	5次	6次
	第二組	1、鉛球12磅	7公尺	8公尺	9公尺
		2、手榴彈投遠	30公尺	40公尺	45公尺
		3、鐵餅2公斤	19公尺	21公尺	23公尺

北京鑛業學院體育運動委員會

图 3-11 北京矿业学院时期发行的印有体育锻炼标准的书签，
方便学生随时查看

图 3-12 北京矿业学院第一届体育代表队班，
主要集中了男女篮球、男女排球及田径队运动员

110 米高栏、女子 200 米短跑、铅球等 4 个项目的第一名，男子 1 500 米长跑及女子 800 米长跑等 7 个项目的第二名，撑竿跳高等 3 个项目的第三名，最终获得团体总分第三名，其中男子总分第三名、女子总分第四名。1955 年 10 月 15—16 日，在北京钢铁学院田径运动场举行的北京市高等学校体育运动大会上，北京矿院获得男

图 3-13　魏明同志看望篮球队、排球队队员

图 3-14　国家体育运动委员会主任荣高堂接见学校体育代表队

图 3-15　北京矿业学院第四届春季体育运动大会

图 3-16　比赛结束后，校领导与获胜运动员合影

子田径总分第四名，男子手榴弹掷远、女子铅球均获第一名。

在 1956 年北京北郊区 10 所院校联合田径运动会上，北京矿院获男女团体总分第二名，其中男子组获得总分第二名，女子组获得总分第三名。在 1956 年 5 月举行的北京市高等学校田径、举重运动大会上，北京矿院代表队获得了优秀成绩，男子组、女子组分别取得总分第三、第四名。

长跑运动对于采矿工程技术干部有着特殊的重要性，因而在北京矿业学院有着良好的群众基础，而且运动成绩突出。北京市一年一度的春节环城赛跑为矿业学院的长跑爱好者提供了大显身手的舞台。

1956 年 2 月，北京矿院男女长跑代表队先是参加了北京市举行的高等学校"三好杯"越野赛跑，获得了冠军，中央体育学院获得亚军，清华获得第三名。2 月 15 日，北京矿院又参加了《人民日报》等报刊联合举办的北京市"胜利杯"环城赛，比赛全程 12 000 米。北京矿院共有 120 人参加了比赛，全部坚持跑到终点。这次比赛，矿院运动员获得了优异成绩，前 20 名中 7 名是矿院学生，采煤系学生董耀禄获第二名，并捧得"北京市环城胜利杯"。

1956 年 4 月 15 日，在北京市教育工会运动会上，学院共有男子跳高、男子铅球、男子铁饼、体操比赛 4 个项目取得了第一名，其中男子跳高打破了北京市纪录。1956 年 11 月，学院男女体操队参加了北京市体操测验，杨光裕、梁慰慈达到了国家二级运动员标准。

1957 年 2 月 2 日，学生李进尧获北京市春节环城赛第一名，董耀禄获第二名。（1957 年起，这项赛事更名为"北京市春节环城赛"，并将比赛日期确定为每个农历新年的正月初三。）中央新闻电影制片厂曾到学院拍摄题为《准备参加比赛》的专题片。

1958 年 2 月 20 日，董耀禄获环城赛第一名，李进尧获第三名。

1959 年 1 月 10 日，董耀禄获环城赛第二名，李进尧获第六名。校领导吴子牧、何杰到现场观看比赛，不少学生赶到比赛现场沿途助威。

1960年，北京市春节环城赛盛况空前，参加人数达2 100多人，董耀禄获第一名。学校名声大震，被多个媒体誉为“以长跑著称的单位”。

1964年2月25日，“春节环城赛”恢复，矿院职工崔云海荣获第一名。

图3-17　1958年北京市春节环城赛董耀禄获第一名，李进尧获第三名，比赛后与院长吴子牧（中）、副书记魏明（左一）合影

图3-18　1956年12月15日，北京市兴趣行“胜利杯”环城赛

图3-19　1959年2月10日，北京市春节环城赛在天安门广场举行分布奖仪式（第二名董耀禄，第三名崔云海，第六名李进尧）

图3-20　1964年2月25日北京市春节环城赛中，崔云海荣获第一名

图3-21　1966年1月23日，北京市春节环城赛后校领导和运动员合影（后排右六张学文、右八魏明）

1965年2月4日举行的环城赛学校参加比赛人数达589人，矿院职工崔云海获冠军。

1966年1月23日，第八届春节环城赛举行，矿院职工崔云海获得第一名，体育教师刘培福获得第二名。

北京矿业学院的田径运动，除在北京市春节环城赛取得优异成绩外，还包括：

1958年8月24—28日，在西安市西北人民体育场举行的全国大学生田径运动会上，采煤系学生董耀禄代表北京市参加比赛，获得男子5 000米第三名，10 000米第三名。10月3日，董耀禄参加全国马拉松锦标赛，打破全国纪录。10月22日，学生运动员王峰在北京市运动会上，打破10公里公路竞走全国纪录，取得51分55秒3的好成绩。

10月24日，学生运动员刘书谦在北京市运动会上，以200米低栏24秒9和110米高栏14秒7打破2项全国纪录。11月3日，在北京举行的全国马拉松锦标赛中，北京矿业学院学生董耀禄、崔云海取得优异成绩，双双成为运动健将，王继云达一级运动员标准并打破全国纪录。

1959年3月22日，北京矿业学院学生运动员董耀禄、辛承梁分别获得北京市马拉松体育比赛冠军、亚军，辛承梁成为运动健将。4月1日，采煤系学生朱昌发，通过了20公里公路竞走的运动健将标准，成为北京矿业学院第五名运动健将。9月13日—10月3日，学校有多名学生代表北京市参加新中国在北京举行的中华人民共和国第一届全国运动会。射击运动员林家琪在全运会手枪速射和慢射比赛中，以580环的成绩打破全国纪录，成为北京矿业学院第六名运动健将。12月13日，北京市举行越野赛，董耀禄获得男子组第一名，崔云海获得第二名。

图3-22 代表北京市参加中华人民共和国第一届全国运动会的北京矿院运动员

1960年3月13日，北京矿业学院学生运动员王峰在北京市竞走比赛中，创造北京市50公里竞走纪录，荣获冠军。4月20日，北京矿业学院朱昌登以2小时43

分 41 秒的成绩获得全国竞走测验赛 30 公里竞走冠军，创造了全国纪录。

1963 年，在第七届北京市高校田径运动会上，矿院获得男子团体总分第三、女子团体总分第三、男女团体总分第三的成绩。

1964 年在北京市第八届高校田径运动会上，北京矿业学院学生运动员王玉成在男子 800 米、男子 4×400 米项目中打破北京市高校纪录；郑永平在男子 3 000 米项目中，打破北京市高校纪录。北京矿业学院取得男子团体总分第三、女子团体总分第六、男女团体总分第四的成绩。

1966 年 5 月 21—22 日，北京市第十届高等院校学生田径运动会在北京地质学院召开，北京矿业学院 82 名运动员参加比赛，获得男子团体总分第三名、女子团体总分第八名、男女团体总分第四名的成绩。

北京矿业学院男、女篮球队是北京市甲级队，在每年举办的北京篮球甲级联赛中都获得优异成绩，一直保持在北京篮球甲级队行列，从未掉过级。男、女篮球队也是同时期学校代表队中的佼佼者，取得显著的运动成绩，是全院师生除长跑队以外，最引以为自豪的代表队。北京矿业学院男、女篮球队几乎每个周末都进城，到北海体育场、东长安街体育场、文化宫体育场等进行篮球友谊赛。

男、女篮球队获得的主要成绩有：

1955 年 1 月下旬，在北京市篮球联赛复赛中，北京矿业学院院男、女篮球队均被选为北京市一级队，此次共选出北京市男、女篮球一级队各 6 个。6 月，国家男篮受邀在北京矿业学院进行了友谊赛。

1955 年 12 月 18 日，以马中华为教练的北京矿业学院学生男子篮球队，在北京市高等院校“三好杯”篮球决赛中，以五战五胜完胜的成绩获得比赛的冠军（此后连续三年，获得北京市高校“三好杯”冠军），女子篮球队以五战四胜的成绩获得女子篮球的亚军。

1957 年暑假，北京矿业学院男篮参加北京市组织的体育代表团，慰问长山列岛驻军，受到热烈欢迎。

1958 年，与柬埔寨西哈努克亲王一起访华的柬埔寨皇家篮球队在北京矿业学院进行了友谊赛。

1959 年，在第一届全国青年篮球联赛中，北京矿业学院男篮获得冠军。

1959 年冬，在大同参加全国煤炭系统院校男女篮和男女排球联赛，其中男、女篮球队双双获得冠军。后到北京参加决赛，又战胜了实力比较强大的合肥矿业学院队，获得总冠军。

1960 年 5 月，在济南参加全国篮球乙级联赛，战胜了清华大学等队，但输给了北京体育学院和山东省代表队。当时运动员住在济南珍珠泉高级招待所，早餐把食堂的馒头、油条等一扫而光，也成为比赛外的趣谈。

1960 年，北京矿业学院与清华大学举行全面体育对抗赛，即三大球比赛。北

图 3-23 北京矿业学院男、女篮球队合影

（后排左一为领队付满孝，右一为教练马中华）

京矿业学院足球队、男子排球队、女子排球队、女子篮球队全部获胜。最后一项比赛是男子篮球赛，清华大学不能再输，否则全军覆没。清华大学与北京矿院男子篮球是北京高校二强，双方互有胜负。此战清华大学相当重视，校领导也前来观战。在北京农机学院篮球场，最后矿院男篮以一分绝杀取胜，获得对抗赛的全面胜利。

1961 年，学生到山西省大同矿务局实习。企 58-3 班是矿院体育代表队班，与大同矿代表队比赛都以大比分取胜，同时战胜了山西省公安代表队，展示出学院篮球的高水平。

1962 年，学生到抚顺矿务局实习，战胜了矿代表队，回京路过秦皇岛，与港务局比赛也获得胜利。

1962 年，以马中华为教练的北京矿业学院男子篮球队，获得“北京市大学生篮球赛”冠军。

1963 年，由北京矿业学院和清华大学等单位组成的北京大学生代表队，参加在上海举办的全国大学生篮球邀请赛（其中矿院 5 名队员，清华大学 6 名队员，钢院 1 名队员，矿院的丁日熙老师是随队保健队医）。最终，北京队输给以上海青年队组成的上海队，获得亚军。

1964 年，北京举行全国大学生篮球赛，北京队又夺回冠军。

1953 年，学院在北京建校后成立了排球队，马永泰接任矿业学院排球队教练。当时北京市排球运动开展得非常好，市里有排球甲级联赛，高校有“三好杯”等比赛。

1956—1957 年，许多高水平运动员进入院排球队，队伍的实力大大提高。

1959 年第一届全运会前，北京矿业学院排球队曾与福建省队进行热身比赛，虽以 1∶3败北，但说明院排球队已有相当的实力。

图 3-24　1958 年学院男排队员合影

图 3-25　1964 年学院男排与院长陈一凡合影

图 3-26　学院女排合影

（后排右一为教练马永泰）

图 3-27　1959—1962 年北京矿院男、女排球队员合影

（后排中立者为教练马永泰）

图 3-28　参加 1960 年全国排球乙级联赛的北京矿院男排

（后排左一为教练马永泰）

图 3-29　1956 级全院代表队合影

（前排左五为张庆权）

1958 年，北京矿业学院排球队参加全国煤炭系统篮排球联赛，学院获得男、女篮球，男排三个冠军，女排获得亚军。

1959 年，参加煤炭系统高校球类比赛，学院女排对合肥工大以 2∶3 惜败，屈居亚军，男排以 3∶0 胜合肥工大获得冠军。

1960 年以前，学院女排已是北京市甲级队，男排只能参加高校“三好杯”比赛。1960 年是学院男排翻身的一年，不仅打进北京市甲级队，而且取得第二名的好成绩，取得参加全国排球乙级联赛的资格。在乙级联赛保定赛区，战胜了天津体院、天津大学和运动健将领衔的八一青年队，取得较好的成绩。

三年困难时期过后，北京市恢复了排球甲级联赛。1963 年，进行了甲级队预选赛，矿院男、女排球队均取得甲级队资格。1964 年，学院男排进入了甲级联赛的决赛。

学院女排很早以前就是北京市甲级队，在历届北京市甲级联赛中均取得了很好的成绩。

1956 年春季，矿业学院成立了学院摩托车组。在摩托车保修组里大部分都是华侨同学，为了保修工作，他们经常放弃周末晚会，甚至牺牲一些自习的时间，并且像“废品利用专家”一样经常从废品中找到一些零件的代用品，克服零件缺乏的困难，保证了摩托车组活动的顺利进行，为国家节约了财富。

图 3-30　矿业学院摩托车队在训练

1956 年 5 月 16 日，北京矿院举行了第一次举重比赛，通过比赛选出了包括最轻、次轻、轻量和中量四个级别共 15 人的举重队。在 11 月 4 日北京市举行的举重比赛中，矿院的林祝发和卜庆云分别举出 80 公斤，破 1950 年北京市举重轻量级推举 75 公斤的纪录；邸至森推举出 70 公斤，破 1955 年北京市举重中量级推举 67.5 公斤的纪录。此次举重比赛涌现出 3 名国家二级运动员：李克儒、林祝发、庆云，4 名国家三级运动员：俞启香、刘佐贤、赵子钧、庞瀛。

1956 年 12 月 2 日，在北京市射击俱乐部举行了 1956 年北京市各高等学校射击比赛大会。参加这次比赛的共 22 个院校 132 名运动员，北京矿业学院代表队有男女同学各 3 人组成。最终学院男队以 220 环的成绩取得第三名，女队取得第十四名，男女总分列为第八名。学院王杰同学以 79 环的成绩取得男子个人第二名，而这个成绩与第一名仅差一环。

1958 年 11 月，学院射击队参加了首届北京高校“三好杯”射击赛，一举夺得男女团体第一名和总分第一名。此后，学院连续五届蝉联此项比赛团体冠军。由于学生射击成绩优秀，1959 年有 5 名选手被选入北京市射击队。1959 年 5 月，学院无线电代表队获北京市高校无线电比赛冠军。同年 10 月，地质系学生张汉英在第一届全运会无线电比赛上，以每分钟手抄短码 225 个字的成绩打破全国纪录

(图 3-31)。1959 年 3 月,国家国防体协主任李达来北京矿业学院视察,了解国防体育开展情况,视察了射击场、摩托车队和无线电队。

图 3-31　地质系学生张汉英

1958 年,学院足球队成为北京市乙级队,男子手球队获得北京市高校亚军,女子手球队获得北京市亚军。1960 年 6 月,北京矿业学院地 1957 级学生、中国登山队队员曾曙生随中国登山队在征服珠穆朗玛峰的过程中,登上海拔 7 600 米的高度,打破了全国男子登山纪录。曾曙生获得男子登山运动健将称号。

1959 年 9 月 13 日—10 月 3 日,矿业学院有多名学生代表北京市,参加新中国在北京举行的"中华人民共和国第一届全国运动会"。射击运动员林家琪在全运会手枪速射和慢射比赛中,以 580 环的成绩打破全国纪录,成为北京矿业学院第六名运动健将。

1960 年 4 月 9—10 日,北京市高校无线电比赛举行,北京矿业学院学生张汉英、王民歌分获冠、亚军,北京矿业学院获得总分冠军。

北京矿业学院体育活动方面的成绩在北京高校中及全国范围内享有盛名。荣高棠在《当代中国体育》一书中对北京矿业学院大学生的体育运动给予了高度评价。书中写道:北京矿业学院负责同志亲自抓体育,设立了文体办公室负责全院的文体工作,保证学生每天有 1 小时的体育锻炼,还成立了足球、篮球、排球、体操、游泳、田径等项目的院代表队,坚持业余训练。在 1959 年高校田径运动会上,该院选手战胜北京体育学院选手,获得总分第一名,有 6 人取得运动健将称号,长跑队在

北京矿业学院运动健将合影
(左起崔云海、董耀禄、刘书谦、辛承梁、朱昌发)

北京矿业学院体育代表队纪念章

图 3-32

参加北京市八届环城赛中取得六届冠军。

为了鼓励更多学生积极投身到体育锻炼中，提高运动技术水平，学院专门制订了《北京矿业学院“红旗运动员”条例》，在全院推行。

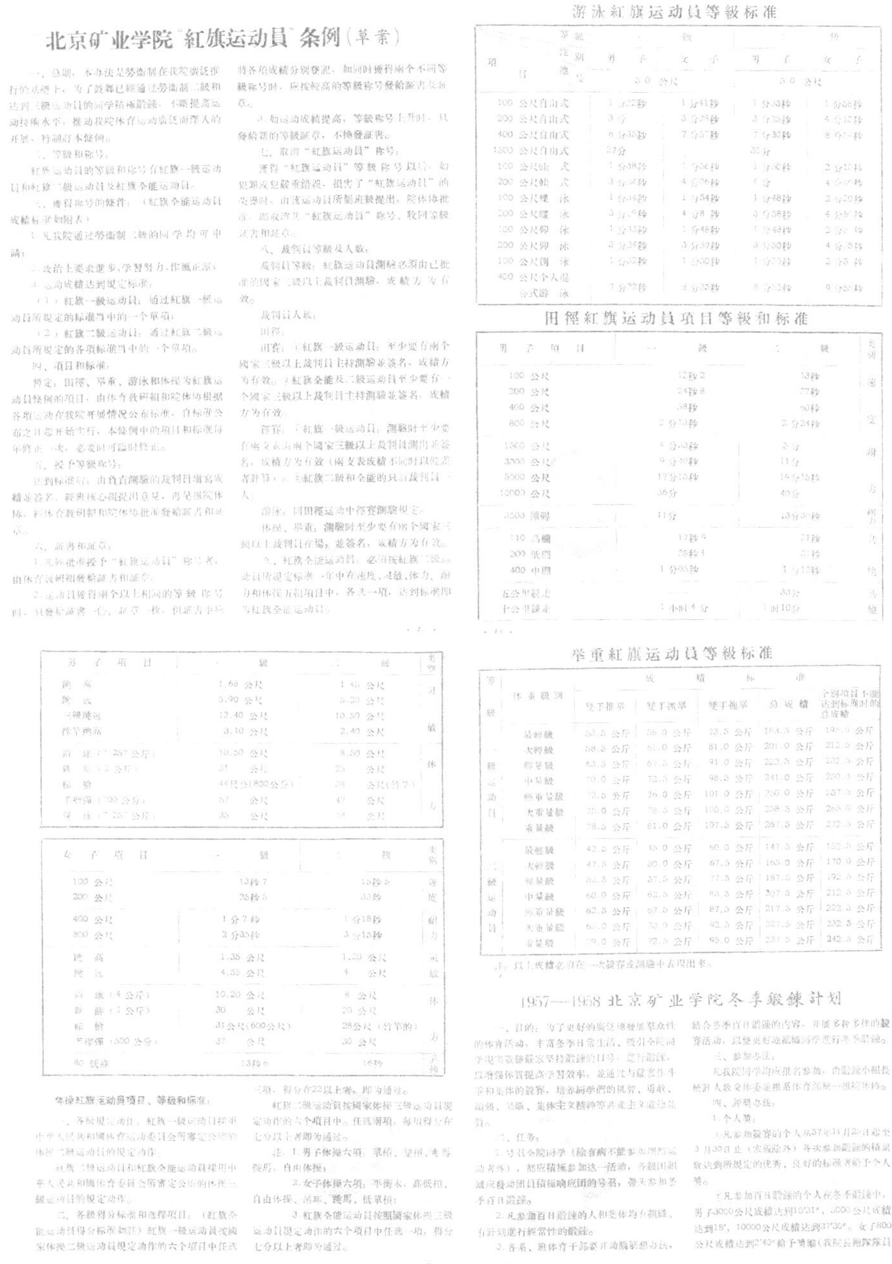

北京矿业学院“紅旗运动員”条例（草案）

一、总則：本办法是勞衞制在我院廣泛推行的基礎上，为了鼓舞已經通过勞衞制二級和达到三級运动員的同学積極鍛鍊，不断提高运动技術水平，推动我院体育运动廣泛而深入的开展，特制訂本條例。

二、等級和称号：

紅旗运动員的等級和称号有紅旗一級运动員和紅旗二級运动員及紅旗全能运动員。

三、獲得称号的條件：（紅旗全能运动員成績标準如附表）

1.凡我院通过勞衞制二級的同学均可申請；

2.政治上要求進步，学習努力，作風正派；

3.运动成績达到規定标準：

（1）紅旗一級运动員：通过紅旗一級运动員所規定的标準当中的一个單項；

（2）紅旗二級运动員：通过紅旗二級运动員所規定的各項标準当中的一个單項。

四、項目和标準：

暫定：田徑、举重、游泳和体操为紅旗运动員條例的項目，由体育教研組和院体协根據各項运动在我院开展情况公布标準，自标準公布之日起开始实行，本條例中的項目和标準每年修正一次，必要时可臨时修正。

五、授予等級称号：

达到标準后，由負責測驗的裁判員填寫成績並簽名，經班核心組提出意見，再呈報院体协，經体育教研組和院体协批准發給証書和証章。

六、証書和証章：

1.凡經批准授予“紅旗运动員”称号者，由体育教研組發給証書和証章。

2.运动員獲得兩个以上相同的等級称号时，只發給証書一份，証章一枚，但証書中應將各項成績分別登記。如同时獲得兩个不同等級称号时，应按較高的等級称号發給証書及証章。

3.如运动成績提高，等級称号上升时，只發給新的等級証章，不換發証書。

七、取消“紅旗运动員”称号：

獲得“紅旗运动員”等級称号以后，如犯罪或犯嚴重錯誤，損害了“紅旗运动員”的榮譽时，由該运动員所屬班級提出，院体协批准，即取消其“紅旗运动員”称号，收回等級証書和証章。

八、裁判員等級及人数：

裁判員等級：紅旗运动員測驗必須由已批准的國家三級以上裁判員測驗，成績方为有效。

裁判員人数：

田徑：

田賽：1紅旗一級运动員：至少要有兩个國家三級以上裁判員主持測驗並簽名，成績方为有效。2紅旗全能及二級运动員至少要有一个國家三級以上裁判員主持測驗並簽名，成績方为有效。

徑賽：1紅旗一級运动員，測驗时至少要有兩支表由兩个國家三級以上裁判員測出並簽名，成績方为有效（兩支表成績不同时以較差者計算）。2紅旗二級和全能的只須裁判員一人。

游泳：同田徑运动中徑賽測驗規定。

体操、举重：測驗时至少要有兩个國家三級以上裁判員在場，並簽名，成績方为有效。

九、紅旗全能运动員：必須按紅旗二級运动員所規定标準一年中在速度、灵敏、体力、耐力和体操五組項目中，各选一項，达到标準即为紅旗全能运动員。

游泳紅旗运动員等級标準

項目	一級 男子	一級 女子	二級 男子	二級 女子
池长	50公尺		50公尺	
100公尺自由式	1分22秒	1分41秒	1分35秒	1分58秒
200公尺自由式	3分	3分35秒	3分35秒	4分10秒
400公尺自由式	6分35秒	7分57秒	7分30秒	8分[illegible]秒
1500公尺自由式	27分		30分	
100公尺蛙式	1分38秒	1分56秒	1分50秒	2分10秒
200公尺蛙式	3分34秒	4分06秒	4分	4分[illegible]秒
100公尺蝶泳	1分34秒	1分54秒	1分48秒	2分20秒
200公尺蝶泳	3分[illegible]秒	4分8秒	3分58秒	4分[illegible]秒
100公尺仰泳	1分33秒	1分48秒	1分48秒	2分[illegible]秒
200公尺仰泳	3分34秒	3分57秒	3分50秒	4分35秒
100公尺側泳	1分32秒	1分50秒	1分[illegible]秒	2分5秒
400公尺个人混合式游泳	7分22秒	8分35秒	8分50秒	9分55秒

田徑紅旗运动員項目等級和标準

男子項目	一級	二級	类別
100公尺	12秒2	13秒	速度
200公尺	24秒8	27秒	
400公尺	58秒	60秒	
800公尺	2分13秒	2分24秒	
1500公尺	4分33秒	5分	耐力
3000公尺	9分40秒	11分	
5000公尺	17分15秒	19分15秒	
10000公尺	36分	40分	
3000障碍	11分	13分30秒	耐力
110高欄	17秒9	21秒	其他
200低欄	28秒4	31秒	
400中欄	1分05秒	1分12秒	
五公里競走	—	33分	其他
十公里競走	1小时4分	1时10分	

男子項目	一級	二級	类別
跳高	1.66公尺	1.45公尺	灵敏
跳远	5.90公尺	5.20公尺	
三級跳远	12.40公尺	10.50公尺	
撑竿跳高	3.10公尺	2.40公尺	
鉛球（7.257公斤）	10.50公尺	8.50公尺	体力
鉄餅（2公斤）	31公尺	25公尺	
标槍	44公尺（800公分）	28公尺（竹竿）	
手榴彈（700公分）	57公尺	47公尺	
鏈球（7.257公斤）	35公尺	[illegible]公尺	

女子項目	一級	二級	类別
100公尺	13秒7	15秒5	速度
200公尺	25秒5	33秒	
400公尺	1分7秒	1分18秒	耐力
800公尺	2分35秒	3分15秒	
跳高	1.35公尺	1.20公尺	灵敏
跳远	4.55公尺	4公尺	
鉛球（4公斤）	10.20公尺	8公尺	体力
鉄餅（1公斤）	30公尺	20公尺	
标槍	31公尺（600公尺）	28公尺（竹竿的）	
手榴彈（500公分）	37公尺	30公尺	
80低欄	13秒6	16秒	其他

体操紅旗运动員項目、等級和标準：

一、各級規定动作：紅旗一級运动員採用中华人民共和國体育运动委員会所審定公佈的体操二級运动員的規定动作。

紅旗二級运动員和紅旗全能运动員採用中华人民共和國体育委員会所審定公佈的体操三級运动員的規定动作。

二、各級得分标準和选擇項目：（紅旗全能运动員得分标準如註）紅旗一級运动員按國家体操二級运动員規定动作的六个項目中任选三項，得分在22以上者，即为通过。

紅旗二級运动員按國家体操三級运动員規定动作的六个項目中，任选兩項，每項得分在七分以上者即为通过。

註：1.男子体操六項：單槓、雙槓、吊環、鞍馬、自由体操；

2.女子体操六項：平衡木、高低槓、自由体操、吊環、跳馬、低單槓；

3.紅旗全能运动員按照國家体操三級运动員規定动作的六个項目中任选一項，得分七分以上者即为通过。

举重紅旗运动員等級标準

等級	体重級別	雙手推举	雙手抓举	雙手挺举	总成績	个別項目不能达到标準时的总成績
一級运动員	最輕級	53.5公斤	56.0公斤	73.5公斤	183.5公斤	19[illegible].0公斤
	次輕級	58.5公斤	61.0公斤	81.0公斤	201.0公斤	212.5公斤
	輕量級	63.5公斤	67.5公斤	91.0公斤	222.5公斤	232.5公斤
	中量級	70.0公斤	72.5公斤	98.5公斤	241.0公斤	250.0公斤
	輕重量級	72.5公斤	76.0公斤	101.0公斤	250.0公斤	257.5公斤
	次重量級	75.0公斤	78.5公斤	105.0公斤	258.5公斤	265.0公斤
	重量級	78.5公斤	81.0公斤	107.5公斤	267.5公斤	272.5公斤
二級运动員	最輕級	42.5公斤	45.0公斤	60.0公斤	147.5公斤	152.5公斤
	次輕級	47.5公斤	50.0公斤	67.5公斤	165.0公斤	170.0公斤
	輕量級	52.5公斤	57.5公斤	77.5公斤	187.5公斤	192.5公斤
	中量級	60.0公斤	62.5公斤	85.5公斤	207.5公斤	212.5公斤
	輕重量級	62.5公斤	67.5公斤	87.5公斤	217.5公斤	222.5公斤
	次重量級	65.0公斤	70.0公斤	92.5公斤	227.5公斤	232.5公斤
	重量級	[illegible].0公斤	72.5公斤	95.0公斤	237.5公斤	242.5公斤

註：以上成績必須在一次競賽或測驗中表現出来。

1957—1958北京矿业学院冬季鍛鍊計划

一、目的：为了更好的廣泛地發展羣众性的体育活动，丰富冬季日常生活，吸引全院同学现实發揚嚴寒堅持鍛鍊的口号，进行鍛鍊，以增强体質提高学習效率，並通过与嚴寒作斗爭和集体的鍛鍊，培养同学們的机智、勇敢、頑强、果斷、集体主义精神等共產主义道德品質。

二、任务：

1.号召全院同学（除有病不能参加剧烈运动者外），都应積極参加这一活动，各級团組織应發动团員積極响应团的号召，帶头参加冬季百日鍛鍊。

2.凡参加百日鍛鍊的人和集体均有組織、有計划進行經常性的鍛鍊。

3.各系、班体育干部要开动腦筋想办法，結合冬季百日鍛鍊的内容，开展多种多样的競賽活动，以便更好地組織同学進行冬季鍛鍊。

三、参加办法：

凡我院同学均应报名参加，由鍛鍊小組長統計人数交体委並報系体育部統一报院体协。

四、評奖办法：

1.个人獎：

1凡参加競賽的个人从57年11月25日起至3月30日止（寒假除外）各次参加鍛鍊的積累数达到所規定的优秀、良好的标準者給予个人獎。

2凡参加百日鍛鍊的个人在冬季鍛鍊中，男子3000公尺成績达到10′31″，5000公尺成績达到18′，10000公尺成績达到37′30″。女子800公尺成績达到2′40″給予獎勵（我院長跑隊隊員

图3-33　《北京矿业学院体育运动》刊载的《北京矿业学院“红旗运动员”条例（草案）》

1958 年 9 月 9 日，学院党委副书记魏明接受了由贺龙副总理代表国家体委授予北京矿业学院"全国体育运动红旗院"的锦旗。

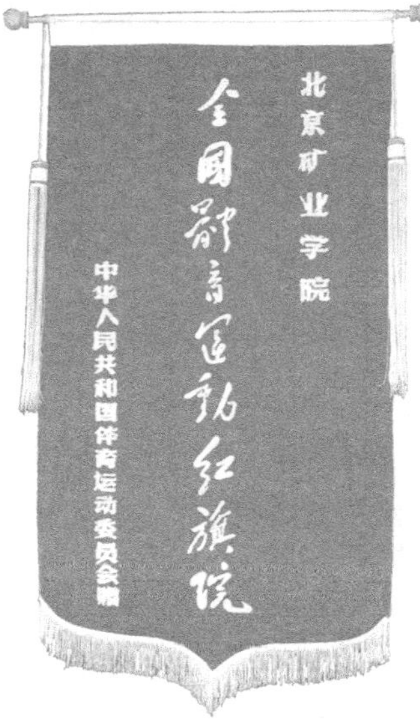

图 3-34　1958 年 9 月 9 日北京矿业学院获得
"全国体育运动红旗院"锦旗

学院各级代表队在提高自身运动技术水平的同时，还有两个突出的特点：

第一，积极参加各种社会比赛活动，向先进学习，提高技术水平。如请"八一""体育学院""大学生田径队"等高水平运动队来学院表演对抗，并且积极参加市级各项比赛，提高自身水平。

第二，充分发挥代表队作用，是开展群众性体育锻炼的重要环节。代表队是群众体育运动的积极分子，他们有一定的锻炼经验和技术水平。代表队除去参加该队集体锻炼外，还有一定时间回班与同学共同锻炼。既加强了代表队与普通学生的联系，又交流了经验，传授了技术。另外，可以专门组织同学进行集中辅导。这样既大大扭转了普通学生对代表队的片面看法，又进一步提高了代表队的思想水平和技术水平。同时，采取了发动群众评比红旗代表队和优秀代表队的办法，对加强代表队与同学之间的关系、提高代表队在普通学生中的威信有着积极作用，从而使代表队不断成为促进全院体育运动发展的积极力量。

图 3-35　学院各运动团队合影及运动训练场景一

图 3-36　学院各运动团队合影及运动训练场景二

机械系学生笋秀珍获得 1959 年北京市高校女子小口径步枪射击冠军

男子举重队

男子体操队

男子游泳队

女子游泳队

射击队

无线电队

图 3-37　学院各运动团队合影及运动训练场景三

第四章 四川时期的矿大体育

第一节 学校体育课教学

1966年,"文化大革命"开始后,北京矿业学院正常的办学秩序受到了严重冲击,校党委和校行政组织系统基本瘫痪。学院自1966年起停止了招生。

1970年5月,学校进行迁校动员,准备千里大搬迁,至5月下旬搬迁动员结束。

1970年8月,根据国家有关部门的指示,学院在四川省合川县三汇坝建校,改名为四川矿业学院。

图4-1 四川矿业学院全貌

1971年7月15日,首次在三汇坝招收短训班学员,两期共261人。

1972年3月,招收第一批工农兵学员后,学校党、政领导和各级组织带领师生员工在陡峭的山岩上、狭窄的沟壑里开山炸石,填沟平地修建体育场地。

为了能够保障教学的全面实施，学校逐步恢复了教学机构。体育教研组也恢复建制，隶属于基础部，任命张文郁担任体育教研组主任，开始恢复体育课程的教学工作。当时教职工白天要参加繁重的建校劳动，只能利用业余时间谋划、讨论恢复矿业学院各方面的工作。

在张文郁的主持下，教研组制订了《四川矿业学院体育课教学计划大纲》，这是学校搬迁至四川以来制订的第一份体育教学大纲，为工农兵学员的体育课能够正常、顺利地开展奠定了基础。

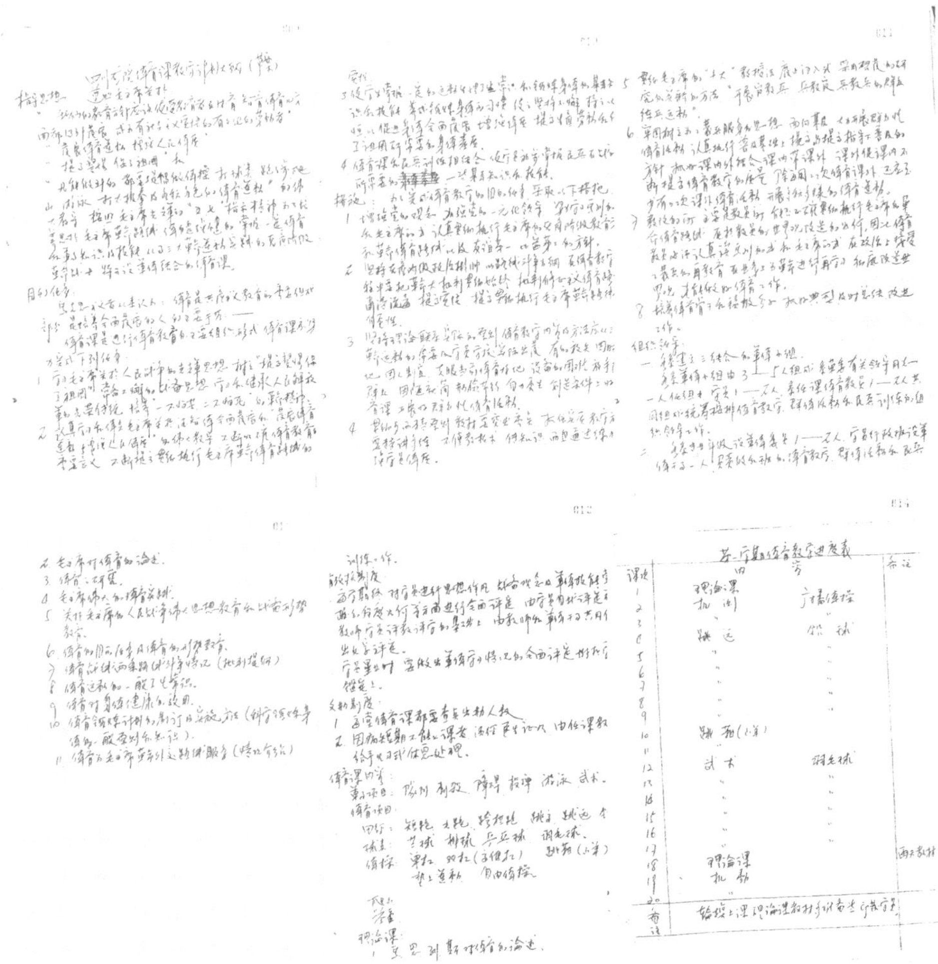

图 4-2　1972 年 4 月制订的《四川矿业学院体育课教学计划大纲》(手稿复印件)

附：体育教学大纲部分内容：

一、指导思想

二、目的任务(共4条)

第1条:略。

第2条:略。

第3条:使学生掌握一定的运动生理卫生常识、锻炼身体的基本知识和技能,养成锻炼身体的习惯,使之坚持不懈、持之以恒,以促进身体全面发展,增强体质,提高生产劳动和保卫祖国所需要的身体素质。

第4条:体育课和民兵训练相结合,使学员初步掌握民兵在战时所需要的一些基本知识和技能。

三、措施(共8条)

第1条:略。

第2条:略。

第3条:坚持理论联系实际的原则,体育教学内容及方法应从"三大革命运动"的需要及学员、学校实际情况出发,有的放矢。因时、因地、因人制宜,克服当前体育场地、设备的困难,放手发动群众,因陋就简、勤俭节约、自力更生、创造条件上好体育课,开展好群众性体育活动。

第4条:贯彻少而精原则。教材要突出重点,抓住实质;教学方法要精讲多练。不仅教技术、传知识,而且通过练习增强学生体质。

……

第8条:培养体育骨干和积极分子,抓好典型,及时总结,改进工作。

四、组织领导

五、体育考核制度

六、考勤制度:要求每堂体育课都要查点出勤人数。

七、体育课内容

军事项目:队列、刺杀、障碍、投弹、游泳、武术;

体育项目包括:

田径:短跑、长跑、跨栏跑、跳高、跳远、铅球;

球类:篮球、排球、乒乓球、羽毛球;

体操:单杠、双杠(高低杠)、跳箱(山羊)、垫上运动、自由体操;

爬山。

举重。

由于多年没有开展正常的体育教学工作,体育教师的身体素质和运动技术、技能都有不同程度的下降。为了保障教学质量、提高教师自身技术水平,体育教师在学校党、政领导、体育教研室领导等的大力支持下,在当时环境极其恶劣、条件十分艰苦和建校劳动强度极大的情况下,利用业余时间,在一块平地上支起单杠进行练习，以保持自己钟爱的体育事业所必需的技能和体能。

图 4-3　体育教师刘永茂
做单杠“腾跃”练习

图 4-4　体育教师集体备课后合影
（前排左起为袁广顺、丁德宏、陈干华、边鑑、赵井森
后排左起为李伟、锁孝麟、江朝文、丁日熙、王厚熙、陈铭训）

1970 年 5 月，北京矿业学院搬迁到四川时，学院有机电系、机械系、采矿系、地质系、经济系、基础部等系、部组织机构。

1974 年，全国实施“开门办学”，建立教学、生产、科研三结合基地。体育教师被分派到各系及各专业委员会，带着小型器材到工矿等“开门办学”的现场教学地点，进行体育教学和体育活动指导工作。

虽然体育教师被分派到各专业委员会和系，进行“开门办学”，但是没有根据体育教师的工作量和特点提出要求，导致部分体育教师工作主动性不强、责任心不够，加上对体育课的内容、教学时数安排等没有统一审批，上课随意性强，给体育工作带来许多问题。

1976 年 8 月 2 日，学校体委向学校党委提交了《关于体育工作中几个问题的请示报告》，对改进工作提出了几点建议：① 体育教师按照每人 4 个班的教学工作量要求，除完成本专业的教学、群体工作外，院、系可以调节担任本系及外系的体育课教学；② 集中 3～4 位教师安排在校体委，开展全校性的体育工作和及时调节使用；③ 增加体育教师的数量，可以通过兼职体育教师和兼职教练员及新进毕业生等办法加以解决；④ 要求各专业体育课应该有一个相对的统一方案，如统一安排业务学习、统一教学大纲、统一教材、统一教学内容要求等，并根据情况，由张文郁等 3 人组成班子，编写统一教学大纲和教材。

学校党委于 1976 年 10 月 23 日发文，同意体委关于专职和兼职体育教师问题的请示报告，并对体育教师的教学工作量要求、体育教学大纲和教材的编写、兼职体育教师的选聘、进修学习等方面提出了具体的要求，为更好地开展体育工作提供了大力支持。

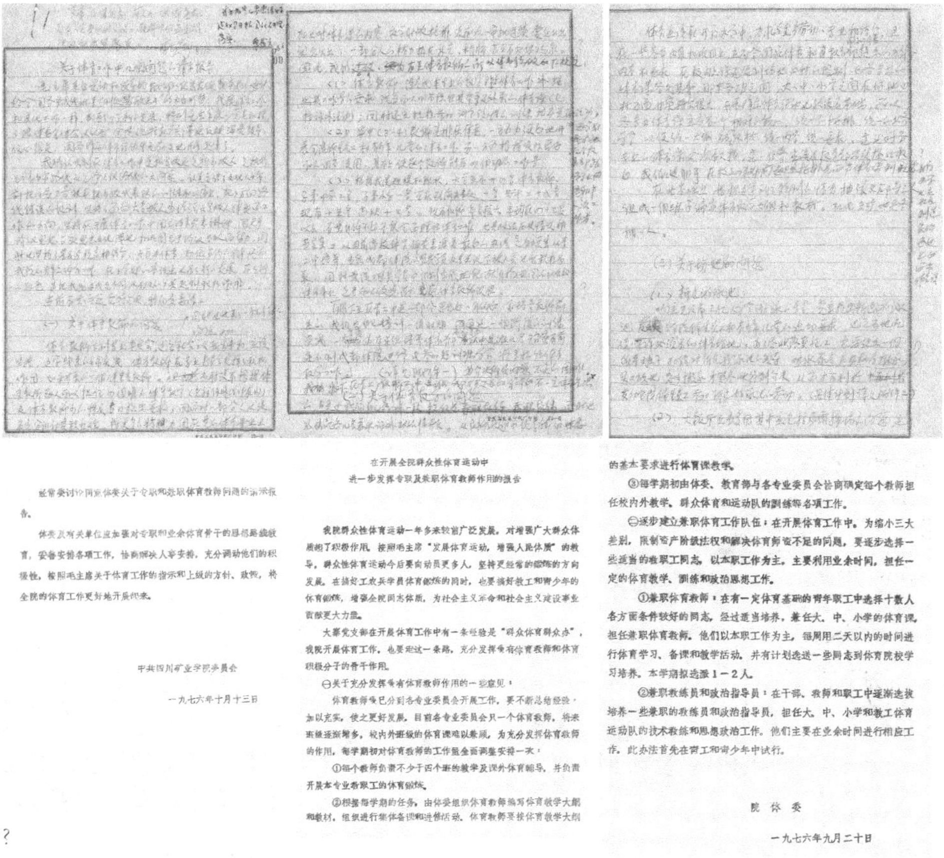

经常委讨论同意体委关于专职和兼职体育教师问题的请示报告。

体委及有关单位应加强对专职和业余体育骨干的思想路线教育，妥善安排各项工作，协商解决人事安排，充分调动他们的积极性，按照毛主席关于体育工作的指示和上级的方针、政策，将全院的体育工作更好地开展起来。

中共四川矿业学院委员会

一九七六年十月十三日

在开展全院群众性体育运动中
进一步发挥专职及兼职体育教师作用的报告

我院群众性体育运动一年多来较前广泛发展，对增强广大群众体质起了积极作用。按照毛主席"发展体育运动，增强人民体质"的教导，群众性体育运动今后要向动员更多人，坚持更经常的锻炼的方向发展。在搞好工农兵学员体育锻炼的同时，也要搞好教工和青少年的体育锻炼，增强全院同志体质，为社会主义革命和社会主义建设事业贡献更大力量。

大寨党支部在开展体育工作中有一条经验是"群众体育群众办"，我院开展体育工作，也要走这一条路，充分发挥专有体育教师和体育积极分子的骨干作用。

㈠关于充分发挥专有体育教师作用的一些意见：

体育教师专已分到各专业委员会开展工作，要不断总结经验，加以充实，使之更好发展。目前各专业委员会只一个体育教师，将来班级逐渐增多，校内外班级的体育课难以兼顾，为充分发挥体育教师的作用，每学期初对体育教师的工作量全面调整安排一次：

①每个教师负责不少于四个班的教学及课外体育辅导，并负责开展本专业教职工的体育锻炼。

②根据每学期的任务，由体委组织体育教师编写体育教学大纲和教材，组织进行集体备课和进修活动。体育教师要按体育教学大纲的基本要求进行体育课教学。

③每学期初由体委、教育部与各专业委员会协商确定每个教师担任校内外教学、群众体育和运动队的训练等各项工作。

㈡逐步建立兼职体育工作队伍：在开展体育工作中，为缩小三大差别，限制资产阶级法权和解决体育师资不足的问题，要逐步选择一些适当的教职工同志，以本职工作为主，主要利用业余时间，担任一定的体育教学、训练和政治思想工作。

①兼职体育教师：在有一定体育基础的青年职工中选择十数人各方面条件较好的同志，经过适当培养，兼任大、中、小学的体育课，担任兼职体育教师。他们以本职工作为主，每周用二天以内的时间进行体育学习、备课和教学活动。并有计划选送一些同志到体育院校学习培养。本学期拟选派1－2人。

②兼职教练员和政治指导员：在干部、教师和职工中逐渐选拔培养一些兼职的教练员和政治指导员，担任大、中、小学和教工体育运动队的技术教练和思想政治工作。他们主要在业余时间进行相应工作。此办法首先在青工和青少年中试行。

院 体 委

一九七六年九月二十日

图 4-5　1976 年校体委的请示报告及学校党委批示

1977 年恢复高考，学院恢复招生。1978 年春，恢复高考后的第一届学生——77 级新生进校学习。1978 年夏，学院又在全国招收 78 级新生。秋季入学后，学院共增加新生 1 200 余名，在校学生达 2 000 余人。

由于学生人数的增加以及学校特殊的地理环境，导致体育场地、器材的缺乏，体育教师数量不足，且有部分教师年龄较大，身体不宜继续承担较重工作，这些都给正常的体育教学、学生课外体育锻炼、运动队训练等带来无法想象的困难。

1978 年暑假后，学校根据国家体委和教育部等的要求，在学生中开展《国家体育锻炼标准》的测验、登记等工作，更增加了体育工作的工作量。

学院党、政领导继承和发扬了北京矿业学院时期校领导对体育无比关心和重视的传统，经常召开专题会议，研究体育工作方面的问题。体育场地的不足是一个困难的问题。在学校党政领导的支持和带领下，广泛发动群众，见缝插针地利用弹丸之地安装单、双杠，排球和羽毛球网架等体育器材；校机关等员工利用休息日在小学院内修建起第一块标准的水泥篮球场；在体育教师倡议和带领下，大学生自愿参加义务劳动并取得校学生会同意，在校外矸石堆上修建了一条100多米长的跑道和2个跳远沙坑。仅有的篮、排球场地经常拥挤不堪，大学生男、女篮球队，教工男、女篮球队，大学生和附属中学的学生上体育课，都用这两片篮球场，其繁忙紧张程度是可以想象的。为了解决这个难题，在家属楼前的篮球场和小学院里的篮球场先后安装了灯光照明，变成灯光球场，利用晚上时间训练、练习，有效缓解了场地不足的问题。

同时，根据教育部和煤炭部教育司的要求，学校各个专业重新修订了教学计划和课程教学大纲。体育教研组修订新的大纲，组织编写了田径、体操、球类等教材；老教师利用业余时间绘画了武术基本功、拳、剑等多个套路挂图；体育教师们自己整理场地，修理制作教学、训练器材。在体育教师不懈努力和艰苦奋斗精神引领下，学校有效地提高了体育课教学水平。

学校党政专门召开会议研究体育问题，在政策上予以支持和保障，对体育工作进行指导和规范，对全校学生体育课教学、早操、课外体育活动及教职工体育活动的广泛开展保驾护航。

1979年11月，面对新的形势和需要，学校党委专门召开会议，研究学院的体育工作。会后，发布中矿院委〔1979〕41号会议《纪要》，进一步保障和推进了学校体育工作的广泛开展。

《纪要》内容主要包括：

（1）党委和各级党政组织，要提高对体育工作的认识，切实加强对体育工作的领导，这是搞好体育工作的关键。各级党组织要把体育工作列入工作日程。

（2）建立与健全院、系两级体育运动委员会，并发布新一届院体育运动委员会组成名单。

（3）大力开展群众性体育运动。要求学生要上好体育课，参加早操、课间操和课外体育锻炼，保证学生每天有一小时的体育锻炼时间，在课表安排上应保证锻炼时间，并要求每周有2次课外活动时间排入课表。开展《国家体育锻炼标准》测验，开好学生运动会。

（4）对院代表队队员的训练补助、教练的工作量等作出规定。

（5）增添体育电化教育设备。

（6）按照教育部和国家体委的规定，逐步配齐体育教师，有计划地安排进修、科研及参加社会体育工作。

第二节　课外体育活动

热爱体育运动一直是矿院师生的优良传统。学校搬迁到四川后，学校建在半山坡上，无法建设正规的体育场，学校的体育场地十分简陋，体育设施非常短缺。但即使是在十分艰苦的条件下，体育锻炼依然是广大师生学习生活中不可或缺的一部分，跑步、打篮球、武术、体操等成为许多师生的共同爱好。

图 4-6　四川矿业学院学生在校园跑步锻炼

矿业学院学生在凤来沟矿井口、沙石滩、矸石堆、环山路等地方，因地制宜、因陋就简、因人而异地进行各种形式的体育锻炼；坚持早操、课间操、长跑（爬山、登台阶）等多种形式的群众性体育锻炼活动。

图 4-7　四川矿业学院学生在做体操、课间操等体育锻炼

为了更好地开展群众性体育活动，学校发布中矿院〔1978〕23 号文件，要求“应因地制宜地在现有条件下，努力开展体育运动，利用多种形式，进行宣传，提高对体育运动的认识……”在学校党政领导关怀、指导下，体育教研组每年都制订较为详细的《体育工作计划》，提出群众性体育活动的重点工作、群众性体育竞赛活动的安排等内容。

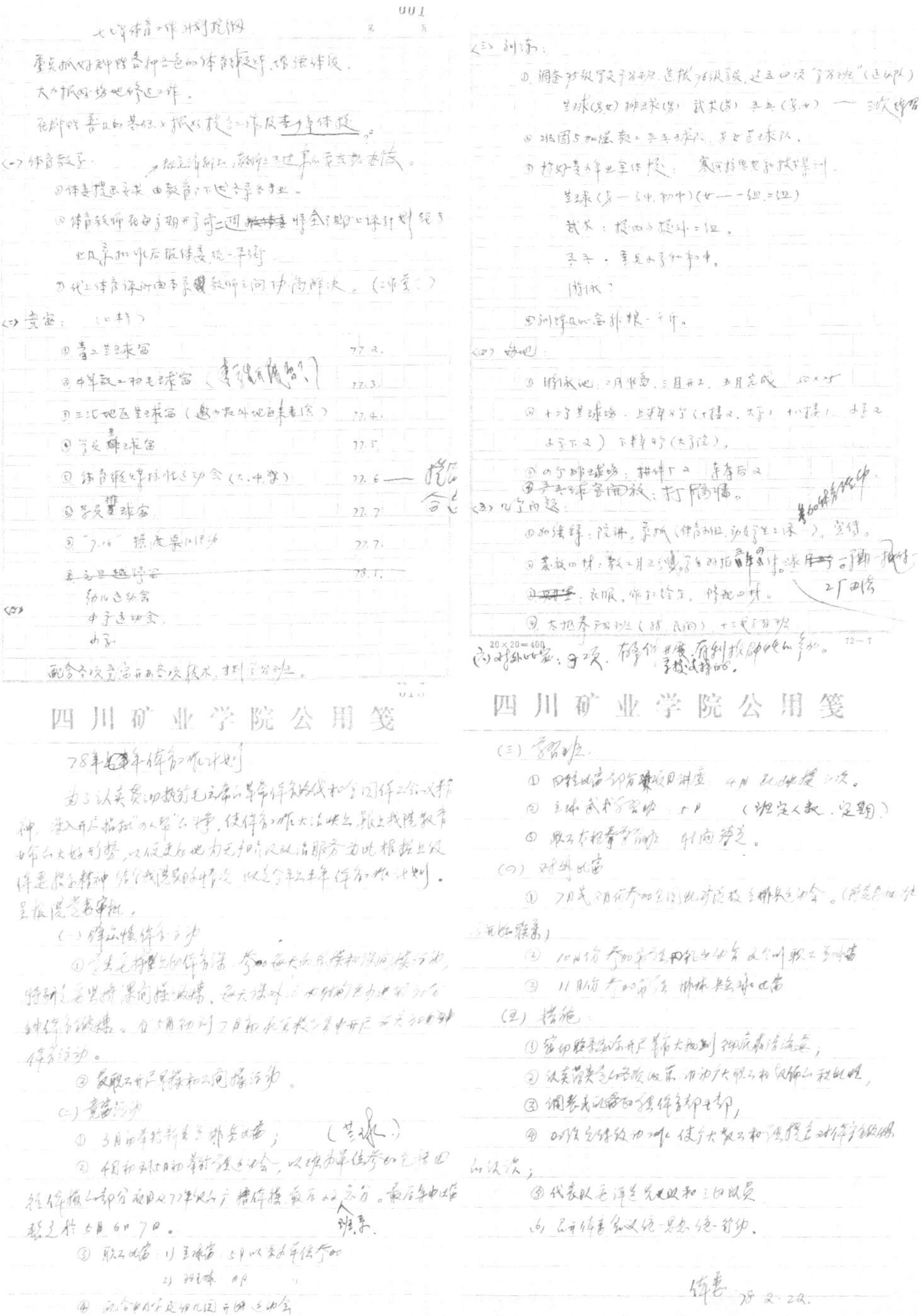

图 4-8　四川矿业学院 1977 年、1978 年体育工作计划手稿

在四川矿业学院体育场地、器材相当匮乏的艰苦条件下，学校每年举办系际学生或教工诸如篮球、乒乓球、身体素质、力量性练习等小型多样的体育比赛。丰富校园文化生活，增强学生体质。师生员工积极投身于体育锻炼，群众性体育活动如火如荼地开展着。

1977 年组织、召开的运动会有：青年教工篮球赛、中年教工羽毛球赛、三汇坝地区篮球赛、学生篮球赛、(大、中学生)体育锻炼标准运动会、学生田径运动会等。

在 1978 年体育工作计划中，开展的竞赛活动有拔河比赛、新生广播体操比赛、体操比赛、春秋季田径运动会、班级篮球赛、系级篮球赛等一系列比赛。

图 4-9　学生进行篮球比赛、拔河比赛

为了全校学生、教职工群众性体育活动的开展，还举办各种培训班，如体操班、太极拳辅导班(分为 24 式、88 式、108 式)，在学院不同地点、不同时间进行，满足了学生们不同的体育需求。

为了纪念毛泽东主席在武汉畅游长江，1977 年 7 月 16 日，矿院学生参加了在当地举办的横渡渠江活动。

图 4-10　1977 年 7 月 16 日，四川矿业学院学生参加合川县横渡渠江活动

第三节 运动队训练与比赛

搞好学校体育代表队的训练和比赛工作，是学校在焦作工学院、北京矿业学院时期的优良传统。代表队队员担负着十分重要的社会工作，一方面，通过他们的刻苦训练来推动、影响、提高运动技术水平；另一方面是加强与其他学校及运动员的交流与联系，提高学校的知名度，扩大学校的影响力。

在恢复高考以后学生数量增加，学校的各项工作逐步走向正轨，体育工作特别是运动队及运动成绩，引起了学校领导的关注。1979 年 11 月 9 日，学校召开党委会议，专门研究、讨论学院体育工作，时任院党委书记张学文(1963—1982 年历任北京矿业学院党委书记、四川矿业学院党委书记、中国矿业学院党委书记)在总结时说，力争三年打好基础，五年恢复在北京时的水平。

为此，学校党政、体委出台了若干促进、保障学校运动队训练、比赛的措施和政策，学校运动队建设取得了较快的发展，运动技术水平和运动竞赛成绩逐步提高；体育教师、教练员投入了巨大的热情和精力，除完成教学任务外，大量时间和精力都投入到运动员课余训练中。他们兢兢业业，一边进行科学训练、心理训练，一边关心运动员的学习和生活，帮助运动员解决实际困难；学院运动员的拼搏精神和取得的运动成绩，在当时的重庆市产生了较大的影响，学校的知名度显著提高，同时也极大地鼓舞了全校师生员工的士气，产生了很好的社会效益。

在四川矿业学院时期，学校在当时十分恶劣的环境条件下，先后、适时地组建了篮球、排球、田径、体操、乒乓球和羽毛球等运动队，且参加重庆市的各类比赛，成绩名列前茅。

这一时期参加的运动会和取得的成绩主要有：

1975 年，参加重庆市高校运动会田径比赛，获得团体总分第一名，同时获得重庆市“高校体育先进单位”称号。

1977 年，学校女子篮球队在重庆市高校“三好杯”篮球比赛中获得第三名的好成绩。

1978 年春，学校刚成立不久的田径队参加重庆市北碚区田径运动会，战胜了以体育系学生为主力的西南师范学院田径队，获得团体总分第一名，后又参加重庆市大专院校田径运动会，获团体总分第三名。

1978 年，学校男子排球队、女子排球队参加重庆市高校排球赛，男子排球队取得了第二名的好成绩。

1979 年，第二次参加重庆市大专院校田径运动会，再次获团体总分第三名。

1980 年，重庆市举行春季长跑比赛，采矿系学生王德明、谭书敏分别获男子青年组第三名和第十名。

图 4-11　参加田径运动会比赛

图 4-12　四川矿业学院男、女篮球队合影

1980 年 5 月，在重庆市大学生田径运动会上，学校以总分 138.5 分的优异成绩，获得男子团体总分第一名，陈士强打破重庆市男子五项全能纪录，一人夺得 3 项冠军。张人伟、方建群、朱世平、张晓航、王德明、谭书敏、和军、冯涛等也在运动会上取得了优异成绩，为学校争得了荣誉。

1981 年 5 月，校田径队首次参加在华东水利学院（今河海大学）举行的江苏省第七届大学生田径运动会。在这次运动会上，学校有 9 名运动员打破 8 项徐州协作区高校田径纪录，陈士强夺得男子五项全能冠军和跳远第三名，余锋仅以 1 厘米

图 4-13　获奖后，学院田径队运动员、教练员合影
（前排左一为张嘉义，右一为高照凤，右二为陈干华）

图 4-14　学院男、女排球队合影
（前排右二为谭得健，右三为张芝兰，右四为张嘉义）

图 4-15　学校领导和参加重庆市大学生田径运动会的运动员、教练员合影

之差，获得三级跳远第二名，方建群获得男子手榴弹冠军，学校获得男子团体总分第四名。

1973 年底至 1974 年，在学校爆发的疑似“克山病”的疾病给全校蒙上厚厚的阴影，影响了学校的各项正常工作。为了让正处在成长发育阶段的教职工的孩子们能够锻炼身体，抵抗疾病，很多家长希望学校给予帮助。体育教研室乐于助人的教师，积极倡议并参与成立了四川矿业学院青少年业余体校，以增强青少年体质。学校党政特别重视，积极筹划，并于 1976 年 6 月 12 日，在办公楼四层会议室召开了成立大会，宣告一个新的机构的成立。体校一直保持到学校整体搬迁到徐州后的 1986 年，培养了一批热爱体育、技术水平较高的高水平运动员和一批考入体育院校的大学生(其中包括分配到我校体育学院工作过的张小龙、锁明、高兵、房庆芳等)。

四川矿业学院青少年业余体校，先后招收开办了篮球班、体操武术班、排球班、田径班等。先后在业余体校担任过教练员的教师有：男篮陈干华、女篮赵井森、体操武术锁孝林、田径张文郁、高鸣岗、陈干华、凌锦华、姚志宏。由于在四川矿业学院时期，大学、子弟中学、小学的体育课和全校师生员工的体育锻炼等所有的体育工作，都由当时的体育教研组的教师担任，任务相当艰巨。

在四川矿业学院时期，教职工男、女篮球队的水平也是久负盛名，技战术水平高超，经常与周边的厂矿、企业、部队的运动队进行友谊比赛，为学校争取了荣誉，扩大了学校的影响。

第五章　徐州时期的矿大体育

1978年3月16日，《关于四川矿业学院迁建计划任务书的批复》(煤炭部〔78〕煤计字第265号)明确指示，四川矿业学院将迁往江苏省徐州市，校名改为“中国矿业学院”。

1978年6月23日，学校正式恢复启用中国矿业学院的校名。同年10月25日，徐州校区围墙建设工作开始，到1979年4月10日，校区工地围墙全部建完。

1980年9月，中国矿业学院徐州新校址迎来了515名80级新生，这是中国矿业学院在徐州入学的第一届学生。由此也开始了在重庆、徐州两地办学的短暂时期。

1980年4月12日，学校成立搬迁工作领导小组。此后，学校搬迁工作陆续开始，至1982年2月，搬迁工作全部完成，重庆三汇坝校本部领导机关及其工作人员全部撤离，三汇坝办学历史宣告终结。校本部集中到徐州新校址办学，顺利实现了办学重心的转移，开辟了学校实现中兴和跨越式发展的道路。

1984年11月22日，中国矿业学院举行了盛大的竣工典礼。

图5-1　中国矿业学院竣工典礼

1988年4月2日，国家教委批准中国矿业学院更名为中国矿业大学，邓小平同志亲笔为学校题写校名。

2003 年 6 月 30 日，学校举行中国矿业大学南湖校区开工奠基仪式，南湖校区建设工作全面展开。

图 5-2　中国矿业大学南湖校区奠基仪式

2004 年 9 月，6 000 余名 2004 级本科生顺利入住南湖校区，标志着学校南湖校区正式启用和运行。

2006 年 7 月，学校完成了办学主体由文昌校区向南湖校区的搬迁，两校区办学格局基本形成。

2007 年 11 月，中国矿业大学南湖校区主体工程竣工。

图 5-3　中国矿业大学南湖校区东大门

随着学校从四川迁到徐州办学，顺利实现办学重心的转移，焕然一新的中国矿业学院各项事业稳步发展，向着更高的目标迈进。学校的体育事业，也伴随着学校的发展而发展，在解放思想、抓住历史机遇的道路上，实现中兴、超越历史，达到辉煌。

为了适应学院体育工作的新形势、新任务，经1983年7月12日校党委常委会讨论决定，将原基础部所属体育教研室划归院直接领导，由学校副院长分管，日常工作由教务处负责；体育教研室党支部由院党委直接领导。

1987年5月，成立体育部(系、处级)。

2000年6月，体育部改称体育系。

2003年12月，撤系建立体育学院。

2008年2月，中国矿业大学体育学院与河北冀中能源集团联合办学，改称中国矿业大学冀中能源体育学院。

2018年起，不再冠名“冀中能源”。

至此，学校体育工作的各个方面，包括公共体育课程教学、学生课外体育活动锻炼、学生体育代表队、高水平运动队训练与比赛、体育专业与学科建设等诸方面，都得到长足的发展，形成了独具特色的校园体育文化，展现了学校的精神风貌，实现了历史性突破，彰显了学校百年盛世华章！

第一节　体育课程教学

一、体育课程教学大纲与课程设置

1980年9月，中国矿业学院徐州新校址迎来入学的第一届学生。由此也开始了在重庆、徐州两地办学的短暂时期。

学校80级、81级、82级正处在搬迁建校时期，由于是边搬迁、边建校、边教学，体育教学的内容、项目受到很大的限制。面对建校初期场地、器材的不足，三个年级的体育教学计划随着建校工作的进展而变化。学院体育教研室根据1980年教育部颁发的《高等学校普通体育课教学大纲》的基本要求，结合学院的实际情况和特点，分别制定了三个年级的教学计划和较全面、系统、科学的体育教学大纲，保障体育教学的正常、有序开展。

1980级学生体育课程开设的项目主要有体操(技巧、单杠、双杠、跳箱)、篮球、排球、武术、游泳、田径(中长跑、跳远、铅球)等。教学大纲中，详细列出了各个技术项目的教学日历、课程内容、组织教法、考试项目及评分标准等。

体育课程教学与《国家体育锻炼标准》相结合，每学年第一学期设有机能、体能测验。为提高学生体育锻炼的理论知识，每学期都开设体育理论课，主要包括以下内容：

第一讲：学校体育的目的与任务、矿院体育简史；

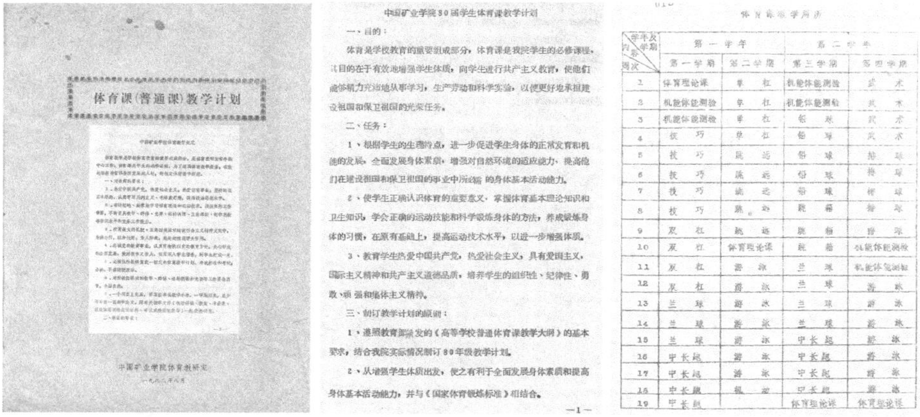
体育课(普通课)教学计划

中国矿业学院体育教研室

中国矿业学院80届学生体育课教学计划

一、目的：

体育是学校教育的重要组成部分，体育课是我院学生的必修课程，其目的在于有效地增强学生体质，向学生进行共产主义教育，使他们能够精力充沛地从事学习，生产劳动和科学实验，以便更好地承担建设祖国和保卫祖国的光荣任务。

二、任务：

1、根据学生的生理特点，进一步促进学生身体的正常发育和机能的发展，全面发展身体素质，增强对自然环境的适应能力，提高他们在建设祖国和保卫祖国的事业中所必需的身体基本活动能力。

2、使学生正确认识体育的重要意义，掌握体育基本理论知识和卫生知识，学会正确的运动技能和科学锻炼身体的方法，养成锻炼身体的习惯，在原有基础上，提高运动技术水平，以进一步增强体质。

3、教育学生热爱中国共产党，热爱社会主义，具有爱国主义，国际主义精神和共产主义道德品质，培养学生的组织性、纪律性、勇敢、顽强和集体主义精神。

三、制订教学计划的原则：

1、遵照教育部颁发的《高等学校普通体育课教学大纲》的基本要求，结合我院实际情况制订80年级教学计划。

2、从增强学生体质出发，使之有利于全面发展身体素质和提高身体基本活动能力，并与《国家体育锻炼标准》相结合。

—1—

体育课教学周历

学年及学期 / 内容 / 周次	第一学年		第二学年	
	第一学期	第二学期	第三学期	第四学期
1	体育理论课	单杠	机能体能测验	武术
2	机能体能测验	单杠	机能体能测验	武术
3	机能体能测验	单杠	铅球	武术
4	技巧	单杠	铅球	武术
5	技巧	跳远	铅球	排球
6	技巧	跳远	铅球	排球
7	技巧	跳远	铅球	排球
8	技巧	跳远	跳箱	排球
9	双杠	跳远	跳箱	排球
10	双杠	体育理论课	跳箱	机能体能测验
11	双杠	游泳	兰球	机能体能测验
12	双杠	游泳	兰球	游泳
13	兰球	游泳	兰球	游泳
14	兰球	游泳	兰球	游泳
15	兰球	游泳	中长跑	游泳
16	中长跑	游泳	中长跑	游泳
17	中长跑	游泳	中长跑	游泳
18	中长跑	机动	中长跑	游泳
19	中长跑		体育理论课	体育理论课

图 5-4　1980 级学生体育课(普通课)教学计划

第二讲:体育生理、卫生常识,游泳知识;

第三讲:体育运动对增强体质的作用、原理与方法;

第四讲:体质评价与体育保健。

1981 级学生体育课程开设的项目主要有体操(技巧、单杠、双杠、跳箱)、田径(跳高、跳远、短跑、跨栏、中长跑、铅球、标枪)、球类(篮球、排球)、武术、游泳等。教学大纲中,详细列出了各个技术项目的教学日历、课程内容、组织教法、考试科目及评分标准等。

1982 级学生开设五种教学组织形式的体育课程:普通班、保健课、女生班、专项课、干部班。

技术项目包括田径(短跑、中长跑、接力跑、跨栏、跳高、跳远、三级跳远、铅球、标枪)、体操(队列、技巧、单杠、双杠、支撑跳跃)、球类(篮球、排球)、武术、游泳、举重等。教学大纲中,详细列出了各个技术项目的教学日历、课程内容、组织教法、考试项目及评分标准等。

为了提高体育课程教学质量,保障体育教学秩序,1983 年制订了较详细的《体育教学规范》,对教学的各个有关环节提出了具体的要求,主要包括对教师的要求、上课前要求、课堂要求、课后要求、教研室的教学工作要求、教学后勤工作要求等。同时也是检查、评价、考核教学工作的依据,对稳定良好的教学秩序、提高教学质量起到积极的推动作用。

学校在总结 1983 年体育教学大纲实施过程中的经验之后,结合学校建校工作中体育场地设施逐步完善的情况,并考虑当时的社会发展及适应我国煤炭工业现代化的需要,于 1987 年 7 月修订、补充、完善体育教学大纲,学校体育教学质量得以逐年提升。

中国矿业学院体育教学规范

体育教学是学校体育教育的重要组成部分，是体育教研室常年的中心工作，体育课是学生的必修课程，为了提高体育教学质量，有效地培养德智体全面发展的人材，特制定体育教学规范。

一、对教师的要求：

1．热爱中国共产党，热爱社会主义，热爱体育事业，坚持四项基本原则，认真学习马列主义、毛泽东思想，提高政治思想水平。

2．有计划地、经常地学习体育理论和运动技术。根据实际工作需要，不断提高教学、群体、竞赛、运动训练、卫生保健、创伤急救等学识水平和业务工作能力。

3．在开展文明礼貌、五讲四美活动建设社会主义精神文明中，身体力行，以身做则，为人师表，处处起模范带头作用。

4．忠诚党的教育事业，认真贯彻执行党的教育方针，关心学生的全面发展，做到教书又教人，经常深入学生宿舍，同学生打成一片。

5．必须执行教研室统一制定的体育教学计划。考试标准和考试办法，不得随便改动。

6．对所教任课班的教学、群体、达标测验和竞赛等工作要全面管，全面负责。

7．一个项目上完后，要写出单项教学小结，一学期结束，至少要写出一篇教学论文，同有关教学文件（包括讲稿、教案、考勤表、机能体能测验统计材料、考试成绩登记表等）一起交教研室。

二、课前的要求：

—3—

1．教师首先要明确体育课的根本任务，使学生学到体育基本知识，掌握运动技能和技术，懂得科学锻炼身体的方法，达到增强体质的目的。

2．教师必须熟悉体育教学大纲和各项教材，明确每课的教学任务和要求。

3．教师根据教学大纲、教学计划进度表。结合学生的身体素质、技术水平等情况进行认真备课，写好教案（包括课时内容、任务、要求及教法手段）方能上课。理论课要写好讲稿。

4．认真备课，是上好课的前提。教师在个人备课的基础上，参加集体备课，每周一次，重点应研究和交流教法。

5．教师上课应至少提前十分钟到场，做好场地、器械的准备和检查工作。

6．教师个人不得随意调课。如须调课，必须经教研室同意，教务处批准。教师不得随意改变教学计划的内容，如因故确需变动者，必须经教学组同意（如遇雨天或场地器材得不到保证情况下，可因地制宜地改动课时计划）。

7．教师因病、因故不能上课者，必须事先请假，经教研室批准，并同时交出学生点名册和教案，由教学组安排代课，并填写代课单。

三、课堂要求：

1．教师应充分发挥主导作用，启发学生的学习积极性。课堂要有良好的教学秩序，做到严格训练，严格要求，严格纪律。

2．教师准时上课，严格考勤制度，对迟到、早退或缺席的学生，及时了解情况，查明原因，除进行思想教育外，应按考勤制度处理。教师上课迟到，或无故缺席，以教学事故论处。

3．体育课主要是实践课，要保证学生课堂实际练习的时间，因

—4—

此，教师必须注意精讲多练。课堂队伍调动，队形变换，不浪费时间。

4．教师示范动作，力求正确，讲解精练生动，富有启发性，引起学生兴趣，课堂应生动活泼，做到活而不乱，严而不死。年令大的教师，示范动作有困难者，应课前培训骨干，帮助做示范动作，并注意利用技术图片、挂图、电影等直观教学手段。

5．课堂教学要因材施教，分别对待，对见习生和体弱学生另作安排。

6．每学期开学后，向学生宣布考核内容、考核标准和要求，考试时教师根据统一规定的标准和要求，严格执行，不得任意降低或提高标准。

7．教师要重视课堂的思想教育工作，根据教学内容，课堂上的问题等实际情况，抓住时机和典型事例进行思想教育（包括转变学生轻视体育课的思想，加强组织性纪律性，集体主义精神，团结互助，爱护体育器械。讲文明、讲卫生、讲体育道德等方面的教育）。

8．教师上课时要注意自己的仪表、服装和语言，男教师应经常理发修面，不得留小胡子和长发。运动服装应清洁、整齐、大方，不得穿皮鞋或高跟鞋。语言要文明。

9．教师应尽快熟悉和了解学生，对新班级应于半学期内叫出每个学生的姓名。

10．保证教学安全：

(1) 根据教学项目的特点和气候条件，必须充分做好准备活动。

(2) 体操课要认真检查器械安全，妥善布置器材，明确交待保帮助方法。

(3) 投掷项目课，每次课都要对学生进行安全教育，并要落实具体的安全措施。

—5—

(4) 游泳课要加强组织纪律教育和游泳安全教育。

(5) 在安排中长跑练习、测验和对抗性游戏时，要考虑和防止可能发生的事故，一旦出现事故应及时处理。

(6) 保持场地、跑道平整，保持沙坑松软。

(7) 禁止学生穿皮鞋、高跟鞋和配带小刀、剪等上课。

11．课的结束部分，应做好整理运动，小结本课，布置下次课的内容及课外练习作业。

四、课后的要求：

1．检查和归还教具，按规定要求放回原处。

2．写好课后记，为下次课提出改进意见。

3．对学生的课外锻炼，进行检查和辅导。

4．课堂如发生问题和出现事故，应及时向教学组和教研室汇报。

五、教研室的教学工作要求：

1．根据学校和教务处的要求，做好日常的教学行政工作，保证教学工作顺利进行。

2．组织教师业务学习，钻研和熟悉教学大纲，制定各年级的教学计划和进度表。

3．组织教师集体备课，观摩教学、科学研究、学术交流、业务进修等活动。检查和了解教学情况，解决教学上存在的问题。教研室主任、付主任、年级教学组长每学期至少看课十次。

4．组织教学质量检查验收。每学年对全体教师进行一次教学质量评定。给予表扬和批评，并列入教师业务档案。

六、教学后勤工作要求：

1．场地、器材组的职工，应树立为教学服务的思想，根据教学计划的要求，做好场地、器材等物质供应工作。

—6—

图 5-5　1983 年制订的《中国矿业学院体育教学规范》

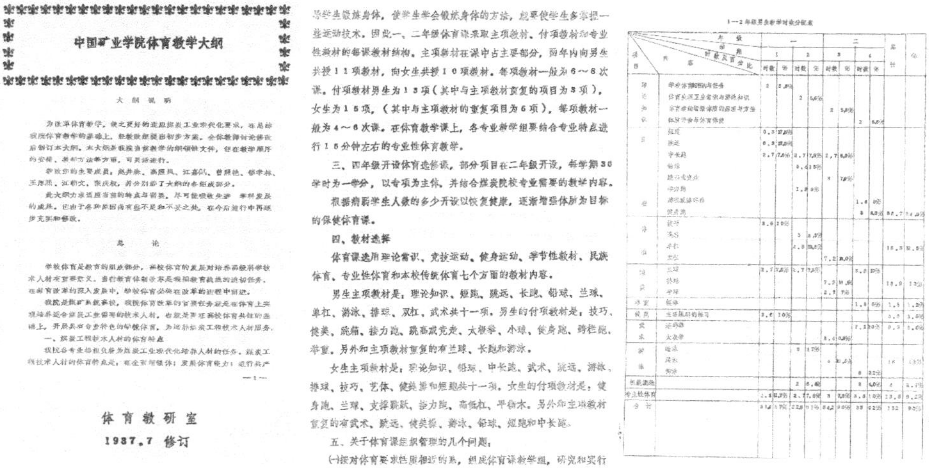

中国矿业学院体育教学大纲

大纲说明

为改革体育教学，使之更好的适应煤炭工业现代化要求，在总结我院体育教学的基础上，经教研室提出初步方案，全体教师讨论修改后制订本大纲。本大纲是我院体育教学的纲领性文件，但在教学顺序的安排、教学方法等方面，可灵活进行。

参加修订的主要成员：赵井东、高国民、江嘉钦、曾照艳、杨学林、王彦熙、江朝文、张庆权，并分别修订了大纲的各组成部分。

此大纲力求适应当前的特点与需要，尽可能吸收体育学科发展的成果。但由于各种原因尚有些不足和不妥之处，在今后施行中再逐步充实和修改。

总论

学校体育是教育的组成部分，高校体育的发展对培养高级科学技术人材有重要意义。当前教育体制改革是我国教育战线的迫切任务，在教育改革的深入发展中，学校体育必须在改革的进程中前进。

我院是煤矿系统高校，我院体育改革的首要任务就是在体育上实现培养适合煤炭工业需要的技术人材，也就是要在高校体育共性的基础上，开展具有专业特色的学校体育，为培养煤炭工程技术人材服务。

一、煤炭工程技术人材的体育特点

我院各专业都担负着为煤炭工业现代化培养人材的任务。煤炭工程技术人材的体育特点是，在全面增强体质；发展体育能力；进行共产

—1—

体育教研室

1987.7 修订

导学生锻炼身体，使学生学会锻炼身体的方法，还要使学生多掌握一些运动技术。因此一、二年级体育课采取主项教材、付项教材和专业性教材的每课教材结构。主项教材在课中占主要部分，两年内向男生共授11项教材，向女生共授10项教材。每项教材一般为6～8次课。付项教材男生为13项（其中与主项教材重复的项目为3项），女生为15项，（其中与主项教材的重复项目为6项），每项教材一般为4～6次课。在体育教学课上，各专业教学组要结合专业特点进行15分钟左右的专业性体育教学。

三、四年级开设体育选修课，部分项目在二年级开设，每学期36学时为一学分，以专项为主体，并结合煤炭院校专业需要的教学内容。

根据病弱学生人数的多少开设以恢复健康，逐渐增强体质为目标的保健体育课。

四、教材选择

体育课选用理论常识、竞技运动、健身运动、季节性教材、民族体育、专业性体育和本校传统体育七个方面的教材内容。

男生主项教材是：理论知识、短跑、跳远、长跑、铅球、兰球、单杠、游泳、排球、双杠、武术共十一项。男生的付项教材是：技巧、健美、跳箱、接力跑、跳高或竞走、太极拳、小球、健身跑、跨栏跑、举重。另外和主项教材重复的有兰球、长跑和游泳。

女生主项教材是：理论知识、铅球、中长跑、武术、跳远、游泳、排球、技巧、艺体、健美操和短跑共十一项。女生的付项教材是：健身跑、兰球、支撑跳跃、接力跑、高低杠、平衡木。另外和主项教材重复的有武术、跳远、健美操、游泳、铅球、短跑和中长跑。

五、关于体育课组织管理的几个问题：

(一)按对体育要求性质相近的系，组成体育课教学组，研究和实行

图 5-6　1987 年 7 月修订的《中国矿业学院体育教学大纲》

体育课程的设置是：一、二年级开设体育必修课，共 146 学时；三、四年级开设体育选修课。

此次教学大纲的修订，主要针对学生入学时体育理论知识少、运动技术低的现状，指导学生多掌握一些运动技术。对一、二年级的学生采取主项教材、副项教材和专业性教材的“每课教材结构”，主项教材在课中占主要部分，两年内共向男生讲授 11 项教材，向女生讲授 10 项教材，每项教材一般为 6～8 次课。副项教材男生为 13 项(其中与主项教材重复的项目为 3 项)，女生为 15 项(其中与主项教材的重复项目为 5 项)，每项教材一般为 4～6 次课。在体育教学课上，各专业教学组要结合专业特点进行 15 分钟左右的专业性体育教学。

对三、四年级学生开设体育选修课，部分项目在二年级开设，每学期 36 学时计一学分，以专项为主体，结合煤炭院校专业需要的教学内容。

为体弱病残学生开设以逐渐恢复健康、增强体质为目标的保健体育课。

体育课选用的教材包括理论常识、竞技运动、健身运动、季节性教材、民族体育、专业性体育和本校传统体育 7 个方面的教材内容。

男生主项教材是：理论知识、短跑、跳远、长跑、铅球、篮球、单杠、游泳、排球、双杠、武术共 11 项。男生的副项教材是：技巧、健美、跳箱、接力跑、跳高或竞走、太极拳、小球、健身跑、跨栏跑、举重，另外和主项教材重复的有篮球、长跑和游泳。

女生主项教材是：理论知识、铅球、中长跑、武术、跳远、游泳、排球、技巧、艺体、健美操和短跑，共 11 项。女生的副项教材是：健身跑、篮球、支撑跳跃、接力跑、高低杠、平衡木。另外和主项教材重复的有武术、跳远、健美操、游泳、铅球、短跑和中长跑。

1991 年，按照学校的统一要求，根据国家教委、国家体委颁布的《学校体育工作条例》和《大学生体育合格标准》及有关文件的精神，结合学校的具体实际，重新修订了体育教学大纲。并根据女生的生理、心理特点，制订出男、女生分别执行的两种类型的体育课程教学大纲，并为体弱病残学生开设以逐步恢复健康、增强体质为目的的保健体育课课程。

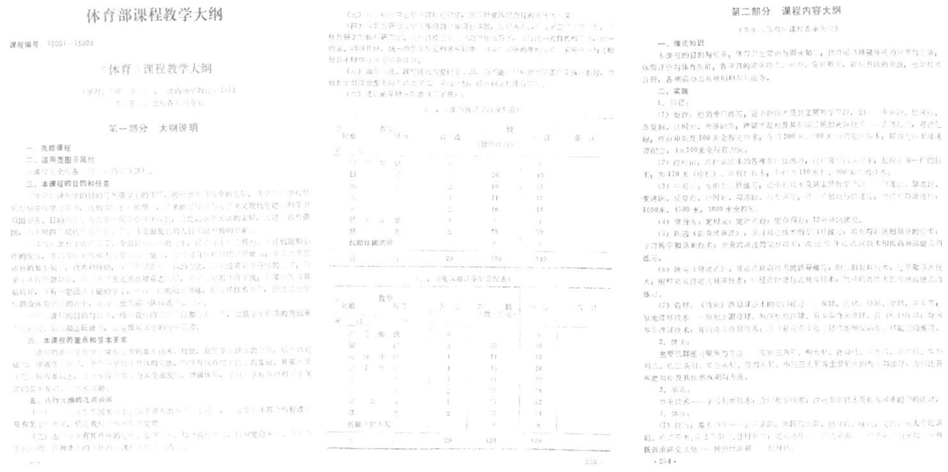
体育部课程教学大纲

第一部分　大纲说明

第二部分　课程内容大纲

图 5-7　1991 年修订的《体育部课程教学大纲》

男生开设的体育项目包括田径（短跑、跨栏跑、中长跑、健身跑、跳远、跳高、铅球）、健美、举重、体操（技巧、单杠、双杠）、武术、球类（篮球、排球、足球、乒乓球）、游泳等。

女生开设的体育项目包括艺术体操、武术、健美操、游泳、球类、田径等。

1995 年，学校根据国家教委《全国普通高等学校体育课程教学指导纲要》的精神，结合我校的具体情况，在多年教学经验基础上和 1991 年教学大纲的基础上，制定新的教学大纲。

新的教学大纲目的在于探索建立以增强学生体质、培养学生体育能力为主线的高校体育教学体系。通过合理的体育教学过程和科学的体育锻炼过程，使学生增强体育意识（对体育的基本知识和体验以及参与意识等）、提高体育能力（自锻力、自评力、获得力、活动力、适应力）、养成体育锻炼的习惯（成为生活的组成部分），从而成为体魄强健的社会主义事业的建设者和接班人。

教学任务：

（1）通过合理、科学的体育教学和锻炼过程，发展耐力、力量等与人体健康密切相关的身体素质，增强心血管系统的生理机能，改善人体形态，提高跑、跳、投等基本活动能力和田径、球类、武术、体操、健美操等项目的基本技能。

（2）掌握体育的基础理论和专项运动技术知识、科学锻炼身体的方法，培养学生自我锻炼能力、自我评价能力、适应能力、获得能力和活动能力。

（3）激发学生对体育的兴趣，培养学生自觉参与体育的意识、健身知识和体育道德品质意识，增强学生勇敢、顽强、严密的组织纪律性等优秀品质。

在教材选编原则方面，主要是坚持社会主义的教育目标，从实际出发，注重实效性、科学性和系统性，体现教材的时代性、多样性，充分体现教材的民族性和中国特色。

本次教学大纲修订的突出特点是理论与实践相结合。在进行大量实践的基础上，总结出体育教学的健身运动理论——健身运动的原理与方法，建立七个类型的教材与教法体系（一年级以全面发展身体素质为主体；二年级以运动技术教学为手段达到掌握运动技能和发展素质；三年级以体质教育为主体；四年级以锻炼和测试为主体；专科体育课以全面发展身体素质基本运动能力为主体；病弱学生以康复保健和体质教育为主体；研究生以健身、提高为主体）。形成教材与教法的科学性、系统性，并指导实践，通过实践不断丰富这一理论使之更加完善。

普通体育课的课程设置：本科一年级男生和女生基础体育课；二年级男生必修选项课、女生必修专项课；三年级体质教育课；四年级锻炼测验课。四个年级病弱学生的保健体育课。研究生一年级的健身提高课。专科一年级男生和女生基础体育课。

中国矿业大学

普通体育课教学大纲

目　录

中国矿业大学普通体育课教学大纲(总纲)	1
一年级基础体育课教学大纲(男生)	9
一年级基础体育课教学大纲(女生)	18
二年级男生篮球必修选项课教学大纲	23
二年级男生排球必修选项课教学大纲	27
二年级男生足球必修选项课教学大纲	30
二年级男生乒乓球必修选项课教学大纲	33
二年级男生羽毛球必修选项课教学大纲	36
二年级男生武术必修选项课教学大纲	40
二年级女生必修体育专项课教学大纲	43
三年级体质教育课教学大纲	51
四年级体质锻炼测验课教学大纲	53
中国矿业大学保健体育课教学大纲	55
中国矿业大学研究生体育健身提高课教学大纲	61
专科班基础体育课教学大纲	68
二年级男生健美必修选项课教学大纲	73

中国矿业大学

一九九五年八月

中国矿业大学

普通体育课教学大纲(总纲)

一、大纲说明：

我校根据国家教委《全国普通高等学校体育课程教学指导纲要》的精神(以下简称《纲要》)，在85年开始部分班级进行试验的基础上，结合我校的具体情况制定了新的教学大纲，经过两年的实施后，我们再次对大纲进行了修订，参加修订编写工作的老师有程杰、张强、刘晓伟、孙天明、璞立敏、李伟、樊六东、赖孝林、高颜凤、凌锡华、王玉兰、王晓贞、魏坚等，由程杰、王郁军完成统稿审编。本《大纲》的编写目标在于探索建立以增强体质、培养学生体育能力为主线的高校体育教学体系。由于水平有限，难免有不妥之处望批评指正，以便进一步完善。

二、教学目的：

通过合理的体育教学过程和科学的体育锻炼过程，使学生增强体育意识。(对体育的认识基本知识和体验以及参与意识等)。提高体育能力(自锻力、自评力、获得力、活动力、适应力)。养成体育锻炼的习惯(成为生活的组成部分)。受到良好的思想品德教育，成为体魄强健的社会主义事业的建设者和接班人。

三、教学任务：

1.通过合理、科学的体育教学和锻炼过程，发展耐力、力量等与人体健康密切相关的身体素质，增强心血管系统的生理机能，改善人体形态；提高跑、跳、投等基本活动能力和田径、球类、武术、体操、健美操等项的基本技能。

2.掌握体育的基础理论和专项运动技术知识，科学锻炼身体的方法，培养学生自我锻炼能力、自我评价能力、适应能力、获得能力和活动能力。

3.激发学生对体育的兴趣，培养学生自觉参与体育的意识、健身知识和体育道德品质意识，学生勇敢、顽强、严密的组织纪律性等优秀品质。

四、教材选编原则：

1.坚持社会主义的教育目标，理论和实践课都要有利于全面贯彻党的教育方针和进行爱国主义、集体主义教育，培养良好的体育道德风尚和心理素质，增强组织纪律性，使学生身心全面发展。

2.从实际出发，要符合学生接受体育教育的状态，所属专业特点，充分考虑学校所在地(徐州)的气候、地域和我校体育传统以及场地设施情况。

3.注重实效，为达到体育课程目的、任务和阶段目标的要求，注重教材内容和方法对学生身心发展的实效性，教材内容少而精。

4.具有科学性和系统性，大纲的建立符合大学生的认识规律，充分考虑他们生理、心理特点和智力优势，建立以增强体质、提高体育能力，培养体育知识，促进学生身心健康发展为主线的教材与教法体系，同时注意各个运动项目本身的系统性

5.汲取世界优秀体育成果与继承弘扬我国民族传统体育相结合，体现教材的时代性、多样性，充分体现教材的民族性和中国特点。

6.理论与实践相结合，在进行大量实践基础上，总结出体育教学的健身运动理论—健身运动的原理与方法，建立七个类型的教材与教法体系。(一年级以全面发展身体素质为主体；二年级以运动技术教学为手段达到掌握运动技能和发展素质；三年级以体质教育为主体；四年级以锻炼和测试为主体；专科体育课以全面发展身体素质基本运动能力为主体，保健体育课，全校病弱学生参加以康复保健和体质教育为主体；研究生以健身、提高为主体等教材与教学法体系)，形成教材与教法的科学性、系统性，并指导实践，并通过实践不断丰富这一理论使之更加完善。

7.教材选编要符合《大学生体育合格标准》。

五、普通体育课的课程设置：

设置本科一年级男生和女生基础体育课，二年级男生必修选项课，女生必修专项课，三年级体质教育课，四年级锻炼测验课，四个年级的保健体育课，研究生一年级的健身提高课，专科一年级男生和女生基础体育课。

本科一年级基础体育课64学时/学年，教材内容选择短跑、跨栏、铅球、跳远、兰球、健身跑、排球、技巧、青年拳、艺术体操、健美操、游泳等12个项目，以增强体质为主。

二年级必修选项课和专项课64学时/学年，设定兰球、排球、足球、乒乓球、艺体、健美操、武术健美、羽毛球等9个项目。

三年级体质教育课共16学时，设置球类、短跑及发展身体素质的项目。

四年级设置锻炼、测验课，10学时。

全校的保健体育课64学时/学年，为病弱学生开设，恢复健康、增强健康、进行体育教育。

研究生一年级体育健身提高课(64学时/学年)，开设兰、排、足、乒乓球、游泳、健身跑、羽毛球、足球、短跑等课程。

六、实施要求：

1.本大纲结合我校情况和《纲要》的要求，建立以发展身体素质为主线的教材分类体系，在实施过程中以发展身体素质为中心，并与专项运动技术和发展人体基本技能教学相结合，即发展身体素质和运动能力，又掌握运动技术。

2.在教学中主要通过反复练习逐步掌握动作技术，采用与学生实际情况相适应的技术要求，不过分强调技术规范化。

3.发展身体素质和运动能力的内容，其时数：一年级不低于实践课的50%；二年级必修

图 5-8　1995 年 8 月修订的《中国矿业大学普通体育课教学大纲》

本科一年级基础体育课是 64 学时/学年。教材内容选择短跑、跨栏、铅球、跳远、篮球、健身跑、排球、技巧、青年拳、艺术体操、健美操、游泳等项目，以增强体质为主。

二年级必修选项课和专项课是 64 学时/学年。设定篮球、排球、足球、乒乓球、艺体、健美操，武术健美、羽毛球等项目。

三年级体质教育课共 16 学时/学年，设置球类、短跑及提高身体素质的项目。

四年级设置锻炼、测验课，共 10 学时/学年。

全校的保健体育课是 64 学时/学年，为病弱学生开设，恢复健康、增强体质、进行体育教育。

研究生一年级体育健身提高课是 64 学时/学年，开设篮球、排球、垒球、乒乓球、游泳、健身跑、羽毛球、足球、短跑等课程。

在全校本科四个年级和研究生一年级都开设体育课程教学，开创了高校体育“全纳教育”的先河。同时教学过程中贯彻“健身运动的原理与方法”，对改善、提高大学生的体质状况，起到了极大的促进作用。

随着社会的发展和进步，体育课教学改革不断深入和发展，按照学校的统一部署和要求，学校每四年进行本科生培养方案的修订工作，大学体育课教学大纲也于 2000 年、2004 年、2008 年、2012 年进行了 4 次修订，修订并颁布了更加严格、科学的《体育教学规范》等一系列教学管理规定。

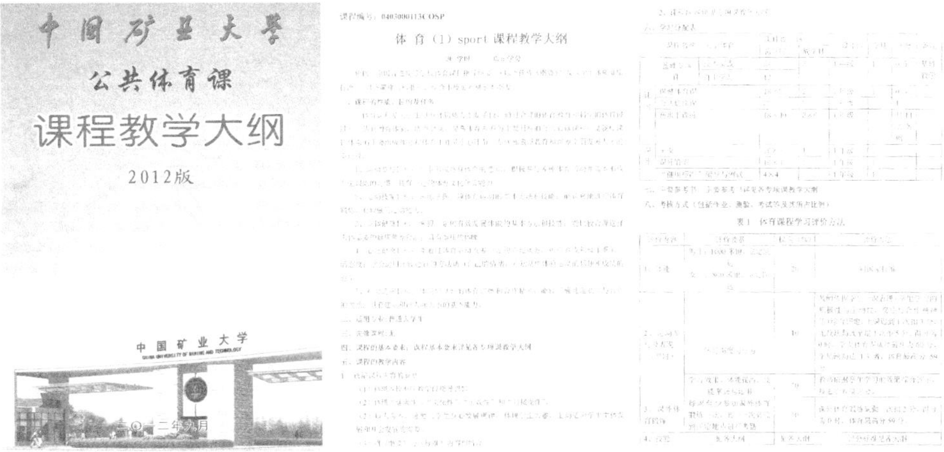

图 5-9 2012 版《中国矿业大学公共体育课课程教学大纲》

2008 版培养方案的突出特点是：在学校领导的高度重视和大力支持下，率先在全国高校本科生培养方案中，规定全校第 7、8 节课时间不排其他课程，空出时间用于学生课外体育锻炼和体育俱乐部辅导。学校给予时间、师资、场地等方面的支持，体育学院安排教师进行辅导，从制度上保障了学生“每天锻炼一小时”。

2016 年，学校公共体育课程改革为体育俱乐部教学模式，在本科阶段一、二、三年级均开设体育课，分为俱乐部水平Ⅰ～Ⅵ课程标准。为普通大学生开设了田径、体操、篮球、足球、排球、乒乓球、羽毛球、网球、棒(垒)球、武术、散打、跆拳道、健美操、跆搏操、啦啦操、瑜伽、街舞、健身健美、体育舞蹈、三门球、舞龙舞狮、越野行走、拓展训练、游泳等体育课程,并成立了 20 余个体育俱乐部,极大地丰富和满足不同体质、不同兴趣爱好学生对体育项目的需求。同时为体质较差、病残和大病后恢复期、不适宜进行激烈体育活动的学生开设保健体育课。

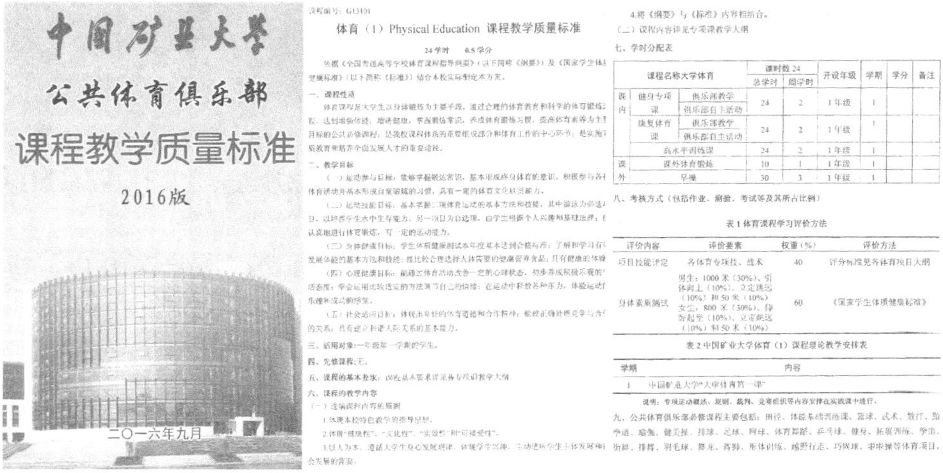

图 5-10　2016 版《中国矿业大学公共体育俱乐部课程教学质量标准》

为提高理工科院系学生和全校大学生的人文素质,丰富校园体育文化,从 2000 年起,面向全校普通大学生开设体育选修课程,先后开设体育文化概论、奥林匹克纵览、竞技体育文化与赛事评述、足球文化与经典赛事评述、职业体育纵览、篮球竞赛规则与裁判技巧、运动损伤、事故急救、体育产业概论、奥运经济概论、娱乐体育、休闲体育、拓展训练、中国功夫发展史、世界搏击功夫概论、现代篮球运动基本理论与实践、体育保健学等全校公共选修课程,极大地满足了学生的不同需求,为丰富校园体育文化、培养与增进大学生体育文化素养、提高大学生参与体育锻炼的积极性和提高对体育的兴趣奠定了基础。

2020 年,学校公共体育课程改革继续实施体育俱乐部教学模式,为本科阶段一、二、三年级学生开设公共体育必修课,共开设 6 个学期,每学期开设 24 学时的课内必修、8 学时的课外学时,分为俱乐部水平Ⅰ～Ⅵ课程标准。由于受到“新冠肺炎”疫情的影响,正常的体育教学和学生的体育锻炼都受到很大的冲击,学生的体质健康水平不容乐观。面对新形势、新变化,学校公共体育课程教学采取“线上＋线下”混合式教学模式,促进体育课程教学与学生课外体育锻炼紧密融合。同时修订课程教学质量有关标准(课程教学大纲),把一年级的体育课程教学改为“体能训练课程”,向学生传授各种体能训练及练习的方法、案例,同时进行“第一堂体育课”教学，聘请有关专家撰写课程教学脚本，录制教学视频，供学生随时观看、学习，并向大一新生介绍学校悠久的优良体育传统、独特的体育文化，介绍公共体育课程教学改革的历史、现状，介绍学校高水平运动队的历史及取得的辉煌成就，介绍学校公共体育教学改革及体育课程教学、实施，教学评价及《学生体质健康标准》监测等具体内容，使学生全面了解学校体育文化，树立积极参与运动的理念，切实投身到日常体育锻炼中，建立“体育生活化”生活方式。

中国矿业大学

公共体育俱乐部

课程质量教学标准

2020版

二〇二一年五月

课程编号：G13101

体育（1）Physical Education 课程教学质量标准

一、课程性质

二、教学目标

四、学时分配表

六、课程考核

七、说明

课程编号：G13106

体育（6）Physical Education 课程教学质量标准

一、课程性质

二、教学目标

附：体能训练俱乐部水平2教学进度

附：网球俱乐部水平1教学进度

图 5-11　2020 版《中国矿业大学公共体育俱乐部课程质量教学标准》

为促进大学生形成良好的锻炼习惯，学校实施大学体育不断线，积极开拓资源，为大四学生及研究生开设兴趣项目选修体育课程、健身提高课程，促使全体学生"课内外一体化"锻炼、提高学生体质健康水平，让学生养成终身体育锻炼的习惯。

二、体育课程教学改革

大学体育课教学改革为学校体育教学工作水平的提高打下良好的基础。大学体育教学是实施学校教育的重要组成部分，它对学校实现德、智、体、美、劳全面发展的培养目标起着重要的作用。在教学改革实践中，不断分析研究存在的问题、吸收国内外其他高校教学改革的先进经验、积极采取有效的改进措施，特别是在教学改革、课程设置方面有了新的发展，形成了较完善的、面向21世纪教育发展要求的、颇具特色的体育教学体系。

1996年，从传统的按专业行政班级上课改革为"单元内选项课"，即在全校课程安排体育课教学时间内的学生，参考任课教师的专项特点，根据自己的兴趣、爱好和特点选择专项班上课。

1997年，在"单元内选项课"改革取得良好效果的基础上，改革为"周内选项课"，也称"挂牌选课"，将所有任课教师的姓名、年龄、职称、所学专业、专项特点、个人爱好及开设的课程等基本信息，在学生区和体育馆进行挂牌公示，供学生选择体育课程时参考。

1998年，结合试行学分制之机，继续深入体育课程教学改革，在全校试行"分层次体育课教学"，即按学生不同的技术基础和身体素质情况，在同一个授课项目(专项)中，把学生分为高级班、中级班和初级班三个不同层次的体育课程教学模式；学生"三自主"选课，即学生根据自身的基础、兴趣和爱好，自主选择上课内容(项目)、自主选择任课教师、自主选择上课时间。

体育课程教学在不断深入进行改革后，取得了较好的成果，名列全国高校公共体育课程教学改革前列。"大学体育课程"多次被评为学校和江苏省优秀课程。学校在历次江苏省及全国的公共体育课程教学检查评估、评优中，数次荣获"普通高校体育课程评估优秀学校"的荣誉。2002年，教育部下发文件，在全国高校推行体育课"三自主"教学模式。可以说，中国矿业大学是我国高校体育从传统的教学模式向"三自主"教学模式转变的先行者、开创者，为全国高校体育教学改革及"三自主"教学模式在全国的推广、运用作出了重要贡献。

三、体育课教学管理

体育课教学管理经过数十年的摸索、总结，已经形成一套较为严格、完整、系统和科学的管理制度体系。

在总的教学规范制度的要求外，学院还制定了一系列体育课程教学的规章制度，其中主要包括《体育教学规范》《集体备课制度》《院领导听课制度》《体育课程

江苏省教育厅
JIANGSU EDUCATION DEPARTMENT

中国矿业大学“三融三促”加强体育工作

中华人民共和国教育部

中国矿业大学“三融三促”加强体育工作

图 5-12　教育部、江苏省教育厅网站对学校体育工作的报道

调、带、停课管理办法》《教学检查制度》《教学效果综合排名办法》等一系列保障体育课程教学质量的办法。

1. 集体备课制度

(1) 讨论和研究授课内容的方法和手段。根据学生的基本情况，为提高教学效果集思广益，对大纲执行情况，教材内容的选择，教材内容的重点和难点，教学方法手段的使用，考核内容、标准和评定等进行及时认真地讨论研究，不断提高教学质量，同时为体育课教学大纲修订和公共体育课教学改革积累理论与实践依据。

(2) 规范授课的讲解示范标准。在某一教学内容（项目）开始前，由某一具有该专项能力的教师按授课要求将主要内容进行讲解和示范，其他教师模仿学生进行练习，并相互提问和讨论研究，基本统一了授课的讲解示范标准。

（注：学校从 1980 年在徐州招生开始，一直坚持实施每周一次的体育教师集体备课制度，对提高体育教师的业务能力、提高体育教学质量、增加团队的凝聚力等方面起到了重要作用，是体育学院多年的优良传统。2003 年前后，此项制度暂停。2018 年恢复此项制度。）

2. 教学检查制度

(1) 任课教师在授课前将教案交给教学组长或教研室主任，审查并签字后方许上课。

图 5-13　体育教师集体备课

（2）成立体育学院教学督导办公室，选聘教学经验丰富、公平认真负责的教师担任教学督导，对全校公共体育课程进行常态化督导，及时发现问题、解决问题，不断提高教学质量。

（3）教研室主任以上干部、教学督导，每学期不得少于规定次数的查（听）课，并及时与任课教师交换意见，填写“查（听）课记录表”，写出对被查（听）课对象的文字评定。同时要求教师相互听课，相互学习，共同提高。

五、体育课教学成果

由于学校体育课程教学不断深入改革，取得了较好的成果。大学体育课程多次被评为优秀课程，先后被评为江苏省二类课程和一类课程。在历次全国、江苏省的公共体育课程教学检查、评估中，多次荣获普通高校体育课程评估优秀学校的称誉（表 5-1）。

表 5-1　体育课程获奖情况一览表

获奖时间	获　奖　名　称	颁奖单位
1992 年	全国普通高校体育课程评估优秀学校	国家教委
1993 年	江苏省二类优秀课程	江苏省教委
1994 年	江苏省高校优秀体育教学大纲(基础课)	江苏省教委
1994 年	江苏省高校优秀体育教学大纲(篮球专项课)	江苏省教委
1996 年	贯彻学校体育工作条例先进学校	国家教委
1996 年	江苏省普通高等学校贯彻《学校体育工作条例》优秀学校	江苏省教委
1996 年	全国普通高等学校贯彻《学校体育工作条例》优秀学校	国家教委
1998 年	江苏省普通高校《先进体育教研室(系、部)》	江苏省教委
2000 年	贯彻《学校体育工作条例》先进学校	教育部
2000 年	江苏省一类优秀课程	江苏省教育厅

图 5-14　体育学院获得的部分国家级教学奖奖牌

图 5-15　体育学院获得的部分省级教学奖状、奖牌

第二节　课外体育活动

一、校内课外体育锻炼

学校整体搬迁到徐州后，继续发扬了重视体育锻炼的优良传统。根据社会发展，制定和完善了学生体育活动的规章、制度和办法，每年修订学生课外体育锻炼计划，建立健全体育组织机构，促进大学生积极参与、投身到课外体育锻炼中，学生课外体育活动蓬勃发展。

大学生课外体育活动主要体现在以下几个方面：

1. 集体早操

1983年开始，学校教务处、学生工作处、体育部等部门联合发出文件通知，要求全校学生以院(系)为单位进行集体早操。体育教师分配到各院(系)进行考勤检查。学生在指定地点进行广播体操及其他活动，而后按规定路线跑步。长期以来进行的集体早操，在校健康学生的出勤率均保持在95%以上，为增强学生体育锻炼意识和体质起到了积极作用。

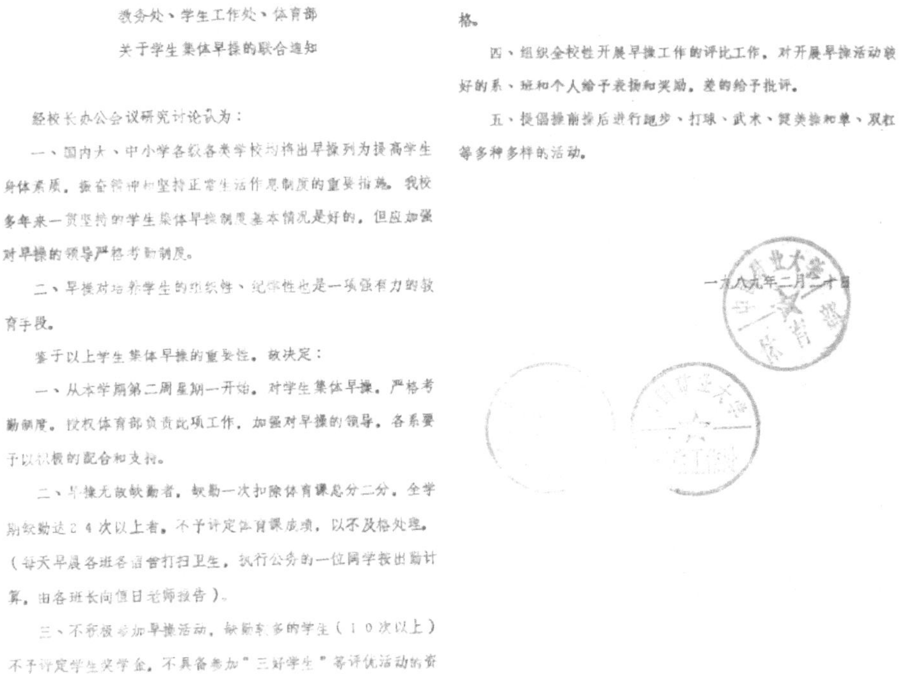

教务处、学生工作处、体育部
关于学生集体早操的联合通知

经校长办公会议研究讨论认为：

一、国内大、中小学各级各类学校均将出早操列为提高学生身体素质，振奋精神和坚持正常生活作息制度的重要措施。我校多年来一贯坚持的学生集体早操制度基本情况是好的，但应加强对早操的领导严格考勤制度。

二、早操对培养学生的组织性、纪律性也是一项强有力的教育手段。

鉴于以上学生集体早操的重要性，故决定：

一、从本学期第二周星期一开始，对学生集体早操，严格考勤制度，授权体育部负责此项工作，加强对早操的领导，各系要予以积极的配合和支持。

二、早操无故缺勤者，缺勤一次扣除体育课总分二分，全学期缺勤达24次以上者，不予评定体育课成绩，以不及格处理。（每天早晨各班各宿舍打扫卫生，执行公务的一位同学按出勤计算，由各班长向值日老师报告）。

三、不积极参加早操活动，缺勤较多的学生（10次以上）不予评定学生奖学金，不具备参加"三好学生"等评优活动的资格。

四、组织全校性开展早操工作的评比工作，对开展早操活动较好的系、班和个人给予表扬和奖励，差的给予批评。

五、提倡操前操后进行跑步、打球、武术、健美操和单、双杠等多种多样的活动。

一九八九年二月二十日

图5-16 《教务处、学生工作处、体育部关于学生集体早操的联合通知》

2. 冬季长跑锻炼月

学校每到冬季，均开展"冬季长跑锻炼月"活动，以院(系)为单位，在指定地集合点名检查出勤人数后(体育教师点名检查)，以班为单位按规定路线集体跑步2 000米以上。

3. 课外体育锻炼

学生除参加早操和长跑锻炼活动外，还规定每周必须进行多次课外体育锻炼，并以"打卡"的管理形式(即每次锻炼完毕后到指定的考勤点，在课外体育锻炼卡上加盖印章登记)记入体育课成绩的评定。

图 5-17　田径场集体做操的学生

图 5-18　学生集体做操后跑步

二、校内体育竞赛

校内竞赛是学校体育工作的重要组成部分。长期以来，学校始终将学生课余各种比赛作为推动学生体育锻炼、培养学生吃苦耐劳、顽强拼搏精神和丰富校园文化生活以及实行“德、智、体、美、劳全面发展”教育方针的重要部分。校内竞赛主要包括全校固定比赛、不定时全校性活动、各单项协会(俱乐部)比赛和各学院(系)体育竞赛活动。全校范围内保持每月一大赛、每周一小赛、天天有比赛的体育竞赛格局，形成了良好的校园体育文化氛围。

1. 全校性比赛

(1) 全校固定比赛。全校固定比赛包括全校大学生田径运动会、全校大学生体育大会、大学生篮球甲(乙)级联赛、大学生足球甲(乙)级联赛、大学生排球比赛、大学生网球比赛、大学生羽毛球赛、大学生乒乓球赛、新生篮球赛、新生足球赛、网球团体比赛、足协杯比赛、羽毛球团体比赛、乒乓球团体比赛、健美操比赛、冬季长跑比赛等20余项常规性赛事。

图5-19　大学生体育文化节(田径运动会)开幕式

(2) 不定时体育比赛。不定时体育比赛包括文化艺术节健美操比赛、“五一”拔河比赛 、“毕业生三对三”篮球赛、“毕业生杯”足球赛、大学生健身比赛、校园铁人力量大赛、大学生斯诺克比赛、大学生象棋、围棋比赛等。

(3) 体育协会、俱乐部竞赛。体育协会、俱乐部竞赛包括大学生健身比赛、“挑战杯”乒乓球赛、“校园杯”足球赛、趣味性运动、大学生轮滑技巧赛、大学生棋牌比赛、大学生网球赛、大学生羽毛球赛、大学生篮球赛、大学生排球赛、“精益杯”足球联赛、“挑战杯”乒乓球赛、“足协杯”足球比赛等13项比赛。

2. 学院体育比赛

在校级常规体育比赛的带动下,各个学院也纷纷举办丰富多彩的体育活动,异彩纷呈。如各学院新生田径运动会、田径选拔赛、学院班级篮球赛、羽毛球比赛、学院年级单项对抗赛等。

图 5-20　校健美操比赛

三、大学生课外体育活动成就

由于学校长期以来有组织、有计划地开展各种形式的学生体育锻炼，取得极好的效果，多次受到江苏省和国家相关部门的表彰(表 5-2)。

表 5-2　学校群众体育工作获奖一览表

时　间	获　奖　名　称	颁　奖　单　位
1986 年	江苏省高校体育工作先进集体	江苏省教委
1986 年	江苏省群众体育工作先进集体	江苏省体委
1993 年	全国群众体育先进单位	国家体委
1993 年	江苏省学校施行《锻炼标准》工作先进单位	江苏省体委、教委、劳动厅
1993 年	全国高等院校课余训练试点先进学校	中国大学生体协
1994 年	江苏省群众体育工作先进集体	江苏省体委、省教委
1996 年	贯彻《学校体育工作条例》先进学校	国家教委
1996 年	江苏省普通高等学校贯彻《学校体育工作条例》优秀学校	江苏省体委、省教委
1996 年	江苏省学校实施《锻炼标准》工作先进单位	江苏省教委
1997 年	全国群众体育先进集体	国家体委
1998 年	江苏省群众体育工作先进集体	江苏省体委
2000 年	贯彻《学校体育工作条例》先进学校	教育部
2001 年	全国群众体育先进单位	国家体育总局
2005 年	全国群众体育先进单位	国家体育总局
2009 年	全国群众体育先进单位	国家体育总局
2018 年	江苏省群众体育先进单位	江苏省体育局

图 5-21 学校开展的校足球、篮球、排球赛

图 5-22　学校群众体育活动获得的各级表彰的部分奖牌

第三节 运动训练与比赛

学校整体搬迁至江苏徐州后,学校的振兴为体育的发展带来了机遇。概括地说,学校体育代表队可分为“两个层次”“四个阶段”。

两个层次:由全国统一高考进校,经选拔出来的大学生组成的普通大学生体育代表队(下称“代表队”)为一个层次;第二个层次为招收体育特长学生组成的“高水平运动队”(下称“运动队”)。

四个阶段:1983 年以前为第一阶段,即由经统一高考进校的大学生组成的普通大学生体育代表队;1983—1994 年为第二阶段,即招收体育特长生组成的“运动队”与“代表队”并存;1994—2010 年为第三阶段,即“运动队”;2010 年至今为第四阶段,体育特长生组成的“运动队”与“代表队”并存,大学生体育竞赛设立“甲组”(高水平组)、“乙组”(体育专业组)、“丙组”(普通大学生组)。

一、普通大学生体育代表队

学校迁至江苏徐州后,先后组建了男子篮球队、女子篮球队、男子排球队、女子排球队、男子足球队、乒乓球队、田径队、男子体操队、女子体操队、艺术体操队、游泳队、健美队等 20 多支代表队和运动队,取得了辉煌的成绩,为学校争得极大的荣誉。

1982 年,学校首次参加江苏省大学生体育协会苏北分会(徐州协作区)高校田径运动会,获得男子团体第一名、女子团体第二名、男女团体总分第一名的好成绩,受到了学校党政领导的高度赞扬。

男、女排球队均为全国统一高考入学的大学生,在繁重的学习任务下,利用课余时间每周坚持 3 次以上的训练,在参加各级、各类的比赛中取得了不菲的成绩。1990 年江苏省第十二届运动会暨江苏省高校第十届运动会苏北赛区排球预赛中,男、女排球队双双获得冠军,进入决赛。男子排球队在决赛中仅负于具有高水平运动队员的南京大学和南京理工大学,获得第三名。

1992 年前后,由于全国许多高校办高水平运动队,大学生的体育竞赛逐步被学校高水平运动员代替,其运动成绩和水平超过普通大学生,学校代表队逐步取消,直至全部取消。

从 2010 年江苏省第十七届运动会开始,高校部的比赛分为甲(本科)、乙(高职高专)组比赛,普通大学生参加比赛获得的名次,与高水平组运动员获得的名次一样,计分相同,促进了高校普通大学生代表队的又一次崛起。

自 2000 年起,学校先后成立了普通大学生男子排球队、女子排球队、健美操队、武术队、跆拳道队、羽毛球队、乒乓球队、网球队、男子篮球队、足球队等多支队

图 5-23　学校有关部门领导与大学生体育代表队教练员、运动员合影

图 5-24　学校男、女排球队合影

伍，参加江苏省运动会，取得了优异的成绩。

1. 男子排球队

张清华副教授担任学校普通大学生排球队教练，率队参加了 2010 年江苏省第十七届运动会，获得高校部男子排球第五名、沙滩排球第七名。2014 年江苏省第十八届运动会，男子排球队获得高校部男子排球第八名。学校男、女排球队参加了 2018 年江苏省第十九届运动会。

2. 男子篮球队

周鹏副教授担任校普通大学生男子篮球队教练。2015 年成立以来，参加了江苏省高校篮球 CUBL 的比赛（普通大学生阳光组），连续三年获得苏北分会高校冠军，2015 年江苏省高校篮球 CUBL 比赛第三名，2017 年江苏省高校篮球 CUBL 比赛第四名。

图 5-25　教练员张清华、领队项立敏与运动员合影

图 5-26　大学生男子篮球队教练员周鹏(左八)与队员合影

3. 健美操队

王晓贞副教授担任校普通大学生健美操队教练，带队参加 2018 年江苏省第十九届运动会，杨帅同学获得高水平组男单第三名。

4. 跆拳道队

张建春老师担任校普通大学生男子跆拳道队教练，带队参加了 2010 年江苏省第十七届运动会，学生运动员冯刚获得高校部男子 72 公斤级第四名；参加了 2014 年江苏省第十八届运动会，学生运动员获得高校部男子 52 公斤级冠军。

5. 武术队

王涛副教授担任校普通大学生男子武术队教练，带队参加了 2010 年江苏省第十七届运动会，获得高校部男子铜牌。

6. 男、女羽毛球队

戴磊老师担任校普通大学生羽毛球队教练，带领运动员参加了 2010 年江苏省

图 5-27 获奖学生杨帅及与教练员、领队合影

第十七届运动会、2014 年江苏省第十八届运动会和 2017 年江苏省第十九届运动会。在 2014 年江苏省第十八届运动会中，校羽毛球队获得女子团体季军、女子双打季军的好成绩。

图 5-28 学校男、女羽毛球队员与教练员合影
（中立者为教练员戴磊）

7. 男、女乒乓球队

张清华副教授担任校普通大学生男、女乒乓球队教练，带队参加了 2014 年江苏省第十八届运动会，球队获得高校部女子乒乓球团体第七名、女子双打第六名。2018 年江苏省第十九届运动会中，球队获得高校部女子乒乓球团体亚军，男子单打第七名。

8. 男子足球队

足球颠球吉尼斯世界纪录保持者、学校教师周道华担任普通大学生男子足球

图 5-29　教练员张清华、领队孙耀与运动员合影

队教练，率队参加 2017 年十月举行的江苏省第十九届运动会，获得高校部男子甲组足球比赛第四名。

图 5-30　左图为学校普通大学生男子足球队获奖奖牌，右图为颁奖后队员和教练员合影（左一为周道华）

二、高水平运动队

（一）高水平运动队的创办

1983 年初，全国高等教育体育工作会议提议，有条件的工矿企业和高校，可招收“体育特长生”办运动队。时任体育教研室主任马中华教授得到这一信息后，随即向学校党政领导做了汇报，并提出招收体育特长生办运动队的设想和计划。在国家还没有出台招收体育特长生政策的情况下，时任院党委书记邢凯、院长彭世

济等领导，力排众议，大力支持。马中华教授冒着可能违反招生政策的风险和压力，向学校、江苏省高等教育局和江苏省体委打报告，破格招收具有体育特长的高水平运动员，创建男子篮球、田径高水平运动队，开创了改革开放以后我国高等学校试办高水平运动队的先河。中国矿业学院办高水平运动队在全国上下引起巨大争议，随之而来的是全国部分高校也纷纷仿效，试办高水平运动队。

图 5-31　首届高水平运动队队员、教练员与校领导合影

上图　第二排左起第二为院党委副书记郭福善，第四为院党委书记邢凯，第五为院长刘子光，第六为党委副书记魏同，第七为副院长彭世济，第八为副院长吴震春

下图　第一排左起第三为体育部主任马中华，第四为副院长沈通生，第五为院党委书记邢凯，第七为体育部党总支书记兼教练张文郁

1985 年，国家教委在山东省掖县召开全国高校体育工作会议（简称“掖县会议”），正式确定在高校试办高水平运动队。国家教委和国家体委于 1986 年联合印发《关于开展课余体育训练，提高学校体育运动技术水平的规划》的通知，确定了包括中国矿业学院在内的 35 所院校试办高水平运动队。

1987 年 4 月 9 日，国家教委发布《国家教育委员会关于部分普通高等学校试行招收高水平运动员工作的通知》（国教委〔1987〕教学字 8 号），确定全国 51 所高校试办高水平运动队。

1995 年，国家教委发布了《关于部分普通高等学校试行招收高水平运动员工作的通知》，确定了包括中国矿业大学在内的全国 53 所高校具有招收高水平运动员的资格。

2005 年 12 月 14 日，教育部发布教体艺〔2005〕8 号文件，确定全国 235 所高校具有招收高水平运动员的资格，学校具有田径、篮球、游泳、网球、定向越野等项目的招生资格。

2010 年，《教育部办公厅关于公布新一轮普通高等学校申请建设高水平运动队综合评审结果的通知》（教体艺厅〔2010〕10 号）公布了全国 268 所高校具有建设高水平运动队的资格，学校具有篮球、田径、游泳、网球、定向运动等五个项目的招生资格。

学校自 1983 年开始招收首届高水平运动员以后，积极创造条件，克服重重困难，调集优秀体育教师担任高水平运动队的教练，取得了优异的运动成绩，使学校的体育运动技术水平和运动成绩在江苏省乃至全国都赫赫有名，极大地提升了学校在全国的知名度。

1985 年学校高水平男子篮球队队员乔刚、于新德、郑建华、王玉强 4 名学生加入了中国大学生男子篮球队，参加了在日本神户举行的第十三届世界大学生运动会。我校马中华教授担任教练，带队参加了比赛。

图 5-32　1985 年马中华教授（前排左二）率领中国大学生篮球代表队合影

在 1986 年第二届全国大学生运动会上，以学校田径运动员为主组成的田径队，代表江苏省参赛；1988 年，在江苏省南京市举办的第三届全国大学生运动会上，首次设立“校长杯”，学校体育代表队荣获“校长杯”第一名。此后在 1992 年、1996 年、2004 年、2007 年、2012 年、2021 年的“大运会”中均夺得“校长杯”，在全国高校中遥遥领先。多年来，共有百余名高水平运动员获运动健将称号，300 余名高水平运动员获得一级运动员等级。

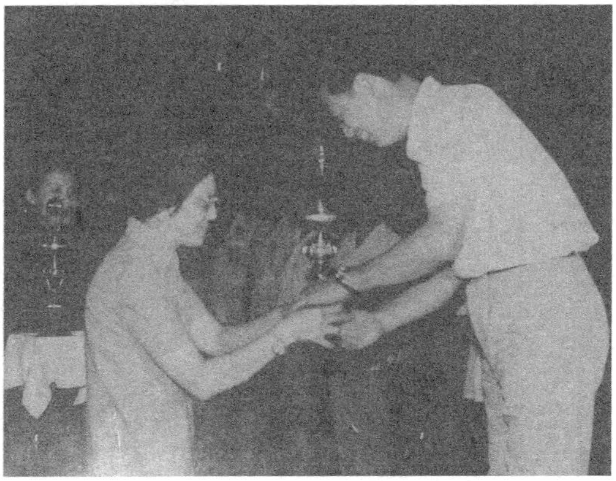

图 5-33　1988 年学校荣获第三届全国大学生运动会"校长杯"第一名

（二）高水平运动队的崛起

从 1983 年开始，学校先后组建了男子篮球队、田径队、女子篮球队、女子乒乓球队、艺术体操队、健美队、武术队、游泳队、网球队、定向越野队、女子足球队等十余支高水平运动队，为学校、江苏省和国家争得了诸多荣誉。（表 5-3）

表 5-3　学校历任高水平运动队教练员一览表

运动队名称	历　任　教　练
男子篮球队	江朝文、曹竟成、彭杰、白江、孙术奇
女子篮球队	曹竟成、李汉亭、周鹏、彭杰、张世璋、白江、董昆岭、房纹萱、崔爽
田径队	赵井森、姚志宏（投掷）、李伟（短跑）、高照凤（跨栏）、刘培福、张强（中长跑）、陈干华（全能）、高鸣岗（跳高）、张文郁（跳远）、凌锦华、刘晓伟、翟丰、李晓新、孙耀、孟献峰、陈久庆、张小龙、锁明、李卫健
女子乒乓球	陈佳琪
艺术体操队	江嘉婉
健美队	张庆权、锁孝麟、魏媛
武术队	张安君
游泳队	张晓侠
网球队	程杰、孙天明、孙志鹏、戴飞
女子足球队	徐碧鸿
定向运动	乔兰波

1. 男子篮球队

从 1983 年起，学校组建男子篮球高水平运动队，由马中华教授担任首任教练。

马中华教授继承了北京矿业学院时期的优良传统，在较短时间内就取得了优异的运动成绩。多年来，球队获得多项大奖，具体获奖见表5-4。

表5-4　校男子篮球队在历次比赛中取得的成绩

时　间	比　赛　名　称	获　奖　名　次
1984年	煤炭高校篮球赛	冠军
1985年	全国高校篮球邀请赛	亚军
1985年	第四届全国大学生“金陵杯”篮球邀请赛	亚军
1986年	第二届全国大学生运动会决赛	亚军
1986年	全国煤炭系“乌金杯”比赛	冠军
1991年	全国青年篮球联赛	第五名
1991年	江苏省篮协杯	亚军
1992年	第四届全国大学生运动会预赛	冠军
1992年	第四届全国大学生运动会	第五名
1994年	江苏省第十三届运动会高校部比赛	冠军
1994年	全国煤炭系统“乌金杯”男子篮球赛	冠军
1996年	第五届全国大学生运动会预赛	冠军
1996年	第五届全国大学生运动会	第三名
1998年	江苏省第十四届运动会(高校部)	冠军
1998年	1998全国大学生CUBA篮球联赛	第五名
2000年	第六届全国大学生运动会	第八名
2002年	江苏省第十五届运动会高校部	冠军
2003年	全国煤炭系“乌金杯”比赛	冠军
2004年	第六届CUBA中国大学生篮球联赛	东南赛区亚军、总决赛第三名
2006年	第八届CUBA中国大学生篮球联赛	东南赛区冠军
2006年	江苏省第十六届运动会高校部篮球比赛	冠军
2007年	第八届全国大学生运动会	亚军
2008年	第十届CUBA中国大学生篮球联赛	东南赛区亚军、总决赛第五名
2009年	第十一届CUBA中国大学生篮球联赛	东南赛区亚军、总决赛冠军
2009年	全国煤炭系统“乌金杯”男子篮球赛	第三名
2010年	第十二届CUBA中国大学生篮球联赛	东南赛区冠军、全国总决赛亚军
2014年	第十六届CUBA中国大学生篮球联赛	东南赛区季军
2015年	第十七届CUBA中国大学生篮球联赛	东南赛区亚军
2018年	江苏第十九届运动会高校部甲A篮球比赛	冠军
2019年	第二十一届CUBA中国大学生篮球联赛	东南赛区第四名
2020年	第二十二届CUBA中国大学生篮球联赛	全国第四
2021年	第二十三届CUBA中国大学生篮球联赛	东南赛区亚军

前国家男篮球员胡雪峰、江苏省男篮主力队员孟达、唐正东均是学校高水平运动队男篮队员。

图 5-34　1996 年的矿大男子篮球队

（左图为教练员曹竞成在指导比赛　右图后排左四为教练员曹竞成）

2004 年 9 月，学校引进前篮球国手、在全国 CUBA 以“铁腕教练”著称的白江担任校男子篮球队教练。经过几年的潜心培养和艰苦、科学地训练，学校男篮在 2008 年第十届 CUBA 联赛中，以东南赛区亚军的身份入围八强。在 2009 年第十一届 CUBA 联赛上，学校男篮一路过关斩将，为中国矿业大学男篮取得了历史上第一个总冠军。2010 年第十二届中国大学生 CUBA 篮球联赛中，男篮获得全国亚军。辉煌的成绩超越了北京矿业学院时期的男子篮球队，铸就了新的历史丰碑。

图 5-35　2009 年学校男篮获得第十一届 CUBA 中国大学生篮球联赛全国总冠军

2011 年后，学校男子篮球队由于新老交替、球员调整、教练易人等原因，球队走向低谷。经过几年卧薪尝胆、艰苦努力，在主教练孙术奇的带领下，比赛成绩逐年提升，恢复到全国强队行列。2019 年第二十一届 CUBA 中国大学生篮球联赛中，矿大男篮获得东南赛区第四名；2020 年第二十二届 CUBA 中国大学生篮球联赛中，矿大男篮、女篮双双进入全国四强；2021 年第二十三届 CUBA 中国大学生篮球联赛中，男篮获东南赛区亚军，全国八强。

图 5-36 2021 年学校男篮获得第二十三届 CUBA 中国大学生联赛全国八强
（前排左五为主教练孙术奇，右三为体育学院院长翟丰、
右二为体育学院副院长张大中、右四为队员马振翔、右五为队员邬挺嘉）

在随后的 2021 年 CBA 选秀大会上，校男篮球员马振翔以首轮 15 顺位选秀权，被宁波富邦俱乐部选中。随后，邬挺嘉以次轮第 2 顺位选秀权，加入南京同曦俱乐部。这是学校首次同时有两名球员通过 CBA 选秀走上篮球职业道路。

2. 女子篮球队

学校从 1985 年开始组建女子篮球高水平运动队，首任女篮教练是曹竞成教授。首批进入学校的女篮运动员，是参加过 1983 年第五届全国运动会的安徽省女篮的部分主力运动员。女篮在曹竞成教授带领下，于 1989 年获全国篮球乙级联赛冠军，晋升全国甲级队行列，成为我国女篮甲级队中唯一一所高校篮球队。女篮荣获的突出成绩见表 5-5。

表 5-5 校女子篮球队在历次比赛中取得的成绩

时 间	比 赛 名 称	获 奖 名 次
1986 年	全国高校篮球赛	冠军
1986 年	全国篮球联赛预赛	亚军
1986 年	煤炭高校篮球赛	冠军
1987 年	第六届全国运动会篮球预赛	第七名
1988 年	全国篮球联赛预赛	第四名

表 5-5(续)

时 间	比 赛 名 称	获 奖 名 次
1989 年	全国篮球联赛预赛	第四名
1989 年	全国女子篮球甲级联赛决赛	第 12 名(唯一高校篮球甲级队)
1998 年	江苏省第十四届运动会(高校部)	冠军
2000 年	第二届 CUBA 中国大学生篮球联赛	全国总冠军
2001 年	第三届 CUBA 中国大学生篮球联赛	东南赛区冠军
2002 年	第四届 CUBA 中国大学生篮球联赛	东南赛区冠军、全国总决赛亚军
2002 年	江苏省第十五届运动会高校部	冠军
2003 年	第五届 CUBA 中国大学生篮球联赛	东南赛区冠军、总决赛第四名
2004 年	第六届 CUBA 中国大学生篮球联赛	东南赛区冠军、总决赛第六名
2005 年	第七届 CUBA 中国大学生篮球联赛	东南赛区冠军、总决赛第四名
2006 年	第八届 CUBA 中国大学生篮球联赛	东南赛区冠军、总决赛第七名
2007 年	第九届 CUBA 中国大学生篮球联赛	东南赛区冠军、总决赛第八名
2007 年	第八届全国大学生运动会	冠军
2009 年	全国煤炭系统“乌金杯”女子篮球赛	冠军
2014 年	第十六届 CUBA 中国大学生篮球联赛	东南赛区冠军
2015 年	第十七届 CUBA 中国大学生篮球联赛	东南赛区季军
2017 年	第十九届 CUBA 中国大学生篮球联赛	东南赛区冠军
2018 年	第二十届 CUBA 中国大学生篮球联赛	东南赛区冠军
2018 年	江苏第十九届运动会高校部甲 A 篮球赛	冠军
2019 年	第二十一届 CUBA 中国大学生篮球联赛	东南赛区冠军、全国四强
2020 年	第二十二届 CUBA 中国大学生篮球联赛	全国四强(因新冠疫情没进行分区赛)
2021 年	第二十三届 CUBA 中国大学生篮球联赛	东南赛区冠军、全国八强

1997 年,中国矿业大学又开创了“校企联合”办运动队的先河。学校与河北省邢台市矿务局联合组织、训练女子篮球队,并聘请国内著名职业教练、前男篮国手、曾担任国家男篮“蓝队”教练、天津女篮主教练、河北省女篮主教练的李汉亭先生担任学校女篮教练,开创了全国普通高等学校聘请著名职业教练担任学校高水平运动队教练员的先河。

学校女篮在李汉亭教练的率领下,参加 2000 年第二届中国大学生 CUBA 篮球联赛，荣获全国总冠军；2002 年，参加第四届中国大学生 CUBA 篮球联赛，打入全国四强，最终荣获全国亚军，创造了学校女子篮球队的又一个辉煌时期。

图 5-37　2000 年学校女篮荣获第二届 CUBA 中国大学生篮球联赛全国总冠军
（左图后排左三为教练李汉亭、左四为马中华；右图后排右一为时任女篮助理教练周鹏）

图 5-38　2002 年学校女篮荣获第四届 CUBA 中国大学生篮球联赛全国亚军
（后排左起依次为时任助理教练周鹏、体育系主任池忠军、校党委副书记张爱淑、党委副书记邹放鸣、副校长王悦汉、校长谢和平、校党委书记罗承选、主教练李汉亭、副校长陈石麟、副校长葛世荣、副校长周建国、体育系书记姜建平）

2003 年后，李汉亭教练由于身体原因，不能继续带队训练。学校先后又聘请了原青岛队主教练张世璋、原河北露露男篮（甲 B）教练董昆岭担任女篮教练，都取得了优异的运动成绩。

先后担任过学校女篮教练的还有周鹏副教授、彭杰教授、白江教授。原江苏省女篮队员、国际级篮球裁判员、中国矿业大学毕业生房纹萱担任女篮主教练期间，继承和发扬了学校女篮传统篮球劲旅球队的传统，率领球队连续三届取得 CUBA

图 5-39　2014 年学校女篮荣获第十六届 CUBA 中国大学生篮球联赛东南赛区冠军
（前排左一为时任教练董昆岭、左三为时任体育学院副院长翟丰、右一为时任体育学院副院长孙耀）

中国大学生篮球联赛东南赛区冠军，学校女篮被称为“东南王”。目前担任女篮主教练的是学校原女篮主力队员、硕士研究生毕业后留校任教的崔爽老师。在她的带领下，女篮继续保持顽强拼搏、敢打敢拼、球技精湛的老牌强队风采，在 2021 年第二十三届 CUBA 中国大学生篮球联赛中，以全胜战绩连续第四次获得东南赛区冠军，并连续三届进入全国四强。

图 5-40　　2018 年学校女篮荣获第二十届 CUBA 中国大学生篮球联赛东南赛区冠军
（后排左一为现女篮主教练崔爽，左六捧奖杯者为原主教练房纹萱）

3. 田径队

学校自 1983 年试办高水平运动队开始，就招收高水平田径运动员，组成校高水平田径队。学校高水平田径队人才济济、威名远扬，代表中国矿业大学参加江苏省及全国的比赛乃至世界比赛，都取得了辉煌的成绩，极大地提升了学校的知名

图 5-41　2019 年学校女篮荣获第二十一届 CUBA 中国大学生篮球联赛东南赛区冠军
（后排中间手捧冠军“金篮板”者为原主教练房纹萱）

图 5-42　学校女篮获得第十九届、二十届、二十一届 CUBA 中国大学生
篮球联赛东南赛区冠军“金篮板”

图 5-43　2021 年学校女篮荣获第二十三届 CUBA 中国大学生篮球联赛东南赛区冠军
（左二为主教练崔爽）

度，吸引全国众多田径高手纷纷投身到学校高水平田径队中。先后培养出田径运动健将 40 余名，为学校获得江苏省运动会高校部比赛“校长杯”及全国大学生运动会“校长杯”作出了突出贡献。校高水平田径队在历次比赛中取得的成绩见表 5-6。

表 5-6 校高水平田径队在历次比赛中取得的成绩

时　间	比　赛　名　称	获　奖　名　次
1984 年	江苏省高校田径赛	男子团体总分第一名、女子团体总分第一名
1984 年	江苏省第八届大学生运动会	男子团体总分第一名、女子团体总分第一名；金牌 24 枚、银牌 10 枚；破省纪录 15 项
1986 年	江苏省第九届大学生运动会	男子团体总分第一名、女子团体总分第一名；金牌 20 枚、银牌 11 枚；破省纪录 23 项
1986 年	第二届全国大学生运动会	男子团体总分第三名、女子团体总分第一名
1988 年	第三届大学生运动会	男子团体总分第三名、女子团体总分第一名
1989 年	南京国际马拉松邀请赛	女子第三名
1989 年	南京国际马拉松邀请赛	男子 10 000 米第三名
1989 年	南京国际马拉松邀请赛	女子 10 000 米第三名
1990 年	江苏省第十二届运动会高校部比赛	男子甲组团体总分第三名、女子甲组团体总分第六
1991 年	第一届全国大学生田径锦标赛	男子团体第四名
1992 年	第四届全国大学生运动会	第一名 1 项、第二名 1 项、第四名 1 项；1 人 1 项破大会纪录
1993 年	全国大学生田径通讯赛	男子团体总分第八名
1993 年	第二届全国大学生田径锦标赛	男子团体第二名、男女团体第四名；金牌 1 枚、银牌 2 枚、铜牌 3 枚；3 人次破 3 项赛会纪录
1994 年	第一届全国煤炭系统高校田径锦标赛	男女团体第一名、男子团体第一名、女子团体第四名；金牌 16 枚、银牌 6 枚、铜牌 3 枚
1994 年	江苏省第十三届运动会	男子团体第一名、女子团体第四名、男女团体总分第一名；金牌 13 枚、银牌 6 枚、铜牌 2 枚；3 人破 2 项省大学生纪录
1994 年	第三届全国大学生田径锦标赛	女子团体第七名、男女子团体第七名；金牌 1 枚、银牌 2 枚、铜牌 1 枚；破 1 项赛会纪录
1995 年	北京国际马拉松赛	任秀娟获得冠军
1996 年	奥运会田径选拔赛中	任秀娟获女子马拉松冠军，入选国家队
1996 年	亚特兰大奥运会	任秀娟(女)10 000 米第九名
1996 年	第五届全国大学生运动会	金牌 2 枚、银牌 1 枚、铜牌 1 枚；第四名 1 人、第五名 2 人，4 人次破赛会纪录
1997 年	第五届全国大学生田径锦标赛	女子团体第六名、男子团体第八名；金牌 1 枚、银牌 2 枚、铜牌 5 枚；1 人次破赛会纪录

表 5-6(续)

时　间	比　赛　名　称	获　奖　名　次
1998 年	第六届全国大学生田径锦标赛	女子团体第二名、男子团体第七名;金牌 4 枚、银牌 2 枚
1998 年	江苏省第十四届运动会(高校部)	男女团体总分第一名、女子团体总分第二名、男子团体总分第二名
1999 年	第七届全国大学生田径锦标赛	金牌 3 枚、银牌 3 枚、铜牌 2 枚
2000 年	第六届全国大学生运动会	金牌 1 枚、铜牌 1 枚
2001 年	第八届全国大学生田径锦标赛	金牌 1 枚、银牌 3 枚、铜牌 5 枚
2002 年	全国山地公路马拉松赛团体	第三名
2002 年	江苏省第十五届运动会高校部比赛	男、女团体总分第一名;金牌 7 枚、银牌 7 枚、铜牌 10 枚
2002 年	上海国际马拉松赛、杭州马拉松赛	女子全程赛第一名、男子全程第一名和第五名。
2002 年	第九届全国大学生田径锦标赛	男子团体总分第一名、女子团体总分第二名,男女团体总分第二名。其中金牌 4 枚、银牌 6 枚、铜牌 6 枚、第四名 6 人次、第六名 3 人次、第七名 2 人次
2003 年	深圳国际马拉松赛	女子全程第二名,男子全程第五名,男子半程第三名,女子半程第四名、第五名,女子第十二名、十六名,男子第十五名、二十名
2003 年	上海 2003“东丽杯”国际马拉松赛	葛萍莉以 2 小时 46 分 52 秒的成绩夺得冠军,再次达到国家运动健将水平
2004 年	世界大学生越野锦标赛	女子第十二名、十六名,男子第十五名、二十名
2004 年	北京国际马拉松赛	薛峰获得男子半程马拉松第一名,王静、袁丽丽分别获得女子半程马拉松第四、第五名
2004 年	上海国际马拉松赛	马英虎获男子半程冠军,王静获女子半程马拉松第四名
2004 年	第七届全国大学生运动会	团体总分第二名,获得金牌 1 枚、银牌 5 枚、铜牌 7 枚;马英虎破男子 3000 米障碍纪录获得银牌,吴京哲分别破男子 5 000 米、10 000 米纪录分获第五名、第四名
2005 年	世界定向越野锦标赛	张乃刚
2005 年	世界大学生运动会	马英虎、韩娟、刘林鹏获女子铁饼第四名
2005 年	第十届全国大学生田径锦标赛	女子乙组团体冠军、男子乙组团体第七名、男女乙组团体第四名
2006 年	江苏第十六届运动会高校部田径比赛	金牌 6 枚、银牌 10 枚、铜牌 6 枚;男女团体总分第三名、男子团体总分第二名、女子团体总分第四名

表 5-6(续)

时 间	比 赛 名 称	获 奖 名 次
2007 年	第八届全国大学生运动会	金牌 2 枚、银牌 7 枚、铜牌 4 枚
2010 年	江苏第十七届运动会高校部田径比赛	金牌 9 枚、银牌 6 枚、铜牌 3 枚;男女团体总分第二名、男子团体总分第四名、女子团体总分第二名
2011 年	第十二届全国大学生田径锦标赛	获得金牌 3 枚、银牌 2 枚,甲组团体总分第三名
2012 年	第九届全国大学生运动会	赵艳敏女子 400 米金牌、关宇微女子 100 米铜牌、王力克男子铅球第四名
2014 年	江苏省第十八届运动会高校部比赛	金牌 6 枚、银牌 6 枚、铜牌 2 枚;王立克获男甲 A 铅球金牌并破省运会纪录
2014 年	第十四届全国大学生田径锦标赛	金牌 2 枚、银牌 1 枚、铜牌 2 枚
2015 年	第十五届全国大学生田径锦标赛	男甲团体第 9 名、女甲团体第 22 名、团体总分第 16 名
2017 年	第十七届全国大学生田径锦标赛	金牌 2 枚、银牌 1 枚、铜牌 2 枚
2018 年	江苏省第十九届运动会高校部比赛	金牌 1 枚、银牌 4 枚
2018 年	第十八届全国大学生田径锦标赛	金牌 1 枚、银牌 1 枚
2019 年	第十九届全国大学生田径锦标赛	铜牌 1 枚
2020 年	江苏省大学生田径锦标赛	金牌 2 枚、银牌 4 枚、铜牌 2 枚
2021 年	江苏省大学生田径冠军赛	金牌 2 枚、银牌 1 枚、铜牌 5 枚
2021 年	第二十届全国大学生田径锦标赛	金牌 2 枚
2021 年	第十四届全国学生运动会	银牌 1 枚

学校高水平田径运动员任秀娟,代表我国参加 1996 年亚特兰大奥运会,获得女子 10 000 米第九名;女子马拉松运动员王金萍代表我国参加 2008 年北京奥运会。高水平运动员马英虎、韩娟、刘林鹏,代表我国参加 2005 年世界大学生运动会。

图 5-44　学校高水平田径运动员王金萍参加 2008 年北京奥运会

4. 艺术体操队

1984 年 6 月，江苏省高等教育局、省体委下发了《关于在南大、南工等部分院校试办高水平运动队的通知》(苏高教体〔84〕1 号)，批准中国矿业大学招收高水平艺术体操运动员。矿大艺术体操队曾代表江苏省组队，参加全国大学生运动会，并取得了优异的成绩(表 5-7)。

图 5-45 校艺术体操队比赛及赛后合影

表 5-7 校艺术体操队在历次比赛中取得的成绩

时 间	比 赛 名 称	获 奖 名 次
1988 年	第三届全国大学生运动会	个人 2 项冠军(陈唯一)
1992 年	第四届全国大学生运动会	团体第四名

5. 健美队

健美队组建于 1992 年，是学校与中国煤炭体育协会联合组建的健美队，曾代表中国煤炭体协参加全国健美锦标赛，连续三届荣获团体总分冠军，7 人次夺得各级别单项冠军，有 6 人代表国家参加亚洲和世界级比赛，1 人担任国家健美集训队队长。张庆权教授荣获世界健美协会授予的健美运动特别贡献奖。

图 5-46 校健美队员王力劲(左图)、魏媛(中图左)、张慧明(右图)

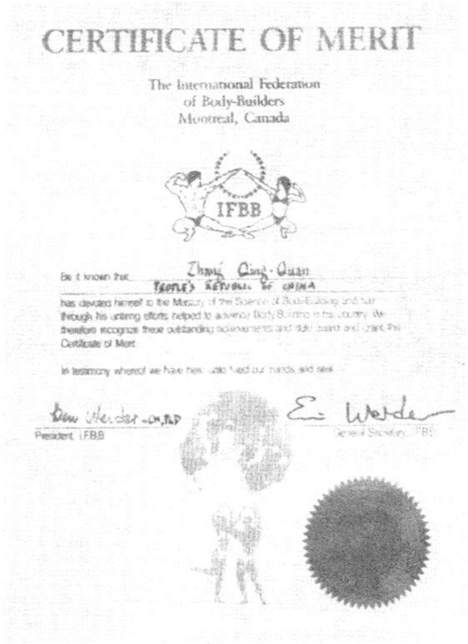
CERTIFICATE OF MERIT

The International Federation
of Body-Builders
Montreal, Canada

IFBB

图 5-47　张庆权教授荣获
世界健美协会授予的
健美运动特别贡献奖

图 5-48　1993 年煤炭健美队参加在
俄罗斯举办的国际健美赛
（后排左三为张庆权，前排右二为魏媛）

6. 武术队

武术队于 1993 年组建，由中国武术协会会员、江苏省武术协会会员、徐州市武术协会会员、武术六段、一级武士、江苏省第十届运动会武术比赛全能冠军张安君担任教练员，先后参加了全国第一、二届高等学校武术比赛及第五届大学生运动会武术比赛，成绩突出，为学校及江苏省高校取得了荣誉。1994 年 12 月，张安君担任裁判员兼教练员，学生代表在北京中医学院参加了全国高等学校武术比赛，取得了优异成绩（表 5-8）。

表 5-8　校武术队在 1994 年全国高等学校武术比赛中取得的成绩

姓名	性别	项目一	名次	项目二	名次
梁世治	男	棍术	3	剑术	3
董小峰	男	枪术	5	刀术	6

1995 年 10 月，学校参加了在福建中医学院举办的全国第二届高等学校武术比赛，荣获团体第四名。队员陈景国、王华晶被评为精神文明运动员，张安君被评为优秀教练员（表 5-9）。

图 5-49　校武术队合影

（后排左一为教练张安君）

表 5-9　校武术队在 1995 年全国第二届高等学校武术比赛中取得的成绩

姓名	性别	项目一	名次	项目二	名次
陈景国	男	棍术	1	刀术	3
梁世治	男	传统拳	2	对练	2
董小峰	男	对练	2	南拳	8
范毅	男	枪术	4	太极拳	7
王朋	男	棍术	4	长拳	7
江海红	女	传统拳	5	南拳	6
王华晶	女	对练	2	枪术	5
王娜	女	对练	2	剑术	6
谭玉梅	女	长拳	6	棍术	6
孙立英	女	刀术	6		

1996 年 8 月，学校武术队代表江苏省参加了第五届全国大学生运动会武术比赛，荣获男子团体第七名（表 5-10）。

表 5-10　校武术队在第五届全国大学生运动会武术比赛中取得的成绩

姓名	性别	项目一	名次	项目二	名次	项目三	名次
陈景国	男	长拳	1	对练	4	刀术	8
梁世治	男			对练	4		
范 毅	男			对练	4		

7. 游泳队

学校高水平游泳队组建于 1999 年，体育学院张晓侠副教授一直担任教练。多年来游泳队成绩突出，50 余人（次）夺得省级以上游泳比赛冠军，30 余人获运动健将称号，为学校勇夺“校长杯”作出了重要贡献(表 5-11)。

表 5-11　校高水平游泳队在历次比赛中取得的成绩表

时　间	比　赛　名　称	获　奖　名　次
2000 年	全国游泳锦标赛	陈秀君(女)获得 50 米仰泳亚军
2000 年	世界杯游泳赛上海站	黄珺(女)获得 200 米仰泳冠军
2000 年	全国游泳冠军赛	黄珺(女)获得女子 200 米仰泳冠军
2000 年	第六届全国大学生运动会	女甲团体总分第七名、男子 4×100 米混合泳冠军；陈诚获男子 100 米仰泳季军、黄珺(女)获女子 200 米仰泳第五名、蔡志定获男子 100 米蝶泳季军、陈秀君获女子 200 米仰泳冠军
2001 年	第五届全国大学生游泳锦标赛	金牌 1 枚、银牌 3 枚、铜牌 5 枚；女甲团体第三名、甲组团体第六名；6 人次破赛会纪录
2002 年	第十四届釜山亚运会	陈秀君(女)获得 100 米仰泳第五名
2002 年	第六届全国大学生游泳锦标赛	团体总分第三名；5 人次破赛会纪录；金牌 4 枚、银牌 6 枚、铜牌 3 枚
2002 年	江苏省第十五届运动会高校部	团体总分第三名；金牌 6 枚、银牌 8 枚、铜牌 8 枚
2003 年	全国游泳冠军赛	陈秀君获得女子 200 米仰泳冠军、黄珺获得女子 200 米仰泳冠军
2003 年	全国游泳锦标赛	陈秀君获得女子 100 米仰泳季军、黄珺获得女子 200 米仰泳冠军
2003 年	世界杯短池游泳系列赛南非站	陈秀君获得 200 米仰泳第五名
2004 年	第七届全国大学生运动会	1 人次破赛会纪录
2004 年	雅典奥运会	4×100 米混合泳接力第四名
2005 年	第十届全国运动会	王鹏远获得男子 100 米自由泳第五名
2005 年	世界青年奥林匹克游泳比赛	孙鹏获得 100 米自由泳、4×100 米混合泳、4×100 米自由泳三个冠军
2005 年	第七届全国大学生游泳锦标赛	男女团体甲组第二名、男子甲组团体第二名、女子团体甲组第三名；金牌 5 枚、银牌 8 枚、铜牌 8 枚
2005 年	世界杯游泳赛上海站	王鹏远获得男子 4×200 米自由泳第四名
2006 年	全国青年游泳锦标赛	孙鹏获得 100 米自由泳亚军
2006 年	全国春季游泳锦标赛	孙鹏获 50 米自由泳冠军、100 米自由泳冠军
2006 年	全国游泳锦标赛暨奥运选拔赛	孙鹏获得 4×200 米自由泳季军、4×100 米自由泳第四名
2007 年	全国春季游泳锦标赛	孙鹏获得 50 米自由泳冠军

表 5-11(续)

时　间	比　赛　名　称	获　奖　名　次
2007 年	全国游泳冠军赛奥运会选拔赛	孙鹏获得 100 米自由泳第八名、4×100 米自由泳亚军
2007 年	全国游泳锦标赛奥运会选拔赛	孙鹏获得 4×100 米自由泳季军
2008 年	全国游泳冠军赛奥运会选拔赛	孙鹏获得 4×100 米自由泳季军
2008 年	第九届全国大学生游泳锦标赛	甲组团体第四名;金牌 3 枚、银牌 2 枚、铜牌 2 枚
2009 年	第十届全国大学生游泳锦标赛	男女团体总分第三名、女子团体第三名、男子团体第四名;金牌 1 枚、银牌 4 枚、铜牌 2 枚
2010 年	江苏第十七届运动会高校部游泳比赛	单项夺得 6 枚金牌、9 枚银牌、11 枚铜牌;男子团体总分第 1 名、女子团体总分第 3 名、男女团体总分第 2 名
2010 年	第十一届全国大学生游泳锦标赛	单项夺得 2 枚金牌、3 块银牌、4 块铜牌;团体总分第三名,女子团体第三名、男子团体第四名
2012 年	第九届全国大学生运动会	高琳琳甲组 400 米混合泳铜牌,宫雅楠女子甲组 200 米混合泳第四名
2014 年	江苏省第十八届运动会高校部游泳比赛	团体获 3 金 1 银;单项获 16 金、7 银、7 铜
2017 年	第二十九届世界大学生夏季运动会游泳项目选拔赛	朱晓彤获得女子 50 米自由泳冠军,代表中国参加第二十九届世界大学生夏季运动会
2019 年	第十九届全国大学生游泳锦标赛	获铜牌 4 枚
2020 年	江苏省大学生游泳冠军赛(高水平组)暨第十四届全国学生运动会江苏省游游泳(第三次)选拔赛 2020 江苏省高校高水平游泳比赛	金牌 8 枚、银牌 17 枚、男子 4×200 米自由泳接力金牌,女子 4×100 米混合泳接力金牌,团体总分亚军
2021 年	第二十届中国大学生游泳锦标赛暨第三十一届世界大学生夏季运动会游泳项目选拔赛	金牌 1 枚、银牌 1 枚、铜牌 3 枚

2002 年,学校高水平游泳队队员陈秀君,作为火炬手并代表我国参加第十四届釜山亚运会。

8. 网球队

学校高水平网球队组建于 2004 年,参加了第九届及之后的历届全国大学生网球锦标赛和江苏省运动会高校部的比赛,获得了优异的成绩。先后担任过网球队教练的有程杰、孙天明、孙志鹏、戴飞、刘冠林。

图 5-50　学校高水平游泳队队员陈秀君作为火炬手参加第十四届釜山亚运会

图 5-51　校游泳队队员参加比赛现场

图 5-52　时任校长谢和平看望校游泳队队员并合影

图 5-53　校高水平网球队参加江苏省第十七届运动会获奖后合影

（左图中为教练员孙志鹏）

表 5-12　校网球队在历次比赛中取得的成绩

时间	比　赛　名　称	获　奖　名　次
2004 年	第九届全国大学生网球锦标赛	男子甲组团体总分亚军、男子双打第五名
2005 年	第十届全国大学生网球锦标赛	男子业余组团体第四名、单打第六名、女子单打冠军；男子专业组单打第五名
2006 年	第十一届全国大学生网球锦标赛	男子甲组团体亚军、男子双打第五名

表 5-12(续)

时间	比　赛　名　称	获　奖　名　次
2006 年	江苏第十六届运动会高校部比赛	男子团体冠军、女子团体季军、女子单打冠军,并且与田径、游泳、篮球队一起获得江苏省运动会的“校长杯”
2007 年	第十二届全国大学生网球锦标赛	团体赛亚军、男子双打亚军、男子单打第五名
2009 年	第十四届全国大学生网球锦标赛	男子团体赛第五名、男子双打第五名、男子单打第五名
2010 年	第十五届中国大学生网球锦标赛	丙组第七名
2012 年	第十七届大学生网球锦标赛	男子乙组团体十六强、男子双打十六强、男子单打十六强
2013 年	第十八届大学生网球锦标赛	男子乙组团体十六强、男子单打十六强
2013 年	江苏第十七届运动会高校部比赛	男子团体第二名;女子团体第三名、男子双打亚军,男子单打第五名;女子双打季军,女子单打季军
2014 年	第十九届大学生网球锦标赛	男子丁组团体第五名、男子单打第三名;男子乙组团体十六强、男子双打第七名
2015 年	第二十届大学生网球锦标赛	男子丙组团体第三名、女子丙组团体第三名;女子乙组团体第八名、男子丁组双打第八名
2016 年	第二十一届大学生网球锦标赛	男子丙组团体第六名、女子乙组团体第六名、男子丙组双打十六强
2017 年	第二十二届大学生网球锦标赛	男子乙组团体第七名、女子乙组团体第六名、男子丙组团体第六名
2018 年	第二十三届大学生网球锦标赛	男女团体第四名
2019 年	全国大学生华东赛区网球比赛	男子乙组团体第七名、男子丙组团体第六名
2020 年	江苏省大学生网球锦标赛(高水平组)	男子单打亚军、季军、第五名;男子双打亚军、第五名;女子单打第五名、双打第五名
2021 年	第二十五届中国大学生网球锦标赛(总决赛)	丙 A 组男子团体第八名

9. 定向越野运动队

学校从 2002 年起组建定向越野运动队,教练由武装部乔兰波老师担任,隶属于校武装部管理。经过多年的努力与拼搏,学校定向越野运动队已经成为全国高校实力突出的代表队,威名远扬。(表 5-13、表 5-14)

表 5-13　校定向越野运动队获奖一览表

时间	获　得　奖　项	颁　发　单　位
2009 年	江苏省定向运动训练基地	江苏省无线电和定向运动协会
2009 年	全国十佳运动队	中国大学生体育协会定向运动分会

表 5-13(续)

时间	获　得　奖　项	颁　发　单　位
2012 年	2008—2010 年度全国学生定向运动先进单位	中国大学生体育协会定向运动分会
2013 年	2008—2012 年度中国学生定向运动“突出贡献单位”	中国大学生体育协会定向运动分会
2014 年	2013—2014 年度全国学生定向运动先进集体	中国大学生体育协会定向运动分会
2017 年	2015—2017 年度中国学生定向先进集体	中国大学生体育协会定向分会
2018 年	2017 年全国无线电测向锦标赛优秀基层单位	国家体育总局中国无线电测向协会
2019 年	江苏省开展无线电测向和定向活动先进单位	江苏省无线电和定向运动协会
2019 年	全国青少年无线电测向锦标赛优秀基层组织单位	国家体育总局、中国无线电测向协会

表 5-14　校定向越野运动队在历次比赛中取得的成绩

时　间	比　赛　名　称	获　奖　名　次
2006 年	全国定向越野锦标赛	男子队首次跻身全国三甲行列
2010 年	全国学生定向越野赛	女子定向队荣获接力赛冠军
2011 年	江苏省第九届“测绘杯”定向赛	单项 6 枚金牌、团体 2 枚金牌
2012 年	第九届全国大学生运动会	女子接力赛季军、团队赛季军、女子团体总分第五名
2012 年	第三届亚洲定向锦标赛	男子接力赛银牌、女子接力赛铜牌;谭江明夺得男子中距离赛个人银牌
2013 年	全国定向锦标赛	谭江明获男子精英组百米个人赛冠军、中距离个人赛冠军;韩小田获女子精英组积分个人赛冠军;邓丰获男子精英组积分个人赛冠军;梁诗敏获女子精英组积分个人赛第三名;邓海波获男子精英组中距离个人赛第四名
2014 年	江苏省第十八届运动会高校部定向比赛	女子接力赛冠军、男子接力赛亚军,包揽女子短距离赛前三名、男子短距离赛冠亚军
2014 年	全国学生定向锦标赛	男子精英组冠军、女子精英组季军;个人项目共夺得 2 个冠军、1 个亚军、2 个季军、3 个第四名、3 个第五名、2 个第七名。谭江明、邓海波入选 2014 年中国大学生男子定向队
2014 年	全国定向公开赛	获 15 枚奖牌(7 金 7 银 1 铜),接力赛团体亚军
2014 年	中国大学生定向精英个人赛	获得 6 枚金牌、3 枚银牌
2015 年	全国学生定向锦标赛 全国定向锦标赛	1 个冠军、3 个亚军、1 个第四名、2 个第五名、1 个第六名、2 个第七名。梁嘉敏入选中国无线电测向队
2015 年	第十届亚洲无线电测向锦标赛	梁嘉敏代表中国,获得 4 金 1 银的优异成绩

表 5-14(续)

时　间	比　赛　名　称	获　奖　名　次
2016 年	全国学生定向锦标赛	高校精英组男子团体总分第二名,梁嘉敏取得高校精英女子组百米个人赛第三名
2016 年	第五届亚洲定向锦标赛	李威超获男子中距离个人赛亚军、短距离个人赛第四名
2016 年	全国军事课教学展示(无线电测向)	团体一等奖
2016 年	江苏省定向锦标赛	男子短距离、中距离个人赛前三名,男子接力第一名、百米赛第二、三名,梁嘉敏获高校女子组 2 金 1 银
2017 年	江苏省无线电测向锦标赛	男子 80 米波段团体冠军,梁嘉敏获女子个人赛冠军,李威超获男子个人赛冠军
2017 年	全国青少年无线电测向锦标赛	梁嘉敏获大学女子组四个单项赛冠军;陈雪娇获个人单项赛 2 个亚军、2 个季军;祁晓燕获个人单项赛 2 个第三名、1 个第五名;李威超获大学男子组个人单项赛 1 个亚军、1 个季军;杨光获个人单项赛 1 个季军、1 个第五名。获大学女子组团体亚军,大学男子组团体季军
2017 年	第十一届亚洲无线电测向锦标赛	陈雪娇获得个人赛 2 枚银牌,团体金牌 2 枚
2018 年	全国无线电测向锦标赛	梁嘉敏、祁晓燕、陈雪娇包揽大学女子组 3 个团队赛冠军;杨光、李威超、佟利军夺得大学男子组 2 个团队赛冠军;杨光、梁嘉敏分获大学男、女组个人全能冠军
2018 年	江苏省第十九届运动会高校部比赛	金牌 13 枚,团体总分第一名
2018 年	全国青少年无线电测向赛 全国无线电测向锦标赛	团体赛大学女子组 80 米波段赛和 2 米波段赛冠军;个人赛佟利军获大学男子组 80 米波段赛金牌、杨光获大学男子组 2 米波段赛银牌;陈雪娇获大学女子组 2 米波段赛银牌、80 米波段赛铜牌,并荣获个人全能第二名
2019 年	江苏省无线电测向锦标赛	女子 80 米波段、2 米波段接力赛团体冠军;男子 2 米波段接力赛团体亚军、80 米波段接力赛团体季军;陈雪娇夺得女子个人赛两个冠军,佟利军夺得男子个人赛亚军和季军,李学俊夺得男子个人赛亚军,梁嘉敏夺得女子个人赛两个季军
2019 年	2019 年世界定向排位赛暨定向亚洲杯	佟利军、李学俊、李辉包揽 M21 组别比赛前三名,梁嘉敏夺得 W21 组别比赛冠军

图 5-54　校定向队比赛获奖后合影

（左图后排、右图中立者为教练乔兰波）

图 5-55　校领导与校定向队合影

时任教育部大学生体协定向运动分会副主席、校党委副书记曹德欣（前排右二）出席 2015 年全国学生定向锦标赛开幕式

10. 女子足球队

2017 年 12 月，《教育部办公厅关于公布 2017 年普通高校高水平运动队技术调整结果的通知》（教体艺厅函〔2017〕65 号）发布，文件附件《2018 年有资格举办高水平运动队的高等学校及运动项目》中，学校具备举办高水平运动队的资格，招生项目调整为田径、篮球、网球、游泳、足球五个项目。

学校从 2018 年起开始招收足球项目高水平运动员，其中 2018 年招收 6 名。2019 年招收 3 名，2020 年招收 7 名，另外 2019 年招收了 10 名"运动训练"专业的女子足球专项学生，此时学校女子高水平足球队组队基本完成，徐碧鸿老师担任教练员。

2020 年 12 月，学校女子高水平足球队首次组队参加在河海大学举办的"2020 年江苏省'省长杯'大学生足球联赛"（女子高水平组）。经过运动员、教练员的顽强拼搏，获得比赛季军。前两名的学校是拥有专业注册运动员及省队球员的高校（江苏师范大学和江苏大学），中国矿业大学获得季军的成绩实属不易。

2021年6月,校女子足球队组队以来首次参加全国青少年校园足球联赛(大学组)高水平组女子甲级联赛,校女足面对实力强劲的对手毫不胆怯,先后点杀对手,提前一轮挺进全国十六强;在联赛淘汰赛环节的比赛中,校女足战胜对手曲阜师范大学,挺进全国八强!

图5-56 参加2020年江苏省"省长杯"大学生足球联赛

(后排右一为教练员徐碧鸿)

(三)体育运动及高水平运动队获得的成就

体育代表队是学校体育发展不可缺少的重要力量,是激发学校奋进精神的组成部分。学校十分重视代表队的建设、训练和比赛,体育代表队不负众望取得了令人瞩目的优异成绩,学校的体育运动多次受到表彰。(表5-15、表5-16、表5-17)

表5-15 学校体育运动获国家级表彰情况

时间	获得奖项	颁发单位
1958年	全国体育运动红旗院	国家体委
1992年	全国普通高校体育课程评估优秀学校	国家教委
1993年	全国群众体育先进单位	国家体委
1993年	全国高等院校课余训练试点先进学校	中国大学生体育协会
1996年	贯彻《学校体育工作条例》先进学校	国家教委
1997年	全国群众体育先进集体	国家体委
2000年	贯彻《学校体育工作条例》先进学校	教育部
2005年	全国群众体育先进单位	国家体育总局
2005年	全国高校高水平运动队建设评估优秀学校	教育部
2007年	贯彻《学校体育工作条例》先进学校	教育部
2009年	全国群众体育先进单位	国家体育总局
2019年	"突出贡献奖"	中国大学生体育协会

表 5-16　学校体育运动获省级表彰情况

时　间	获　得　奖　项	颁　发　单　位
1986 年	江苏省高校体育工作先进集体	江苏省教委
1986 年	江苏省群众体育工作先进集体	江苏省体委
1993 年	江苏普通体育课课程优秀课程	江苏省教委
1993 年	江苏省学校施行《锻炼标准》工作先进单位	江苏省体委、教委
1994 年	江苏省群众体育工作先进集体	江苏省体委
1994 年	江苏省高校《优秀体育课教学大纲》(基础课大纲)	江苏省教委
1994 年	江苏省高校《优秀体育课教学大纲》(篮球课大纲)	江苏省教委
1996 年	江苏省普通高等学校贯彻《学校体育工作条例》优秀学校	江苏省教委
1996 年	江苏省学校实施《锻炼标准》工作先进单位	江苏省教委
1998 年	江苏省普通高校先进体育教研室(系、部)	江苏省教委
1998 年	江苏省群众体育工作先进集体	江苏省体委
1998 年	江苏省第十四届运动会高校部“校长杯”	江苏省体委
2002 年	江苏省第十五届运动会高校部“校长杯”	江苏省体委
2006 年	江苏省第十六届运动会高校部“校长杯”	江苏省体委
2007 年	江苏省参加第八届全国大学生运动会“特殊贡献奖”	江苏省体委
2008 年	江苏省体育教育工作先进单位	江苏省教育厅
2010 年	江苏省第十七届运动会高校部“校长杯”	江苏省教育厅
2012 年	2008—2010 年度全国学生定向运动先进单位	教育部大学生体协
2013 年	定向运动“突出贡献单位”	教育部大学生体协
2014 年	江苏省第十八届运动会高校部“校长杯”	江苏省教育厅
2018 年	江苏省群众体育“先进单位”	江苏省体育局
2018 年	江苏省第十九届运动会高校部“校长杯”	运动会组委会

表 5-17　学校体育获全国大学生运动会“校长杯”情况

时　间	届　次	举　办　地　点	获　得　名　次
1988 年	第三届全国大学生运动会	南京	1
1992 年	第四届全国大学生运动会	武汉	6
1996 年	第五届全国大学生运动会	西安	5
2004 年	第七届全国大学生运动会	上海	9
2007 年	第八届全国大学生运动会	广州	11
2012 年	第九届全国大学生运动会	天津	
2021 年	第十四届全国学生运动会	青岛	

图 5-57 学校获得的历届"校长杯"奖杯

第四节 体育学科建设

学校自焦作工学院起就具有优良的体育传统，北京矿业学院时期达到第一次辉煌，四川矿业学院时期保持了体育的优良传统，学校搬迁至徐州办学后，特别是学校开创全国普通高校招收高水平运动员先河以后，学校体育工作的方方面面都达到了全国领先水平。运动队建设、高水平运动员成绩突出；公共体育课程教学及改革处于全国高校领头羊地位；学校群众性体育活动的开展受到教育部、国家体育总局的表彰，荣获"全国群众体育先进单位"称号。

1993 年，随着社会变革和发展的需求，高等学校办学思想也随之转变。体育专业人才的培养，由体育专业院校和师范类体育系的传统模式逐渐向理、工等各类非体育专业院校渗透和延伸。中国矿业大学不失时机地把握了这一发展方向，从学校体育工作的传统"三项工作"(公共体育课程教学、运动队训练比赛、群众性体育活动)，拓展到体育专业的人才培养，从而使学校体育机构和职能发生了历史性的变革。根据国家和学校的发展，体育部制订了较为详细的《体育学科建设规划(草案)》，并逐步推进、实施，为我校体育学科实现跨越式发展奠定了基础。

一、体育学院学科建设起步与发展

1. 从"体育大专班""体育专业证书"到"武秘班""现代秘书"发展历程

1991 年，学校体育部副主任张庆权教授，经过实地调研和考察，发现全国煤炭系统各中小学体育师资匮乏，是学校体育专业建设的极好机遇。经过多方协商，在

体育学科建设规划（草案）

根据学校综合改革方案和争取"211工程"的实施意见。我校体育教育和体育学科要相应的发展。在"8.5"期间充实内涵，提高质量保持我校在全国高校中的先进地位。"9.5"期间我校的体育教育和体育学科要继续提高和发展，争取达到国际同类大学的先进水平。

一、指导思想：

学校体育教育的主体是大学本科学生、相应发展专科生，研究生、成人教育的体育，使他们在体育知识、体育技能、身体素质和运动品德诸方面全面提高。在德、智、体全面发展中，高质量、高水平的实现体育的培养目标。

我校要逐步实现体育专业学科各层次的建设，首先开办体育专科再逐步开办体育本科。"9.5"期间招收"体育教学理论与方法"专业研究生，并建成硕士点。

我校的体育教学、运动训练、群众体育现已属全国先进行列。我校体育的普及、提高和发展，是贯彻党的教育方针的重要组成部分，是提高我校声誉的重要窗口。

二、体育学科现状：

1. 大学公共课（包括专科、本科、研究生、成人教育）每学期180班左右。体育教学水平教学质量优良。1991年获江苏省体育教学评估先进单位称号。1992年获国家教委授予的全国体育教学评估"优秀学校"称号。1993年被评为学校和江苏省的优秀课程。

2. 群众性体育运动多年经常广泛开展，在校学生的综合体质水平超过全国同龄青年的平均水平。每年"国家体育锻炼标准"的达标率在95%以上。多年来多次被评为省级和全国的"群众体育先进集体"。1993年在第七届全国运动会上被评为"全国群众体育先进单位"受到表彰。

3. 国家教委确定我校为高水平运动队试点校，1993年国家教委单项和集体冠军。1988年第三届全国大学生运动会上我校获得"校长杯"第一名。1992年全国第四届大学生运动会上，我校获得"校长杯"第六名。十年来，我校篮球、长跑、健美、等项运动员多人代表中国大学生和国家参加世界大学生运动会、亚洲锦标赛和多种类型的国际比赛。

4. 近年来我校在"体育教学理论""健身运动的原理与方法"和运动训练原理与实践"等方向上进行大量的研究工作，至今已发表115篇论文和4本专著。1991年承办一次全国性体育科研报告会。

5. 学校现有田径场、体育馆、健身房和相当数量的篮、排、乒乓、体操场地，总计使用面积37683M^2和摄像机、录相机、计算机等仪器设备及相应的体育设施。

6. 本学科现有教授2人副教授8人讲师11人和近30人的青年体育教师和体育教学辅助人员，具有较高的体育理论和实践水平。

三、体育学科规划：

1. 以大学公共体育课为基础，加强体育知识、技能、技术和发展身体素质教育。广泛开展群众体育运动、增强学生体质，办好高水平运动队、创造优良成绩。努力保持我校体育在全国高校中的先进地位。

2. 1993年建立体育专科、设"体育教育"与"武秘"二个专业方向。1994年增设"体财"专业方向。1996年建立本科。"九五"期间招收研究生，并建立"体育教学理论与方法"硕士点。94或95年武秘专业开展与国外多种形式联合办学（或派教师在对方国家授课或由对方国家组织留学生来国内学习等）。

3. 体育部现有教师40人，高级职称按35%比例，应逐步设置正教授3人、副教授11人、共计14人。即"八五"期间晋升教授1人，达到正教授3人。晋升副教授3人，达到副教授11人。在体育专业建立后，教师人数相应增加。"九五"期间半数以上青年教师达到研究生水平。

4. 在现有的三个研究方向上，继续研究和提高形成有关系统理论和实践，发表相应的论文与专著。

"体育教学理论"：学术带头人：赭孝林（付教授）

二梯队成员：张 强（付教授）

"健身运动原理与方法"：张庆权（教授）、王朝军（付教授）

"运动训练原理与实践"：马中华（教授）、赵景森（付教授）

5. 体育场馆与设施建设规划：

①. 第二田径场，篮、排球场、网球场："8.5"期间建成，"9.5"期间铺塑胶面。

②. 室内运动场地：3000M^2的体育馆，200米围道100米直道的田径馆、25M×50M的室内游泳馆、800M^2的体操、武术馆，800M^2的乒乓球、羽毛球馆。"八五"期间开始建设，"九五"期间达到国际先进大学的水平。

③. 实验室；运动解剖实验室、运动生理实验室、运动医学实验室、电化教育室。"八五"期间初步建立，"九五"期间完善，达到国内体育专业先进水平。

④. 计算机室："八五"期间设置20台微机，"九五期间达到40台微机。

⑤. 汽车驾驶模拟教学室：设置40个实习仓位和10台实习专用车辆。保证80名学员的教学需要。"八五"期间开始建设，"九五"期间完善提高。

⑥. 建立具有完善体育图书资料的体育资料室。"八五"期间达到藏书和技术资料一万册。"九五期间达到藏书和技术资料三万册。

中国矿业大学体育部

1993年4月25日

图 5-58　体育部 1993 年制订的《体育学科建设规划（草案）》

校领导和有关方面的大力支持下，经学校报请煤炭部科教司和中国煤炭体育协会批准，学校开办了体育师资班（学制 1 年），为煤炭系统各矿务局所属中小学校培养体育教师，由中国矿业大学颁发专科学历证书（在煤炭系统内承认学历）。可以说，张庆权教授是中国矿业大学体育专业学科建设的奠基人。

1992 年，在体育师资班的基础上，为满足煤矿职工体育锻炼指导和管理人才的需要，提高各大矿务局专业运动队退役运动员理论水平及学历层次，在全国煤矿招收退役运动员进行培训的背景下，学校开办体育专科班（学制 2 年），继续为煤炭系统各矿务局所属中小学校培养体育教师。先后招收平顶山矿务局、峰峰矿务局、邯郸矿务局、临沂矿务局、阜新矿务局、徐州矿务局等全国各矿务局退役的篮球、排球、田径、举重、健美等专项运动员，进行学历教育。按大纲计划培养合格后，由中国矿业大学颁发专科毕业证书（成人教育）。同时由于培训时间需要，开设 1 年制的体育专业证书班。毕业后颁发中国矿业大学大专层次毕业证书。

1993 年，在体育师资班、体育大专班办学取得成效后，为满足社会对复合型人才的需要，经过大量的市场调查和访谈，体育部与学校成人教育学院共同开办面向全国招生的武术秘书班（学制 1 年），培养"通文秘、善公关、懂管理、能搏击，并具有法定驾驶资格"，集办公室文秘、财务管理、保卫保镖、驾驶员等多种技能于一身的复合型"武术秘书"。在校内聘请文秘专业、财务管理专业、办公自动化等专业的优秀教师授课，进行理论知识讲授；每天安排有实战经验的武术、擒拿格斗教师对学生进行武术训练，同时聘请徐州市公安局散打队总教练为学员进行散打训练。

为更好地提高教学质量，积极购入相关教学设备、用品，先后建立了摄影实验室、散打专用训练比赛场地等。并先后引进武汉体育学院散打专业毕业生欧阳文、杨家坤老师，加强武术、散打教学。

与空军后勤学院汽车团进行合作，为学生开展为期四个月的驾驶培训。学生经过专业汽车驾驶培训，掌握了较高的驾驶技术，对具备了常见故障的处理能力。

从1996年初起，为适应社会发展及学生学历教育的需要，“武术秘书”改为“现代秘书”，并纳入国家承认学历的国民系列高等教育系列，学生经参加全国成人高考取得入学资格后，全日制在校学习两年。体育部负责专业、思想、课程培养教育，成人教育学院负责学籍管理，完成教学大纲规定的课程和要求后，颁发全国统一的成人教育专科毕业证书。现代秘书专业招生，一直持续到1999年。专业办成了远近闻名的特色专业，1998年被评为江苏省特色专业。

图5-59　体育大专班、武术秘书和现代秘书班开学典礼

随着我国社会经济的发展和改革开放的深入，各行各业都发生了巨大变化。受国家高等教育政策的调整及学校办学理念及格局调整等诸多因素的影响，现代秘书专业于2000年停止招生。

在进行“现代秘书”专业驾驶技能培训的同时，为适应我国社会经济飞速发展，满足居民对驾驶技术学习的需要，体育部先后与大湖汽车驾驶员培训基地、徐州市公安局车辆管理所、徐州广安驾驶员培训中心等部门沟通协调，决定对有需求的在校大学生进行汽车驾驶培训。矿大体育部成立大学生汽车驾驶培训中心，负责招收、审核符合条件的在校大学生；徐州市公安局车管所负责学员体检、

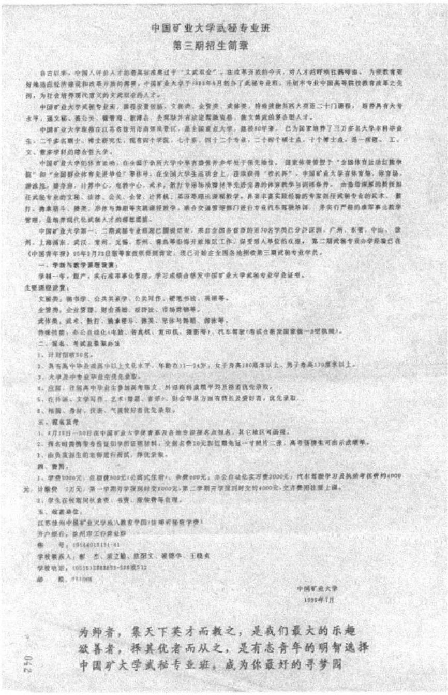

中国矿业大学武秘专业班

第三期招生简章

为师者，集天下英才而教之，是我们最大的乐趣

欲善者，择其优者而从之，是有志青年的明智选择

中国矿大学武秘专业班，成为你最好的寻梦园

中国矿业大学

1995年7月

042

图 5-60　武秘班招生简章

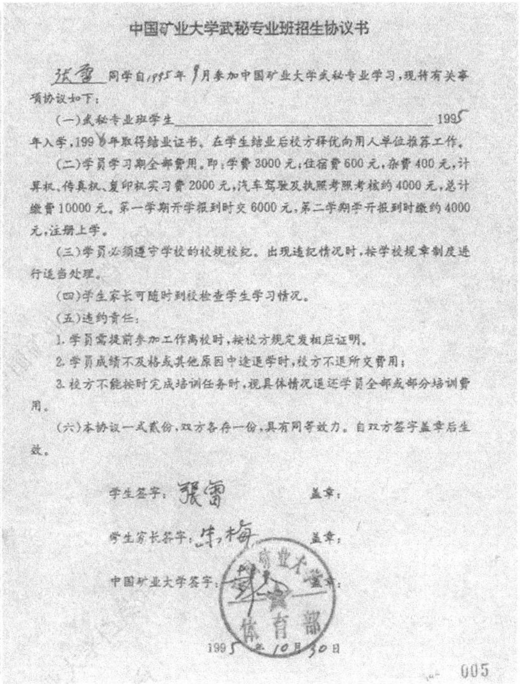

中国矿业大学武秘专业班招生协议书

张雷 同学自1995年9月参加中国矿业大学武秘专业学习，现将有关事项协议如下：

（一）武秘专业班学生__________1995年入学，1996年取得结业证书。在学生结业后校方择优向用人单位推荐工作。

（二）学员学习期全部费用。即：学费3000元，住宿费600元，杂费400元，计算机、传真机、复印机实习费2000元，汽车驾驶及执照考照考核约4000元，总计缴费10000元。第一学期开学报到时交6000元，第二学期学开报到时缴约4000元，注册上学。

（三）学员必须遵守学校的校规校纪。出现违纪情况时，按学校规章制度进行适当处理。

（四）学生家长可随时到校检查学生学习情况。

（五）违约责任：

1. 学员需提前参加工作离校时，按校方规定发相应证明。

2. 学员成绩不及格或其他原因中途退学时，校方不退所交费用；

3. 校方不能按时完成培训任务时，视具体情况退还学员全部或部分培训费用。

（六）本协议一式贰份，双方各存一份，具有同等效力。自双方签字盖章后生效。

学生签字：张雷　　盖章：

学生家长签字：朱梅　　盖章：

中国矿业大学签字：　　盖章：

1995年10月30日

005

图 5-61　武秘班招生协议书

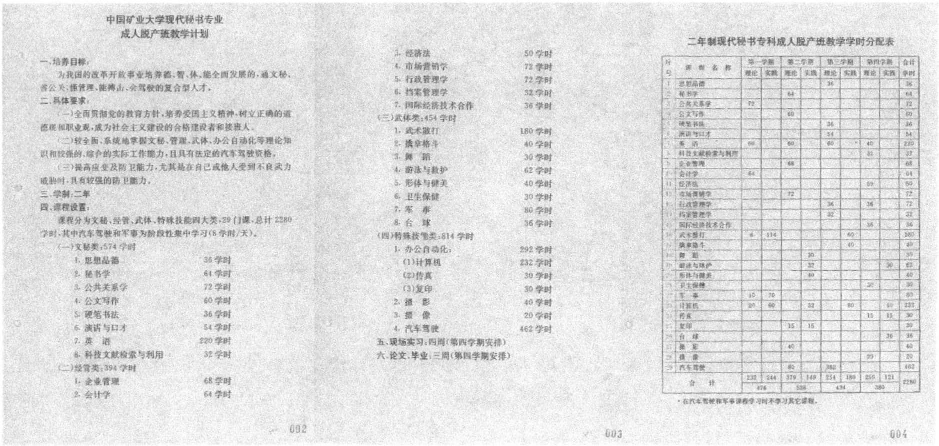

中国矿业大学现代秘书专业

成人脱产班教学计划

一、培养目标：

为我国的改革开放事业培养德、智、体、能全面发展的，通文秘、善公关、懂管理、能搏击、会驾驶的复合型人才。

二、具体要求：

（一）全面贯彻党的教育方针，培养爱国主义精神，树立正确的道德观和职业观，成为社会主义建设的合格建设者和接班人。

（二）较全面、系统地掌握文秘、管理、武体、办公自动化等理论知识和较强的、综合的实际工作能力，且具有法定的汽车驾驶资格。

（三）提高应变及防卫能力，尤其是在自己或他人受到不良武力威胁时，具有较强的防卫能力。

三、学制：二年

四、课程设置：

课程分为文秘、经管、武体、特殊技能四大类，29门课，总计2280学时，其中汽车驾驶和军事为阶段性集中学习（8学时/天）。

（一）文秘类：574学时

1. 思想品德　36学时
2. 秘书学　64学时
3. 公共关系学　72学时
4. 公文写作　60学时
5. 硬笔书法　36学时
6. 演讲与口才　54学时
7. 英　语　220学时
8. 科技文献检索与利用　32学时

（二）经管类：394学时

1. 企业管理　68学时
2. 会计学　64学时

002

3. 经济法　50学时
4. 市场营销学　72学时
5. 行政管理学　72学时
6. 档案管理学　32学时
7. 国际经济技术合作　36学时

（三）武体类：454学时

1. 武术散打　180学时
2. 擒拿格斗　40学时
3. 舞　蹈　30学时
4. 游泳与救护　62学时
5. 形体与健美　40学时
6. 卫生保健　30学时
7. 军　事　80学时
8. 台　球　36学时

（四）特殊技能类：814学时

1. 办公自动化：　292学时
   （1）计算机　232学时
   （2）传真　30学时
   （3）复印　30学时
2. 摄　影　40学时
3. 摄　像　20学时
4. 汽车驾驶　462学时

五、现场实习：四周（第四学期安排）

六、论文、毕业：三周（第四学期安排）

003

二年制现代秘书专科成人脱产班教学学时分配表

序号	课程名称	第一学期		第二学期		第三学期		第四学期		合计
		理论	实践	理论	实践	理论	实践	理论	实践	学时
1	思想品德					36				36
2	秘书学			64						64
3	公共关系学	72								72
4	公文写作			60						60
5	硬笔书法					36				36
6	演讲与口才					54				54
7	英语	60		60		60		40		220
8	科技文献检索与利用							32		32
9	企业管理			68						68
10	会计学	64								64
11	经济法							50		50
12	市场营销学			72						72
13	行政管理学					36		36		72
14	档案管理学					32				32
15	国际经济技术合作							36		36
16	武术散打	6	114				60			180
17	擒拿格斗						40			40
18	舞蹈				30					30
19	游泳与救护				32				30	62
20	形体与健美				40					40
21	卫生保健							30		30
22	军事	10	70							80
23	计算机	20	60		32		80		40	232
24	传真							15	15	30
25	复印			15	15					30
26	台球								36	36
27	摄影			40						40
28	摄像							20		20
29	汽车驾驶			80		382				462
	合计	232	244	379	149	254	180	259	121	2280
		476		528		434		380		

* 在汽车驾驶和军事课程学习时不学习其它课程。

004

图 5-62　现代秘书专业成人脱产班教学计划

理论培训、考试、发证等一系列工作；大湖驾驶员培训基地负责学生驾驶技能培训。三方签订协议，按计划进行培训、考试、发证等一系列工作。

此项工作一直持续到 1999 年，共开 8 期培训班，培养约 3 000 余名学生驾

图 5-63 现代秘书专业学生进行计算机操作

图 5-64 现代秘书专业学生进行散打练习

驶员。

2. 体育本科专业起步与发展

招生、教学、管理等方面取得成绩的同时，体育部各个方面的工作都取得良好进展；随着体育部办学条件的逐步完善、师资力量的逐步增强，在学校党政领导的支持下，体育部积极申报体育本科专业，成为学科建设的新起点。

2000 年 1 月，根据《教育部关于公布 1999 年度经教育部备案或批准设置的高等学校本科专业名单的通知》（教高函〔2000〕2 号），学校获批“社会体育”本科专业招生资格。2000 年 6 月，“体育部”更名为“体育系”；同年 9 月，首届“社会体育”专业本科 36 名学生顺利入学，体育系学科建设迈上新台阶。

2003 年 12 月，撤销体育系，成立“中国矿业大学体育学院”。

2004 年 3 月，根据《教育部关于公布 2003 年度经教育部备案或批准设置的高等学校本科专业名单的通知》（教高函〔2004〕3 号），批准学校设置“体育教育”本科专业，自 2004 年开始招生。同年 9 月，首届“体育教育”专业本科 29 名学生顺利入学。

2013 年，“体育教育”本科专业停止招生，申请置换为“运动训练”专业。

2015 年 3 月 16 日，根据《教育部关于公布 2014 年度普通高等学校本科专业备案或审批结果的通知》（教高函〔2015〕2 号），学校获批“运动训练”本科专业招生资格。2019 年招收第一届“运动训练”专业学生。

3. 体育硕士研究生招生与培养

为了学院的学科发展登上更高的台阶，构建完整的体育学科体系，在学校党政领导和相关部门的大力支持与帮助下，学院积极申报体育专业硕士点。

2003 年 9 月，国务院学位委员会批准中国矿业大学“体育教育训练学”硕士学位研究生招生资格，并具有硕士学位授予权。学院于 2004 年 9 月招收第一届“体育教育训练学”硕士研究生。

2004 年 5 月，教育部批准中国矿业大学正式成立研究生院，为学校体育专业硕士点的申报提供了更好的机遇。

2006 年 1 月,学校获批“体育人文社会学”硕士点,于 2007 年 9 月招收第一届“体育人文社会学”硕士研究生。至此,学校在体育学科建设上实现了 2 个体育本科专业、2 个体育硕士专业的跨越式发展。

图 5-65　2006 级硕士毕业生与导师合影

2019 年 5 月 6 日,经国务院学位委员会第三十五次会议审议批准,发布《国务院学位委员会关于下达 2018 年动态调整撤销和增列的学位授权点名单的通知》(学位〔2019〕8 号),中国矿业大学“体育学”一级学科硕士点获批。获批一级学科后,体育学院硕士研究生招生专业将从原来的“体育教育训练学”和“体育人文社会学”2 个二级学科硕士点扩展至包括“运动人体科学”和“民族传统体育”在内的 4 个二级学科方向。这将为学院的学科建设、人才培养、科学研究等各方面工作起到重大的推动作用。

今后,学院将围绕学校“强工、厚理、精文、拓医、育新”的整体学科布局,立足学科特色,明确学科发展定位,真抓实干,着力于建设有特色、入主流的体育学一级学科硕士点,为学校整体发展战略的推进贡献体育力量。

第五节　科学与学术研究

围绕人才培养的核心任务和国家及行业的战略需求,学校致力于科学研究,提升学校的创新能力,取得了一大批高水平科技成果。体育学院在学校大环境的带动与鼓舞下,在体育科学研究、论文发表、课题申报、著作出版等方面都取得了突破,获得了许多丰硕的成果。

一、科研成果

学院重视教师科研能力的培养,鼓励教师积极申报课题、从事体育科学研究,制订了若干鼓励教师进行科学研究、课题申报等方面的文件,极大地调动了教师参与科学研究的积极性。

近年来，体育学院教师获得国家社会科学研究基金项目3项后期资助2项，青年项目1项，教育部人文社会科学研究基金项目8项，江苏省社会科学基金项目3项，江苏省教育科学规划项目3项及其他研基金项目多项(表5-18)。

表5-18 体育学院教师获国家、省级科研立项项目统计表

序号	项目名称	年度	项目编号	立项来源	负责人
1	我国高校“体教结合”新模式研究	2009	09YJCZH115	教育部人文社科研究基金	翟丰
2	新形势下我国企业体育文化体系的发掘与构建	2010	10BTY037	国家社会科学基金项目	王朝军
3	我国体育知识产权保护制度研究	2010	10YJCZH230	教育部人文社科研究基金	张玉超
4	我国武术无形资产开发与保护研究	2011	11YJCZH208	教育部人文社科研究基金	杨家坤
5	混合型体教结合模式向体教融合模式的发展研究	2013	1926SS13087	国家体育总局体育哲学社会科学研究项目	翟丰
6	我国学校实施“强制体育”的理论与实证研究	2014	14YJA890015	教育部人文社科研究基金	项立敏
7	基于公共服务理念的我国高校体育场馆市场化运营机制研究	2014	14YJA890020	教育部人文社科研究基金	张清华
8	我国新型城镇化背景下农村公共体育服务发展战略研究	2015	15YJA890021	教育部人文社科研究基金	许彩明
9	我国竞技体育与学校体育融合发展研究	2016	16BTY029	国家社会科学基金项目	翟丰
10	我国体育赛事新媒体转播权市场开发与保护研究	2016	16YJA890018	教育部人文社科研究基金	张玉超
11	基于P-P模式的江苏省青少年运动与健康促进研究	2016	6R168932	江苏省社科基金项目	王军利
12	“一带一路”倡议背景下中西体育文化互鉴研究	2017	17YJC890046	教育部人文社科研究基金	张矛矛
13	我国大学生体育生活化研究	2017	17FTY001	国家社科基金后期资助	黄美蓉

表 5-18(续)

序号	项目名称	年度	项目编号	立项来源	负责人
14	新时代我国运动休闲特色小镇可持续发展体系研究	2018	18YJC890058	教育部人文社科研究基金	张海斌
15	乡村振兴战略背景下江苏省农村体育公共服务需求特征及供给对策研究	2018	18TYA002	江苏省哲学社会科学规划重点项目	许彩明
16	基于语言顺应理论的人工智能体育解说言语生成研究	2018	18FTY001	国家社科基金后期资助	张矛矛
17	农村体育公共服务促进美好生活的作用机理及实现路径研究	2019	19BTY028	国家社会科学基金项目	许彩明
18	中国女排精神的时代价值提升策略研究	2020	20CTY001	国家社会科学基金青年项目	张海斌

体育学院教师在核心期刊发表论文 200 余篇，出版学术专著 12 部，编写教材、教学参考书 30 余部，参加省级以上学术论文报告会 200 余人次。

二、人才培养

注重人才培养是学院一直坚持的原则。无论是对待新进的年轻教师还是具有一定工作经验的老教师，始终要求他们注重自身科研能力的提高，并对年轻教师进行重点培养，让他们参加一些申报课题的培训等。在每年开始申报课题前，学院都要组织全体教师进行一次申请课题的动员会，并结合申报课题指南进行培训，以激发教师们申报课题的积极性。另外，在每位教师完成业绩点的同时鼓励他们多发表论文，并力争发表到知名度较高的期刊上，从而更好地培养他们的科研能力。

2004 年 9 月，学院开始招收体育学硕士研究生，经过多年的实践与探索，已形成针对学校体育工作实际开展的、有特色的一套培养模式，学生的整体就业率不亚于其他体育专业院校。学生们在校期间，除了完成学校规定的要求之外，学院还鼓励他们积极加入导师的课题研究中去，使其毕业后能够掌握一定的科研方法，并能够从事相关课题的研究。多名研究生在核心期刊发表了高水平的学术论文。

三、团队建设

从事科研工作不是仅仅依靠某一个人的努力，而是通过集体、团队的共同努力才可能完成。因此，一个良好的团队建设对课题的成功起着决定性的作用。团队成员的组成是否合理、工作量如何分配等问题是每一位课题负责人应优先考虑的问题。多年来体育学院已经形成多个体育科研团队，申报、获批多个省、部级科研项目，完成多个科研课题。

四、基地建设

2007 年学院成立了体育学院科学研究所，对学院教师科研能力的提高具有很大的促进，使越来越多的教师从事科学研究。

2008 年 10 月，经过体育学院的努力申报，国家体育总局体育文化发展中心批准中国矿业大学为“体育文化研究基地”，并在 2008 年 11 月体育学院成立 5 周年庆典上举行了揭牌仪式，同时揭牌的还有“全国煤矿体育管理干部培训基地”。

图 5-66　2008 年 11 月 22 日，体育学院成立 5 周年庆典大会举行(一)

[时任教育部体卫艺司司长杨贵仁(左一)、国家体育总局体育文化发展中心副主任覃燕庆(右一)为“体育文化研究基地”揭牌]

图 5-67　2008 年 11 月 22 日，体育学院成立 5 周年庆典大会举行(二)

[时任教育部学生体育协会联合秘书处副秘书长、中国大学生体协副主席张燕军(左一)和中国煤矿体协主席许金山(右二)为“全国煤矿体育管理干部培训基地”揭牌]

第六节　　师资队伍建设

一流的大学需要一流的师资队伍。受“文化大革命”的影响以及学校搬迁等因素，一批体育教师先后流失，师资队伍出现断层。学校搬迁至徐州办学后，学生招生数量增加，体育教师缺口较大。学校陆续补充一批年轻的体育教师，师资队伍的新老交替基本完成。

为了体育事业的发展，体育师资队伍建设在数量基本满足需求的基础上，开始转向质量的提高。为了提高青年体育教师的理论和学历水平，时任体育部主任马中华、副主任张庆权，高瞻远瞩地向学校有关部门打报告，并得到当时学校党政领导的高度重视与大力支持，于 1992 年在全国普通高等学校中，第一个与北京体育学院（1993 年更名为北京体育大学）联合举办“‘体育教学理论与方法’在职人员攻读硕士学位研究生课程进修班”。进修班先后举办两届，先后有 7 名教师通过教育部的学位审核和北京体育大学的硕士学位论文答辩，获得北京体育大学教育学硕士学位。进修班提高了青年教师的业务水平和学历水平，学校体育教师的硕士学位比例在全国高校中名列前茅。

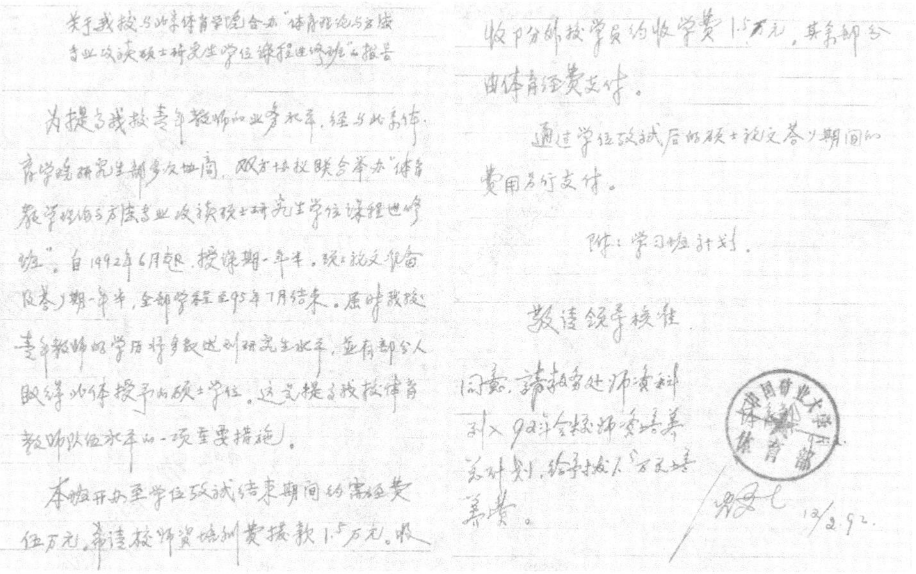

关于我校与北京体育学院合办“体育理论与方法专业攻读硕士研究生学位课程进修班”的报告

为提高我校青年教师的业务水平，经与北京体育学院研究生部多次协商，双方协议联合举办“体育教学理论与方法专业攻读硕士研究生学位课程进修班”。自1992年6月起，授课期一年半，硕士论文准备及答辩期一年半，全部学程至95年7月结束。届时我校青年教师的学历将多数达到研究生水平，并有部分人取得北体授予的硕士学位。这是提高我校体育教师队伍水平的一项重要措施。

本班开办至学位考试结束期间的需经费伍万元。希请校师资培训费拨款1.5万元。收户分外校学员的收学费1.5万元，其余部分由体育经费支付。

通过学位考试后的硕士论文答辩期间的费用另行支付。

附：学习班计划。

敬请领导核准

同意，请教务处师资科列入92年全校师资培养计划，给予拨款1.5万元培养费。

12/2.92.

图 5-68　时任体育部副主任张庆权教授向学校打报告手稿，时任副校长沈通生批示同意

1992 年 12 月 27 日，校体育部与北京体育学院共同签订了联合举办“在职人员攻读硕士学位研究生课程进修班”合同书。双方商定由北京体育学院负责制定培养方案、课程教学大纲、选聘任课教师、考试及成绩评定等教学相关内容；由学校

体育部负责入学考试、招生、教学组织、管理、教师的接待等工作。

进修班时间为 1992 年 6 月至 1993 年 8 月，办班形式以自学为主，集中面授为辅。集中面授时间分三个阶段：1992 年 6—8 月、1993 年 1 月、1993 年 6—8 月。经双方审查合格的学生，颁发"硕士学位课程进修班"结业证书。北京体育学院按照有关文件规定，符合要求者可接受其申请硕士学位。

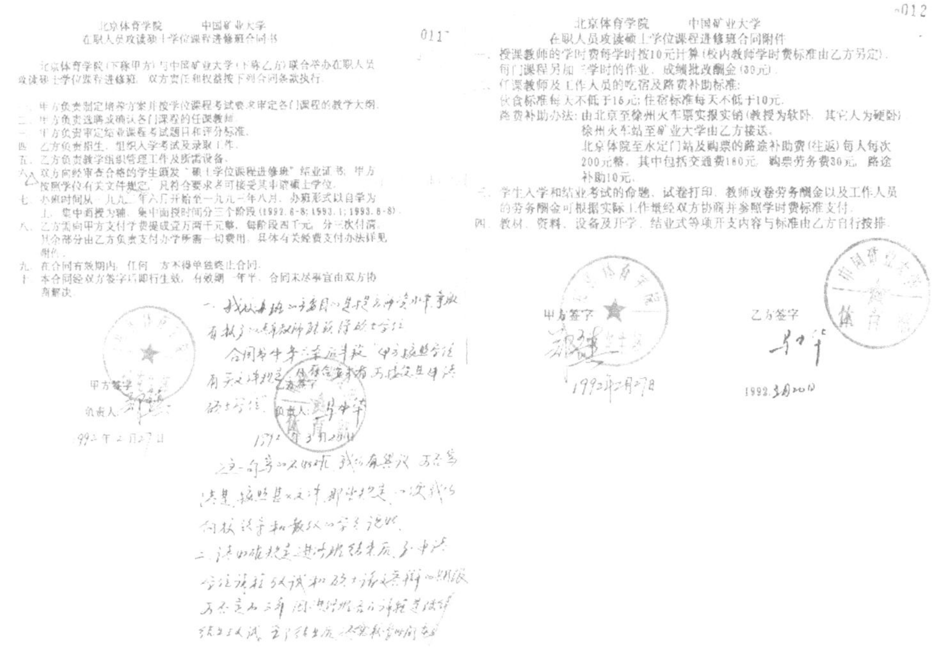

北京体育学院　　中国矿业大学
在职人员攻读硕士学位课程进修班合同书

0117

北京体育学院（下称甲方）与中国矿业大学（下称乙方）联合举办在职人员攻读硕士学位课程进修班，双方责任和权益按下列合同条款执行。

一、甲方负责制定培养方案并按学位课程考试要求审定各门课程的教学大纲。
二、甲方负责选聘或确认各门课程的任课教师。
三、甲方负责审定结业课程考试题目和评分标准。
四、乙方负责招生，组织入学考试及录取工作。
五、乙方负责教学组织管理工作及所需设备。
六、双方向经审查合格的学生颁发"硕士学位课程进修班"结业证书，甲方按照学位有关文件规定，凡符合要求者可接受其申请硕士学位。
七、办班时间从一九九二年六月开始至一九九三年八月，办班形式以自学为主，集中面授为辅，集中面授时间分三个阶段（1992.6-8；1993.1；1993.6-8）。
八、乙方需向甲方支付学费提成壹万两千元整，每阶段四千元，分三次付清。其余部分由乙方负责支付办学所需一切费用，具体有关经费支付办法详见附件。
九、在合同有效期内，任何一方不得单独终止合同。
十、本合同经双方签字后即行生效，有效期一年半，合同未尽事宜由双方协商解决。

甲方签字
负责人
1992年2月27日

北京体育学院　　中国矿业大学
在职人员攻读硕士学位课程进修班合同附件

012

一、授课教师的学时费每学时按10元计算（校内教师学时费标准由乙方另定）。每门课程另加三学时的作业、成绩批改酬金（30元）。
二、任课教师及工作人员的吃宿及路费补助标准：
伙食标准每天不低于16元；住宿标准每天不低于10元。
路费补助办法：由北京至徐州火车票实报实销（教授为软卧，其它人为硬卧）徐州火车站至矿业大学由乙方接送。
北京体院至永定门站及购票的路途补助费（往返）每人每次200元整，其中包括交通费160元，购票劳务费30元，路途补助10元。
三、学生入学和结业考试的命题、试卷打印、教师改卷劳务酬金以及工作人员的劳务酬金可根据实际工作量经双方协商并参照学时费标准支付。
四、教材、资料、设备及开学、结业式等项开支内容与标准由乙方自行安排。

甲方签字
1992年2月27日

乙方签字
1992.3月20日

图 5-69　学校体育部与北京体育学院签订的合同

合同签订，体育部组织中青年教师报名，有 33 名教师报名参加进修班学习。通过进修班的学习、考试，最后经审核，有 16 位教师获得了结业证书。

在取得进修班结业证书后，部分教师边工作边积极准备硕士学位论文，在通过教育部组织的学位论文综合、外语考试后，有 7 位教师参加了 1997 年 5—6 月份北京体育大学组织的硕士学位论文答辩，全部顺利通过，获得北京体育大学颁发的教育学硕士学位。

在举办第一期教师进修班并取得良好效果后，随后几年陆续进入学校的青年教师增多，体育部决定举办第二期进修班。学员大多来自在徐高校的青年体育教师和煤炭系统高校的青年体育教师。1998 年暑假期间，在中国矿业大学北京研究生部举办第二期进修班，体育学院有 12 位中青年体育教师参加了进修班学习。

为了满足体育学科建设的需要，体育学院先后出台了多项鼓励教师在职进修、

研究生课程进修班
名单及编号

张莉	01	刘小伟	13	张安君	25
杨凤和	02	孙天明	14	房庆芳	26
林青	03	樊六东	15	张清	27
王永和	04	邵安玮	16	翟丰	28
孟宪峰	05	周道华	17	陈九庆	29
曾照艳	06	江红	18	高兵	30
王朝军	07	魏媛	19	陶于	31
程杰	08	朱林华	20	王玉兰	32
彭杰	09	项立敏	21	凌锦华	33
张小龙	10	焦亚频	22		
李晓新	11	锁明	23		
曹竟成	12	吴孜孜	24		

图 5-70　进修班名单

图 5-71　获得结业证书的教师与校领导合影

（前排左起：锁孝麟、时任教务处长程焕民、时任北京体育学院研究生部主任郑吾真、时任副校长沈通生、时任北京体育学院副校长田麦久、时任校党委副书记罗承选、时任北京体育学院研究生处副主任黄竹杭、时任体育部主任马中华

第二排左起：孟献峰、高兵、锁明、樊六东、李晓新、曹竟成、孙天明、杨凤和、翟丰、房庆芳

后排左起：张小龙、张安君、刘晓伟、王朝军、项立敏、程杰）

提高业务水平和学历水平的文件，如《体育学院关于教师在职攻读学位的规定》《体育学院科研奖励及学术进修资助办法》《体育学院青年教师发展规划实施办法》等，

图 5-72　1997 年获得北京体育大学硕士学位的教师合影
（左起：程杰、孙天明、翟丰、曹竞成、王朝军、张小龙、项立敏）

极大地提高了体育教师进修提高学历水平的积极性。

通过政策的引导与鼓励，翟丰、许彩明、黄美蓉、徐碧鸿、宋春景等 5 位教师获得博士学位，3 位教师博士在读，20 余位教师获得硕士学位，多位教师到美国、澳大利亚、新西兰等国外著名高校访学，多位教师在国内著名高校进修。体育学院体育教师的学历水平和科研水平、创新能力、业务水平都得到极大的提升，为学校体育学院学科发展奠定了坚实的基础。

同时，学院加大对优秀高端体育人才的引进力度。近几年先后引进周文强、李卫健、尹一童、吕珊珊等运动健将，北京体育大学博士生张松奎、张矛矛、张海斌、陈文佳、陈春平以及清华大学博士生王军利、上海体育学院博士生王明伟、华东师范大学博士生童甜甜等来校工作，提升了体育学院教师队伍的整体实力与水平。

第七节　“校企联合”，开创高校办学新模式

2007 年 12 月 8 日，中国矿业大学与河北金牛能源集团有限责任公司战略联盟合作协议签字仪式举行。金能集团副董事长、总经理刘建功、副总经理张成文、总工程师赵庆彪，校长葛世荣、党委副书记邹放鸣、副校长刘炯天、秦勇出席签字仪式。

葛校长在致辞中表示，大学与企业都是建设创新型国家、构建和谐社会的基本元素和重要力量，大学与企业应该建构起优势互补、互利共赢的合作关系，以达到“1＋1＞2”的创新倍增效应，推动国家科技与经济的发展。金牛能源集团与中国矿业大学开展战略联盟合作，是国家能源安全和能源战略的需要，是新的历史条件下

图 5-73　2007 年 12 月 8 日，校企合作战略联盟签字仪式

产学研合作机制创新的需要，同时也是双方全面协调可持续发展的需要。重点高校和大型企业联合建立技术创新平台的合作模式，既有利于企业高端嫁接高校的科技创新资源，提高企业的创新能力、产品竞争力，又有利于高校科技成果的转化，培养适合企业和市场需求的人才，提高学校的整体办学水平。

刘建功总经理在讲话中表示，严格遵循“利益共赢、资源共享、优势互补、和谐共建”的原则，致力于把金能集团的资源优势、资金优势、队伍优势与中国矿大的学科优势、人才优势、技术优势结合起来，建立长期稳定的战略联盟，实现双方的优势互补、战略双赢。

2008 年 2 月 18 日，学校与金能集团签署办议，联合建设“中国矿业大学金能体育学院”，金能集团在 5 年内投入 1 000 万元支持学校体育事业。由此开创了在全国范围内企业与学院联合办学的先河。“中国矿业大学金能体育学院”是全国第一个院、企联合办学的典范，为学校体育事业、体育学院的发展注入新的活力。

校长葛世荣代表学校与河北金能集团在办学协议上签字。协议中规定了双方的权利和义务，主要包括：体育学院更名为“中国矿业大学金能体育学院”；学校高水平运动队参加校外比赛，比赛服装上标有“金能体育学院”字样；学校高水平运动队代表金能集团参加煤炭系统的比赛；每年在学校举办一届“金能体育文化节”；聘请国内外著名人士担任学院名誉院长以扩大影响；金能集团连续 5 年、每年投入 200 万元人民币，用于资助中国矿业大学金能体育学院的高水平运动队、体育教学、群体竞赛、科研、人才引进、师资队伍建设和学科建设等学院有关发展事宜。

2008 年 6 月，经河北省人民政府批准，河北金牛能源集团有限责任公司和峰

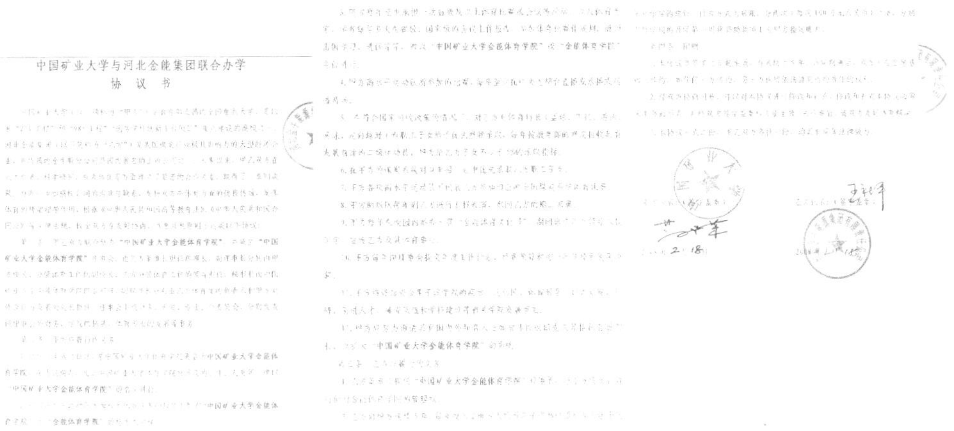

中国矿业大学与河北金能集团联合办学

协　议　书

第一条　……"中国矿业大学金能体育学院"……

图 5-74　学校与金能集团签订的合作协议

峰集团有限公司，强强联合重组成立“冀中能源集团有限责任公司”，简称冀中能源集团。2008 年 11 月 4 日，“中国矿业大学金能体育学院”更名为“中国矿业大学冀中能源体育学院”。

图 5-75　“中国矿业大学冀中能源体育学院”揭牌仪式

2008 年 11 月 25 日，学院举行建院五周年庆典，在庆典仪式上，举行了“中国矿业大学冀中能源体育学院”揭牌仪式，同时聘请原北京体育大学副校长、北京市人大常委会副主任、国内著名运动训练专家田麦久教授担任学院的名誉院长，校长葛世荣代表学校颁发了聘书。

2018 年，由于合作办学的资金无法到位，学校与冀中能源签订的合作协议无法正常履行，合同终止。从 2018 年起，体育学院不再冠名“冀中能源”，校企联合办学终止。

图 5-76　2008 年 11 月 25 日，校长葛世荣代表学校
向田麦久教授颁发名誉院长聘书

图 5-77　中国矿业大学冀中能源大学生体育文化节开幕式

第八节　体育场地与体育科学实验室建设

一、体育场馆建设

学校党政领导历来重视体育场地、器材等硬件条件的建设与改善工作。体育场馆的建设与发展极大地改善了学校体育办学条件，为学校体育工作的开展发挥了积极作用。

2003 年 6 月，南湖校区开工建设后，学校更是加大资金投入，把体育场馆的建设放在重要的位置，高质量、高标准地逐步建成了现代化的体育场馆群，美化了校园环境，成为学校的标志性建筑，重要的是改善了体育场馆的数量和质量，能够充分满足学校体育工作各个方面的场馆需要。

目前，学校体育运动场地建筑总面积为23.48万平方米，南湖校区场地面积为18.91万平方米，文昌校区场地面积为4.47万平方米。建筑体建筑面积4.21万平方米，包括南湖体育馆、南湖游泳馆、文昌体育馆、文昌羽毛球馆等运动场馆12座；室外运动场地面积为19.27万平方米，包括400米标准塑胶田径场4片、塑胶篮球场50片、普通篮球场12片、塑胶网球场18片、普通网球场3片、乒乓球场24片、塑胶排球场6片及文昌游泳池等室外运动场地。

（一）文昌校区

1. 田径场

田径场建于1980年，建筑面积为2.98万平方米。1998年前为炉渣标准田径运动场地（东西双侧看台，直道12条，弯道8条）；1998年改建为塑胶标准田径运动场，内置天然草坪标准足球场，能满足大型综合性运动会和足球比赛需要。

图5-78　文昌校区田径场

2. 体育馆主馆

体育馆建于1986年，建筑面积为2 880平方米，具有固定看台1 300余座位，活动看台近2 000座位，单侧电子显示屏，能进行篮球、排球、乒乓球、羽毛球、体操等训练和比赛，具备各类比赛以及文艺演出的电视现场直播条件。木质地板大厅为3片篮球场面积，可同时进行篮球、排球、羽毛球等体育课教学。

3. 体育馆配馆

体育馆配馆建于1998年，建筑面积为2 658平方米，主要用于乒乓球、健美操、体育舞蹈、散打、跆拳道等教学使用。

4. 小球馆

小球馆是2007年由原游泳馆改建而成的网球、羽毛球、乒乓球复合型教学、训练、比赛馆，建筑面积为3 060平方米。单一网球教学、训练、比赛时可置4片场地同时进行；单一羽毛球教学、训练、比赛时可置12片场地同时进行；单一乒乓球教

图 5-79　文昌校区体育馆

学、训练、比赛时可置 12 张乒乓球台组成标准场地同时进行。

图 5-80　图中左为体育馆配馆，右为小球馆

5. 室外场地

建有游泳池、篮球场、排球场、网球场、乒乓球场地、单双杠场地等 25 744 平方米的水泥、沥青或塑胶面场地，供体育课教学和课外体育锻炼使用。

图 5-81　文昌校区游泳池
（左图为游泳课教学，右图为冬泳表演赛）

（二）南湖校区

南湖校区建设有现代化的体育馆 1 座，建有标准游泳馆 1 座（深、浅两池），标

准塑胶田径场3座，连片网球场2大片，篮球场3大片，排球场2大片，单双杠练习区、全民健身路径等遍布学校各处。已建成功能齐全、种类众多、美观靓丽的体育场馆群，极大地满足了学校体育课程教学、师生课外体育锻炼、运动队训练、比赛等体育需求。

1. 南湖校区体育馆

体育馆建筑面积1.93万平方米，分为A、B两区。A区为主馆，有3 000余固定座位，能够满足大型体育竞赛的转播要求和学校男、女篮球队的训练；B区为一座综合性多功能配馆，分为三层，功能涵盖乒乓球馆、羽毛球馆、篮球馆、体操馆、排球馆、网球馆、健美操馆、瑜伽馆、武术馆、舞蹈馆、散打馆、跆拳道馆等。

图5-82 南湖校区体育馆

图5-83 南湖校区主运动区

（左上为体育馆，右上为第一田径场，右下为网球场）

2. 田径场

学校南湖校区共建设3个400米标准塑胶田径场，分布在学生宿舍周边，方便学生随时进行体育锻炼。

第一田径场(也称主体育场)，建筑面积为3.48万平方米，能满足大型田径、足球等体育项目的比赛使用要求。

第二、第三田径场，建筑面积均为4.54万平方米，铺设人工草坪，供田径、足球等体育课教学使用，以及供学生课外体育锻炼和运动队训练使用。

图5-84　南湖校区第二田径场

2. 篮球场

篮球场建筑面积为2.97万平方米，共44片，分为两个区域，均为塑胶场地。第二田径场南面有24片，第三田径场北面有20片，供体育课教学、学生课外体育锻炼和校内竞赛使用。

图5-85　南湖校区桃苑篮球场、梅苑篮球场

3. 排球场

排球场建筑面积为 6 754 平方米，共 10 片，其中塑胶场地 6 片，沥青场地 3 片，沙滩排球场地 1 片，供体育课教学、学生课外体育锻炼和校内竞赛使用。

图 5-86 南湖校区体育馆配馆之排球馆、羽毛球馆

二、体育科学中心实验室建设

根据学校总体发展的需要和 21 世纪现代化建设对体育人才的需求，体育学院认真抓好专业实验室建设，加大了对实验室的投入，在学校投入的基础上，自筹资金进行配套建设，以满足体育专业教学、学科不断发展的需要。

体育科学实验中心建立于 2005 年，目前体育科学中心实验室设有运动生理学、运动解剖学、体育保健与康复室 3 个实验分室，总面积约 320 平方米，实验仪器设备总资产超过 100 万元，能满足体育学院体育专业本科生实验教学的需求。

实验仪器主要满足本科教学需要，如台式红外线治疗灯、坐式颈椎牵引机、仿古针灸铜人模型、身体成分仪、远红外按摩理疗床、温热式低周波治疗器、超短波电疗机、低频磁疗机、血红蛋白测定仪、尿液分析仪、电脑中频治疗仪、全身深层淋巴回流模型、中枢神经传导电动模型、头部自主神经分布电动模型、静脉侧支循环电动模型、脑干脑神经核脑传导束、自主神经电动模型、听觉传导电动模型、大小血液循环电动模型、人体散骨、人体层次解剖模型、美能肺功能仪、无氧功率自行车、定量负荷测功率自行车、有氧功率自行车、电脑测试健身跑台、人体前庭功能试验转椅、反应时测定仪、电子式肺量计、心率遥测仪、彩色分辨视野仪、亚健康监测仪、心率训练检测仪等，能够满足本科专业运动生理学、运动解剖学、体育保健学配套实验器材需要，其中体育康复实验室还用于校高水平运动员受伤后的康复治疗。

3 个分实验室主要功能如下：

(1) 运动生理室：刺激强度与骨骼肌收缩、肺通气功能的测定、心电图测定、最大吸氧量测定、PWC170 测定、身体成分测定评价、血红蛋白的测定、血型鉴定、反应时测定。

(2) 运动解剖室：细胞组织、上下肢、躯干和头骨及其连接、上下肢、躯干和头

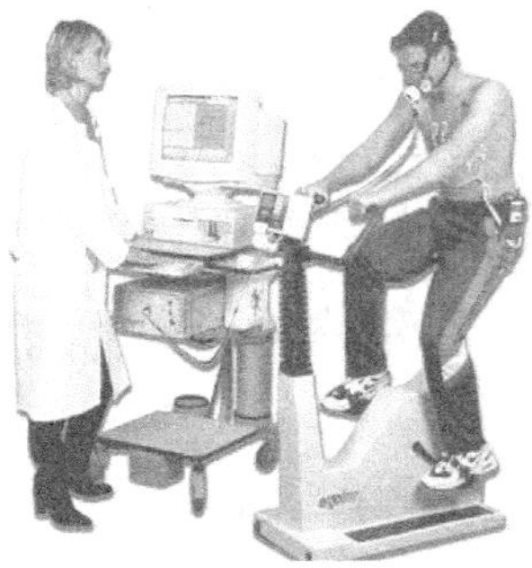

功率自行车

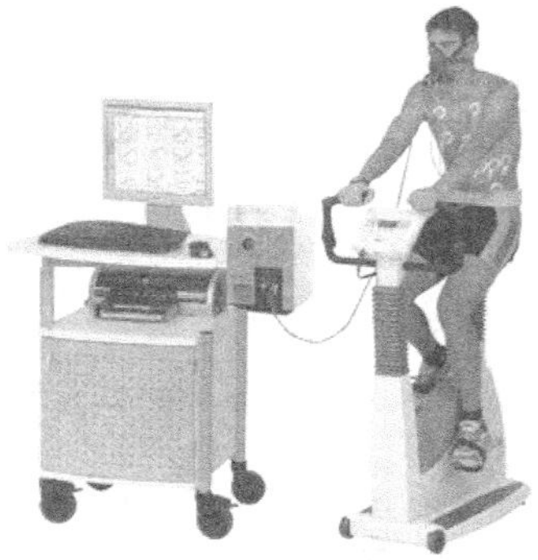

肺功能测试仪

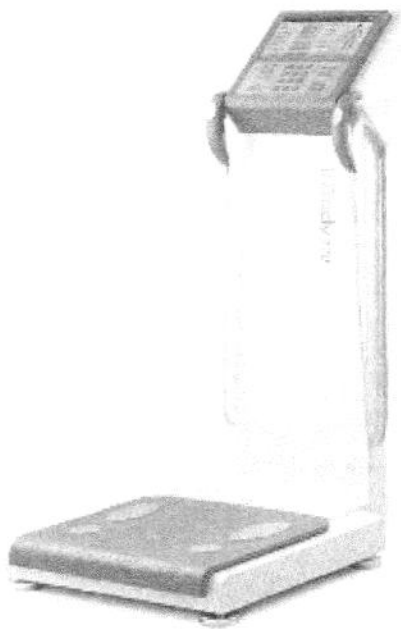

体成分测试仪

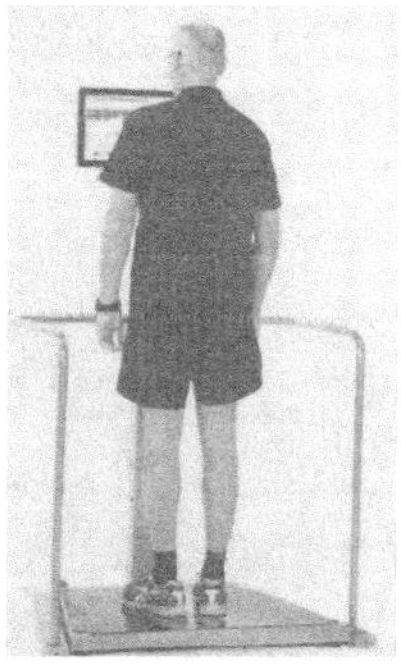

平衡测试与训练仪

运动跑台

图 5-87　体育学院体育保健实验设备

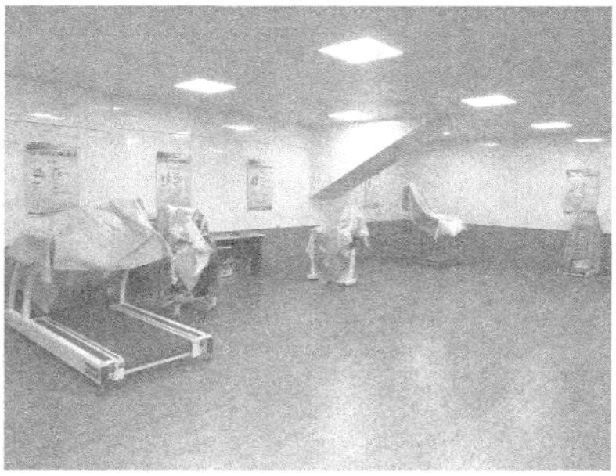

图 5-88　体育学院体育保健实验室

颈肌、循环、神经、消化、呼吸、泌尿系统、视器、位听器。

(3) 体育保健与康复室：形态测量、人体密度测定、体脂率测定、布兰奇心功指数测定、植物神经机能检查、哈佛台阶试验、联合机能试验、运动损伤的急救、运动保健按摩、常见运动损伤的处理治疗、传统运动损伤的康复疗法。

附录一 回 忆

我院体育运动是怎样开展起来的

魏 明

魏明(1921—2012),山西省五寨县人。1937 年 1 月参加革命,1939 年 10 月加入中国共产党。抗日战争时期,魏明先后任五寨县区动委会宣传队长,晋察冀边区雁北地区广灵县区长、科长、区委书记、县委城工部部长、宣传部部长等。

解放战争时期,魏明先后任天镇县宣传部部长,察哈尔日报社总支副书记,察哈尔省委城工部秘书、干事,张家口市委办公室主任、研究室主任、市委委员、市委宣传部第一副部长等。

1954 年 7 月被分配到中央燃料工业部工作,同年调到北京矿业学院工作,先后担任党总支书记兼政治辅导室主任、北京矿业学院副院长、党委副书记、党委书记。1964 年 10 月,调任北京高教局局长、党组书记,1972 年担任北京体委主任、党组书记,后任北京市体育总会主席、中国棒球协会主席、亚洲棒协副主席、中华全国体育总会副主席、北京市顾问委员会委员。

从 1950 年建校以来,学校一直对体育运动很是重视,这不仅由于体育是培养学生成为又红又专的劳动者不可缺少的条件之一,而且特别强调从事煤矿事业的干部尤其需要强壮身体。回顾我院体育运动的发展情况大体可分三个阶段:

第一阶段:在 1956 年以前学校体育运动在逐渐发展,群众性体育锻炼已经组织起来,学校代表队在北京市比赛中获得了优良的成绩。

第二阶段:在 1956 年以后至 1957 年初,由于先进集体被歪风吹倒,强调自由掌握时间,体育锻炼曾一度受到影响,但经领导的及时注意和群众努力,体育运动重新得到重视。

第三阶段:从 1957 年冬季到现在是体育运动大发展的时期。

就在这样的基础上,特别是经过“北京—莫斯科幻想性长跑”和“冬季百日锻炼”的号召，又经过群众性讨论后，对各种不正确的思想进行了批判，群众对体育锻炼有了明确的认识，进一步认识到参加体育锻炼的目的性与重要意义，因而参加锻炼的积极性和主动性更加高涨了。广大同学干劲十足，随后又提出“为祖国健康地工作五十年”的口号，接着就提出“个个有计划，人人有指标，天天上操场，大家都锻炼”的行动口号，除有病同学外，所有同学均制订了自己的锻炼计划，按计划进行锻炼。

1958 年 3 月份以前通过“劳卫制”一级的占总人数 44%，二级占 10%，等级运动员占 3.3%。经过五个月锻炼，截至 7 月 31 日，已经提前全面地超额完成全年体育锻炼跃进指标，在全院 2 950 名健康同学中通过一级的占 98.03%，通过二级的占 62.75%，达到等级运动员占 60.01%，随后在暑假时期大闹技术革命与勤工俭学仍坚持了锻炼，到 8 月 31 日一级占 100%，二级占 75.52%，等级占87.73%。除此之外，为了鼓舞同学们通过“劳卫制”二级向等级运动员努力，还制定了“红旗”运动员制度，现在已达到“红旗”运动员的有 709 人，占 24.37%，为配合开展群众性体育锻炼，还培养了国家三级裁判员 600 名。

在群众性体育锻炼的基础上，组织了各种代表队，这些代表队均获得不少荣誉。1955 年篮球队获得高校“三好杯”冠军，现为市甲级队第四，女子篮球亦为市甲级队第四。田径队 1955 年在高校运动会上男子获得第四，女子未挂名。1956 年获男子第三，女子第四；今年获得男子第二，仅次于体育学院，女子第四。高等学校越野赛中三年来均获得冠军，全市环城赛中两次获得冠军，足球队为市乙级队，女子排球为市乙级队，男子手球为高校亚军，女子手球为高校亚军，这些代表队在锻炼中起了带头作用。因而在 1955 年被评为北京市冬季锻炼优秀单位。

通过体育锻炼，同学们收获很大。首先是身体强壮了。如：机 56-2 班胡家林同学过去吃不好，睡不好，听力不好，同学们称他为“多灾多病的胡家林”，经过锻炼，精神饱满，神经衰弱亦是一去不复返。测量专业同学实习时，仪器上山，过去需要用牲口往上运，现在同学自己背上去。从病号情况看，1957 年 3—6 月与1958 年 3—6 月比，看病人次减少 32.1%。这就大大地保证了学习和生产劳动任务的完成。

其次，在思想上也有很大的进步，更加热爱社会主义，并一心一意地为社会主义建设而学习。政治上要求进步，靠近组织，更加热爱党。

再次，由于“劳卫制”的开展，树立了集体主义思想，加强了团结友爱互助的高尚的共产主义道德品质。进一步加强了组织性和纪律性，培养了同学们勇敢、顽强、勇于战胜困难的品质。

根据过去开展群众性体育运动的点滴体会，深感学校党委积极领导体育运动的重要性，现对如何领导体育运动提出几点体会：

我院体育运动是怎样开展起来的

国家体委来信祝贺我院

附图 1-1　1958 年 9 月 5 日《北京矿业学院体育运动》刊载的原文

一、党委亲自领导、锻炼目的明确，是开展体育运动的首要关键

（一）要大力宣传体育锻炼的目的与意义，号召同学积极响应党中央对青年提出“身体好、学习好、工作好”的指示，使每个同学认识到锻炼身体是建设社会主义的重要条件。锻炼身体是培养青年成为又红又专劳动者不可缺少的重要组成部分，它是社会主义德育、智育、体育的内容之一，特别是搞煤炭工业必须有持久的耐力，为此就必须对体育锻炼的错误思想与片面认识开展各种形式的说服教育。错误论调中最突出的是有的人认为“全面达到‘劳卫制’是高不可攀的”，有的人认为“青年人不锻炼也没有病”“不锻炼也能工作”，还有的人不同意组织起来，单纯强调

个人爱好，我们对这种对待锻炼的自由主义思想也进行了教育。经过教育，同学们进一步明确了锻炼身体的目的，提高了锻炼的积极性。

（二）必须要加强党组织的领导，才能使体育运动顺利开展。为此党委决定由一个副书记分工领导体育工作，各总支也有一个书记或副书记专管体育。除此以外，党委还决定每周“劳卫制”锻炼时间不少于4次，“劳卫制”时间不经党委批准不得侵占，这样就能做到有组织、有领导，保证体育锻炼时间，实践证明党委这样的决定是完全正确的。

（三）党委必须在不同时期提出不同要求与战斗口号，这是推行体育运动的重要方法。在国家开始颁布“劳卫制”预备级后，党委就号召同学“大力开展群众性体育运动，争取通过‘劳卫制’预备级”。在大部分同学通过后，又提出“广泛深入开展群众性体育运动，提高运动技术水平”，在冬季锻炼中又提出“战胜严寒，坚持锻炼”。在高校运动会后，党委又对代表队提出：“要深入总结、学习别人的先进经验，消减空白点，加强后备力量的补充”；同时要求运动员把自己锻炼成为一个热爱祖国、热爱社会主义、热爱专业、热爱劳动的又红又专又健的劳动者，把自己一生献给社会主义。在1958年3月体育积极分子大会上，党委又号召“全院同学鼓足干劲、认真刻苦锻炼，反对保守思想，克服骄傲自满，为争取1958年获得更大的成绩与荣誉而奋斗”。

（四）党委与总支领导体育工作的同志要坚持三勤五抓，带头参加锻炼，才能使体育工作不停留在口号上，使它真正地在实际行动中行动起来。三勤主要是：嘴勤——经常督促检查，及时表扬，适当批评。手勤——亲自动手，总结经验，写文章介绍推广经验。腿勤——经常到运动场，积极参加群众性体育活动及各种代表队的比赛，如为迎接高校比赛，党委书记、院长等一齐亲临比赛场加以鼓励与关怀。

除此以外，还要贯彻“五抓”，即要抓思想、抓指标、抓评比、抓典型、抓关键，也是领导工作中非常重要的方法。

二、充分发动群众走群众路线，是开好群众性体育运动的关键之二

（一）大会小会普遍发动，通过群众讨论制定切实可行的先进指标，推动运动走向高潮，战胜观潮派与保守思想。

经验证明，无论哪一次体育运动掀起高潮前总有一部分人以观潮派姿态出现，他们对先进指标的完成认为不可能。这种思想在一部分群众中存在过，在极少数领导干部中也有过，建设系的团总支个别负责干部，对体育跃进指标就没有信心，怕天热，缺乏完成指标的信心，后来在群众的实际行动中，才把这种思想解决，现在这个系也达到了红旗系的标准。

（二）通过具体事例展开辩论，统一思想，统一认识。

（1）毕业生的亲身体验。不锻炼身体到现场工作非常吃力，耐力不持久，切实

感到锻炼身体是建设社会主义的重要保证。

(2) 年老体强的实例证明。锻炼身体与健康地为祖国工作五十年的重要意义。

(3) 有病的同学自述。实感体弱多病影响学习和工作,通过锻炼增强体质后,解决了这个令人苦恼的问题。

(4) 通过全面发展的优秀运动员为榜样引导群众,明确认识锻炼身体是学习好、思想好、工作好的保证。

(三) 党团干部与党团员以身作则,带头锻炼才能更好地带动群众锻炼。

实践证明,凡是党团干部及党团员能起带头作用与群众共同锻炼的,这个班的群众体育锻炼一定能开展起来。采 55-2 班党团干部不但学习好、思想好,身体锻炼也很好,这次被评为"红旗班"。测 54-3 班在党团干部的领导下全体同志拧成一股绳,不但被评为"红旗班",还在毕业欢送大会前被评为"卫星班"。

(四) 各个组织自上而下层层发动,同时结合深入细致的思想工作。

体育运动的开展必须发动各级组织,5 个月中党委亲自召开党总支干部会不下十余次,全院大会十余次,各总支及团干部、体协的会议为数更多,这些会议的召开对发动各种组织均起到了不少作用,解决了不少问题。同时,必须结合细致的思想工作。如机电、采煤、地质系党团总支负责干部深入到班与小组中具体了解与帮助他们解决问题,收效很大。地质系由于思想工作搞得好,该系的干劲大、劲头足,因而取得并保持了全院体育流动红旗。

三、大张旗鼓地开展群众性的评比运动,是搞好群众性体育运动的关键之三

(一) 开展群众性评比运动是推动提高和鼓励干劲的重要方法。它的好处:

(1) 评比本身是先进与落后的对比,因而通过评比既能积极鼓励先进的干劲又能刺激并鼓励落后的向先进看齐。

(2) 评比本身也是群众自己教育群众的一种方法,它是通过先进思想向保守思想、观潮派教育的一种方法。

(3) 评比也是交流经验的一种好方法,通过评比,互相学习,交流先进经验。

(4) 评比还可以加强团结友爱的集体主义精神,更进一步树立了为争取集体荣誉的信心。

(二) 评比中必须抓的几个关键:

(1) 抓组织之间的评比是鼓足干劲的最好方法之一,主要抓住各系党团总支、系体协之间的评比活动,但实际操作中还要抓比较先进的系来启发带动其他系的工作。刚开始时,地质系领先,后来由于地质系学生外出实习,再加上机械系干劲足,所以机械系又领先,其他三个系谁也不服气谁,互相竞赛。经验证明,只要系级组织开展了竞赛,运动一定会开展起来的。

(2) 抓比较切实可行的指标。我们认为评比运动的开展，必须有切实可行的指标，指标高了，高不可攀；指标低了，鼓不起干劲。最好这个指标应是大家只要努一把力就可以达到的。比如，在7月底评红旗系要求达到原定全年“跃进”最高指标“劳卫制”一级95%，二级45%，等级35%，结果五个系都达到了。

当然也要根据运动的发展不断地提高指标。如评8月份红旗班，提出“劳卫制”一级100%、二级80%、等级80%的要求；在红旗班有近20班后，又提出卫星班的指标是三个100%的要求；现在已达到卫星班3个，红旗班31个。

(3) 抓时机，抓关键进行评比，也是开展评比的一种好方法。抓时机就是围绕着一个战斗口号的实现，如为提前半年完成全年跃进指标的七月三十一日晚，这是一个绝不可放过的时机。在抓时机的同时，必须抓住关键，比如在八月份运动中主要关键是抓住毕业生的锻炼，一定会提高成绩。

其次要抓“劳卫制”一级没有通过的，由教研组、体协、系、班共同负责，从思想到技术全面负责。

第三，抓“劳卫制”一级通过的向二级努力。

第四，抓篮、排球比赛，争取等级运动员。

第五，抓住代表队有计划辅导同学通过劳卫制。

第六，抓住宣传评比与战斗成绩增长，随时公之于众。

(4) 大张旗鼓地宣传先进、表扬先进是一种鼓励先进、带动落后赶先进的重要方法，我们从始至终抓住了这一环节，采取的主要形式有：

① 各种运动会与总结评比会上均贯彻这一精神。

② 利用各种宣传工具进行宣传。

③ 按时评选先进单位，召开发奖大会，以资鼓励，从今年三月到现在召开全院性大会四、五次，各系各班类似这种会议还有很多。

四、充分发挥各种组织作用，是开展群众性体育运动关键之四

(一) 开展群众性体育运动，除党委重视和亲自领导外，必须发动各级组织投入运动，并把体育运动列入自己的经常工作之一。这一点我们党团组织基本做到了，特别是各班党团组织都列入他们红专规划内容，经常进行讨论，并制定措施保证实现指标，这是从组织上保证体育运动的重要措施。

(二) 发挥各级组织作用中的几点体会：

(1) 党团组织是领导和保证运动的核心，它是关系着能否开展好体育运动的标志，所以发挥各级党团组织的领导作用，是开展体育运动的关键，因此我们经常抓下面几个问题：

① 检查督促党团各级组织，对体育工作的领导重视与支持情况，是否有专人负责领导。

② 对体育工作的宣传、动员工作与群众中思想问题解决的情况。

③ 如何妥当地安排体育工作,特别是时间的保证。

④ 各级党团干部亲自带头锻炼的情况。

(2) 体协是群众性的体育组织者与领导者,我院体协是积极负责,基本上完成了任务。需要经常抓体协以下三个问题:

① 督促检查,完成体育活动的情况,特别是宣传先进、表扬先进的情况,以及群众存在各种思想问题解决的情况。

② 发动群众与组织群众中落实有何困难及解决不了的问题,党委帮助解决。

③ 体协与体育教研组,在组织竞赛、测验锻炼、互相协作中还有什么问题得不到解决。

(3) 体育教研组是开展体育运动的不可缺少的组织,根据体育教研组的情况,主要抓以下几个问题:

① 加强政治思想教育,提高社会主义觉悟,使其从根本上全心全意为人民服务。为此,我们专门派了团委副书记傅满孝同志任副主任,加强政治思想领导。

② 促进教研组树立认真负责的工作风气,特别是与群众打成一片,现在已经基本上做到了只要有锻炼教师都要到现场参加指导。

③ 向先进学习,积极参加各种社会比赛活动,交流经验。例如,请"八一""体育学院""大学生田径队"等来学校表演对抗,并且积极参加市级各项比赛。

④ 充分发挥代表队作用,是开展群众性体育锻炼的重要环节。代表队是群众体育运动的积极分子,他们有一定的锻炼经验和技术水平。采取两种方法:

一种是代表队除去参加该队集体锻炼外,还有一定时间回班与同学共同锻炼。这种方法既加强了与群众的联系,又交流了经验,传授了技术。第二种方法是专门组织同学进行集中辅导。两种办法效果很好,同学甚为满意,大大改变了过去同学对代表队的片面看法,并进一步加强和提高了代表队的思想水平和技术水平。同时,我们还采取了发动群众评比红旗代表队和优秀代表队员的办法,这次被评为红旗代表队有 5 个,被评为优秀运动员的有 41 人。这对密切代表队与同学之间的关系,提高代表队在群众中的威信有着积极作用,从而使代表队成为不断促进全院体育运动跃进的积极力量。

(本文原载 1958 年 9 月 5 日的《北京矿业学院体育运动》,收录本书时略有删改)

矿院的体育名片

工业自动化 58 级　陈中煌

附图 1-2　校友陈中煌

陈中煌，北京矿业学院工业自动化 1958 级学生。毕业后在华东煤炭公司任机电主管技术员，后任海南日报原政文部主编、时事部和特区经济部副主任、新闻研究所研究员。现为中国矿业大学校友总会顾问，中国矿大海南校友会会长（法人代表），中国矿大经贸校友会、中国矿大新闻出版校友会、中国矿大上海校友会常务副会长，香港暨海外校友会顾问。

提起体育，矿大人无不引以为自豪。实际上，体育已成矿大一张闪闪发光的名片。1959 年 9 月，北京矿院党委副书记魏明，代表学校从开国元勋、国家体委主任贺龙手中接过“全国体育运动红旗院”锦旗，更使矿院体育名扬天下。

体育，给矿大带来一个又一个的荣誉；体育，给矿大人留下长期值得回味的美好记忆，更是使十几万校友终身受益。

矿院体育，包含着太多的内涵和故事。矿院体育这张名片是数代人不懈努力、顽强拼搏、前赴后继、呕心沥血创造的。

1956 年，为了移风易俗，《人民日报》《光明日报》《中国青年报》《北京日报》《新体育》杂志社等十几家在京媒体，联合发起组织群众性的环城长跑比赛。1957 年起，正式更名为北京春节环城赛，每年正月初三举行。这项赛事成为当时国内最大的群众性长跑比赛，参赛者很多，万众注目。首届比赛，北京矿院学生李进尧、董耀禄包揽冠亚军，另一名学生戴日明名列第六。赛后隆重举行了给前六名获奖者颁奖仪式，三名身穿“北京矿院”红色运动服的健儿一起上台领奖，给人们留下鲜明的印象。后来，矿院崔云海、刘培福加入冠亚军行列。从 1956 年到 1966 年，共举办了八届北京环城赛（困难时期停办三年），矿院选手夺得六个冠军、六个亚军、两个季军，占全部前三名的 58%。名列前茅的矿院选手有王玉成、苑宝文、杨作勋、王奇、段嗣福、邓履忠等人。1950 年，当时还是焦作工学院学生的曹汉，一举夺得河南新乡地区长跑冠军。1951、1952 年，中国矿院学生戴宗保、韩兰馨连夺天津市长跑冠亚军。1953 年学校搬到北京，夺得北郊长跑冠军的是北京矿院学生杨作勋。学校搬迁重庆，四川矿院学生郑占龙成为重庆高校长跑冠军，董耀禄、张强在教职工比赛中分获老年组和中年组重庆市长跑冠军。学校搬到江苏徐州重建后，矿院学生徐立伟、刘华、易汝玲、牛玉珍分别夺得江苏高校男女长跑冠军，后来获得全国大学生长跑冠军。矿院学生任秀娟还获得亚特兰大奥运会女子长跑第九名。

为矿院争得荣誉的，并不只是长跑。在北京矿院全盛时期，学校篮、排球男女队和冰球队都是北京市甲级队，矿院男篮还和国家男篮举行过对抗赛，一时传为佳话。其他如田径队、射击队、游泳队、体操队、乒乓球队、自行车队、无线电队等，均名列北京高校前茅。学校在徐州重建后，已多次夺得标志整体竞技水平的“校长杯”，女篮夺得过 CUBA 冠军，健美队也夺得全国冠军，田径队健儿屡屡打破全国大学生纪录，多次夺得江苏省高校冠军，还有定向越野队所向无敌。

为矿院争得荣誉的，也不仅限于竞技体育。矿院的群众性体育运动开展得热火朝天。多年来，矿院一直保持着良好的群众性体育锻炼传统。矿院学生志存高远，不畏艰苦，决心改变祖国煤炭工业的落后面貌。他们清楚，选择了矿院，选择了煤炭事业，就要做好吃苦的准备。地质基建要在野外工作，风餐露宿不在话下，煤矿则有“井上 20 里、地下 29 里”之说，没有强健的体魄，难以持久。因此，他们自觉进行体育锻炼，用矿院第三号运动健将崔云海给年轻学弟学妹讲的话，这是进行“健康储蓄”。通过坚持不懈的锻炼，许多人通过“劳卫制”，达到等级运动员标准，毕业后数十年健康地战斗在煤炭工业的第一线。二十世纪八十年代中期，矿院体育部门曾向全国校友发函了解对学校体育的意见，在收到的一千多封回信中，几乎异口同声地感谢学校重视体育使他们受益无穷。正是浓厚的群众体育锻炼风气，使许多人摘掉“病号”的帽子，使矿院体育水平不断提高，才获得“全国体育运动红旗院”的荣誉。

放眼全国，上千所高校也有重视体育的，有的通过种种办法特招了一批体育尖子，为什么难以成为他们的体育名片呢？我认为他们缺少像矿院抓体育那股狠劲和韧劲。矿院体育之所以出名，之所以给社会给人们留下深刻印象，有以下几个特点：

第一，矿院领导特别重视，身体力行。矿院历届领导都重视抓体育，采取很多措施发展体育。时任矿院党委书记兼院长吴子牧、党委副书记魏明、已是高龄的地质专家何杰，除去带头锻炼外，还专门成立文体总支，把有一定水平的学生集中吃住，甚至进行专业调整。比赛时，亲临现场指挥，解决困难，呐喊助威。后来的校领导继承了这些好传统，把体育抓紧抓出成效。

第二，矿院有一批事业心强的教练队伍。时任文体总支负责人付满孝、张庆权，特别是后来的体育教研室主任马中华，他们为矿院体育事业竭尽全力，立下功勋。其他如老教授王厚熙和曾祥星、刘宝成、卞健、高照风、锁孝林、丁日熙、陈铭训等都为矿院体育做出贡献。王厚熙训练的郑粹清、郑邦健、郑亚西等“五郑”争雄高校游泳池，传为佳话。陈铭训带领的一帮基础很差的弟子经过苦练，终于打败北京高校长年乒乓球霸主的清华大学代表队，一举获得冠军。这类例子不胜枚举。

第三，矿院有一批努力为院争光的运动健儿。多年来学校学生中已涌现60名运动健将和300多名一级运动员，他们顽强拼搏，屡创佳绩，为矿院争得许多荣誉。如北矿时期的运动健将刘书谦（跨栏）、董耀禄（长跑）、崔云海（长跑）、辛承梁（长跑）、朱昌发（竞走）、林家骐（射击），篮球队员房延贤，排球队员谭得健，无线电员张汉英，登山健将曾曙生（后成为中国登山协会主席）；徐州时期的盖元（跨栏）、刘玲玲（女子跳高）、朱晓晶（女子短跑）、刘贤顺（中跑）、朱文学（中跑）等。

第四，矿院重视体育宣传报道。各类媒体上宣传矿院体育有数百篇。其中较有影响的是《人民日报》的《矿院的早晨》、《光明日报》的《从体弱多病到运动健将》、《新体育杂志》的《矿工出身的运动健将董耀禄》、《北京晚报》的《刘书谦与梁仕强》《运动场上热闹非凡》，《中国煤炭报》报头的《中国矿院勇夺"校长杯"头名》，《体育报》的《北京矿院体育活动为教学服务》，《中国高等教育》的《中矿院的体育运动》，《扬子晚报》的《她光着一只脚夺冠军》，以及《北京矿院院刊》的《在山鹰飞不到的地方》等。

"江山代有人才出，各领风骚数百年"。经过多年的努力，矿院体育名片已在社会、在人们心中留下很好的印象，衷心祝愿新一代矿大人发扬光大，谱写新的篇章，让矿院的名片越来越精彩！

北京矿院体育辉煌的奠基者王厚熙先生

附图 1-3　王厚熙副教授

王厚熙（1917—2012），河北静海人，1943年毕业于西北师范学院体育系。1943年8月，在昆明西南联合大学任助教；1945年8月，任西北师范学院附中体育教师；1946年8月，任北洋大学体育讲师；1951年8月，任中国矿业学院（天津）副教授；1952年8月，任北京矿业学院副教授；1970年8月，随学校迁入四川矿业学院；1980年8月，随学校迁入中国矿业学院（徐州）。

1950年，我国第一所矿业高等学校——中国矿业学院在天津组建成立，王厚熙先生被聘为副教授（直至退休国家仍未恢复职称评定）、首任体育主任。

学校初建时期，时任体育主任的王厚熙先生就卓有见地意识到学校体育事业的发展必须要具备高素质的体育人才。于是在学校的大力支持下，王厚熙先生将多次代表中国参加远东运动会和东亚运动会的篮球国手王堪若、参加1936年柏林奥运会的篮球国手、主力中锋刘宝成，毕业于北京师范大学的张嘉义、马中华等一批颇有见树的体育人才和优秀毕业生招募旗下，为铸就北京矿院体育辉煌储备了高水平的人才资源。

1953年，学校迁至北京，改称北京矿业学院，成为北京"八大院校"之一。随着学校的发展和壮大，北京矿业学院的吴子牧院长、魏明副书记、何杰副院长等领导基于对学校体育的深刻认识，将体育作为学校教育、培养高素质人才的重要方面给予了高度重视，时任体育教研室主任的王厚熙先生则是学校体育全面开展的具体执行者和组织者。而一本本、一页页由王先生亲手撰写的北京矿业学院体育课教学大纲、群众体育开展规划、代表队组织训练比赛章程、学校体育工作开展请示报告及长达数十页的各项工作总结，无不体现王厚熙先生的智慧和辛劳。

在王厚熙先生的具体组织实施下，学校体育工作受到了国家体育运动委员会的贺信嘉奖，并获得国家体委颁发、国务院副总理贺龙授予的“全国体育运动红旗院”称号。

王厚熙先生为北京矿业学院体育事业的发展作出了极大的贡献，但更加使人难忘的是他对年轻人的培养和教诲。1976—1977 年，学校先后分配来了三名年轻体育教师，王厚熙先生对他们孜孜不倦地教诲、身体力行地培养。先生以父辈的关爱和长者胸怀帮助三名年轻体育教师提高专业素质，不仅进行理论和技术技能的讲解指导，而且还以年逾六旬之身亲自为三位年轻教师做动作示范，言传身教。

王厚熙先生这份身体力行的责任感和培养后辈的使命感在后任的张文郁、马中华、张庆权等体育领导人那里都得到了继承和体现。

中国矿大体育的一面旗帜——马中华

附图 1-4 马中华教授

马中华（1929—2007），河北省安次县人，中国共产党党员，教授。1949 年 9 月入北京师范大学体育卫生系学习。1952 年 8 月以优异成绩毕业后分配至中国矿业学院（天津）体育教研室任教，先后任体育教研室主任、体育部主任、体育部党支部书记。1994 年 8 月 31 日退休。历任中华全国体育总会第五届委员会委员、中国高等教育学会体育研究会运动训练专业委员会副主任委员、江苏省高校体育工作委员会常务委员、中国煤矿体育协会常务理事、徐州市政协常务委员、中国大学生田径协会副主席兼秘书长等职务。

翻开中国矿业大学百十年辉煌的历史，体育如影相随。早在福中矿务大学时期，体育就是学校教育的重要组成部分。学校提出了“发展体育，陶冶性情，共圆公家利益为宗旨”的体育理念。迄今为止，从贺龙代表国家体委授予学校“全国体育运动红旗院”称号，到五次夺得全国大学生运动会“校长杯”。学校体育共受到省级表彰10次，国家级表彰8次，数十人（队次）代表国家参加国际比赛，近100人（队、次）取得全国性比赛冠军，培养了百余名运动健将，百余名一级运动员。从体育教研组发展到具有社会体育、运动训练2个本科专业，体育教育训练学、体育人文社会学2个硕士点，先后培养出10余名教授，培养出近2 000名本科、硕士生的体育学院。在为之奋斗而成就了今日矿大体育的数代体育工作者中，马中华教授则是他们中最为杰出的代表。

2007年3月4日，马中华教授不幸逝世，享年78岁。2007年3月8日，有不远千里来为自己的尊师告别的学生，也有深得马教授教诲、培养的“晚辈”，还有为体育尤其是为我国高校体育事业共同耕耘了数十年的挚友同事数百人，他们来到北京八宝山，缅怀为中国矿业大学体育事业、为江苏高校及我国高校体育耕耘了半个多世纪的马中华教授。回顾他那“十年炼狱，厚积薄发；把握机遇，开拓创新；敬业乐群，展现人生；严于律己，宽以待人”的体育人生。

附图1-5　北京矿业学院男、女篮球运动员合影

（后排右一为马中华）

一、十年磨炼，厚积薄发

马中华教授1952年毕业于北京师范大学体育系，先后受教于著名篮球教练牟作云、管玉珊、范政涛等，汲取百家之长，在篮球理论及技战术方面造诣、见解颇深。青年时代，曾被选拔入“华北男子篮球队”，先后代表北京、天津、华北等队在全国各类篮球比赛中取得优异成绩。大学毕业后，就职于在天津刚组建的中国矿业学院。1953年学校迁至北京，更名北京矿业学院，马中华教授曾任体育教研组秘书，体育

教研室副主任，北京矿业学院学生男子篮球队教练，带领学校篮球队夺得北京高校篮球比赛冠军，北京高校大学生“三好杯”篮球比赛冠军。当时风华正茂的他，不仅受到学校领导的高度重视、重用，也赢得了全校师生的赞誉，同时也显露了他超强的组织能力、协调能力和指挥才能。

学校 1970 年迁至四川华蓥山建校，他扛石块、背水泥、拌砂浆，建筑校舍。艰苦的环境，繁重的体力劳动，使强壮的他患上了严重的甲状腺炎。有一次，高大健壮的他倒在了行人稀少的大山路旁，所幸的是一位年轻教师发现了奄奄一息的他，多方努力将他送到医院，才得以救治。之后，由于身体原因，没有从事特别艰苦的工作，而做了体育器材修理工。

二、把握机遇，开拓创新

1983 年，在全国高等教育工作会议上，有领导讲话指出“有条件的工矿企业和高校，可招收‘体育特长生’办运动队”。马中华教授得到这一信息后，随即向学校党政领导作了报告，并汇报了招收“体育特长生”办运动队的设想和计划。在国家还没有出台招收“体育特长生”政策的情况下，学校党、政领导力排众议，大力支持，马中华教授冒着可能违反招生政策的极大风险和压力，于当年创办了高校招收男子篮球和田径高水平运动队，开创了我国高校试办高水运动队之先河。

1985 年，原国家教委在山东省掖县召开了全国高校体育工作会议(简称“掖县会议”)，正式确认了高校试办“高水平运动队”的方向，并于 1986 年国家教委与国家体委联合颁布了《关于开展课余训练，提高学校体育运动技术水平的规划》的通知，确定了包括中国矿业大学在内的 55 所高校试办“高水平运动队”。

1985 年，我国首次以在校学生组成的中国大学生男子篮球队，参加了在日本神户举行的第十三届世界大学生运动会。在这次运动会中，马中华教授任教练，学校乔刚、于新德、郑建华、王玉强四名学生入选中国大学生男子篮球队，取得了第十四名的好成绩。

马中华教授有敏锐的观察力和敢为人先的思想，由于他不失时机地把握住了我国高校建立高水平运动队的机遇，在学校党、政领导和各级组织大力支持下，学校先后组建了田径、男子篮球、女子篮球、武术、艺术体操、射击、游泳和网球等高水平运动队。鼎盛时期在校高水平运动队的学生达 150 人。至此，中国矿业大学体育不仅确立了在江苏高校的“霸主”地位，还因此享誉于全国高校。

在创建“高水平运动队”获得成效之后，马中华教授又向另一个目标进发，那就是学校承办大型体育比赛和承担全国性体育组织负责单位。在学校迁至江苏省徐州市之初，马中华教授站在历史的高度，首先用体育这把钥匙，打开学校通向江苏乃至全国的大门。

经过马中华教授四方奔走，八面呼吁，1986 年江苏省第十一届运动会暨第九届大学生田径运动会在中国矿业学院举行。此次运动会得到了学校党政领导和方方面面的鼎力支持。在马中华教授缜密的组织、计划和安排下，5 月 20 日 8 时，江苏省有史以来规模空前的第十一届运动会暨第九届大学生运动会在中国矿业学院隆重开幕。有 62 所高校 1 300 余名运动员参加，进行 37 个项目的比赛。当江苏省高教局徐福基局长宣布运动会开幕的一刹那间，上万只彩球，数千只飞鸽，从学校田径场各个地方腾空而起，校军乐队奏响了嘹亮的欢迎曲，上万名师生员工在看台欢呼雀跃，整个中国矿业学院校园沉浸在运动会举办欢庆之中。

附图 1-6　1986 年江苏省第十一届运动会暨第九届大学生田径运动会开幕式

经过三天的角逐，学校获得男子团体第一，女子团体第一，男女团体总分第一，20 个单项冠军，23 人打破 22 项全国大学生运动会纪录，20 人打破 18 项江苏省大学生运动会田径纪录的优异成绩，运动会取得圆满成功。这次大会受到江苏省高教局及高校有关人士高度评价。之后，中国矿大还承办了第三届全国大学生运动会排球预赛、全国煤炭系统“乌金杯” 田径运动会、首届中国大学生田径协会运动会、全国健美暨健美操“冠军”赛等数次具有影响力体育赛事。

中国大学生田径协会的成立，马中华教授立下了汗马功劳。凭借马中华教授具有的影响力、个人魅力和组织协调能力。1990 年 7 月 2 日，中国大学生田径协会在中国矿业大学宣告成立，在第一次理事会上一致选举中国矿业大学为主席单位，常务副校长沈通生任中国大学生田径协会主席，马中华教授任秘书长。在马中华教授的具体组织协调下，中国大学生田径协会的各项活动开展得卓有成效，中国矿业大学连续三届12年被会员学校选举为主席单位，至此会员学校已达138所。

马中华教授用他那较敏锐的洞察力和过人的组织协调能力，不失时机地把握了高校体育发展的机遇，并为之而不懈地努力工作，不仅为学校争得荣誉，扩大了中国矿业大学在全国的影响，还为江苏乃至我国高校体育事业的发展做出了积极的贡献。

三、敬业乐群，展现人生

马中华教授担任体育教研室主任、体育部主任、党支部书记期间，以身作则，率先垂范，团结群众，乐于助人，关心年轻教师的成长，使矿大体育教学工作井然有序、特色鲜明；群众性体育活动丰富多彩、轰轰烈烈；学生体质普遍增强，《国家体育锻炼标准》达标率大幅提高，并达到优秀；课余训练成绩优异，校体育代表队多次在省内外体育比赛中夺得团体冠军，为矿大立下赫赫战功，矿大体育优良传统得以发扬光大，开创了新时期学校体育工作的新局面。学校先后多次获得“全国群众体育工作先进单位”“全国高校体育课程教学评估优秀学校”“全国高校课余训练先进单位”“全国贯彻学校体育卫生工作条例优秀学校”“江苏省高校体育先进单位”“江苏省群众体育工作先进集体”“江苏省高校优秀体育部”等荣誉称号。

他积极参与组建中国大学生田径协会，并连续三届12年任秘书长；十几年担任江苏省职称评审委员会体育学科评审组组长。退休后，担任现代秘书专业班班主任、体育部党支部书记，一直坚持参与江苏省高校体育及全国大学生体育协会的各项工作。

培养年轻的下一代，是马中华教授一生又一“敬业乐群”的高尚品德。1982年学校搬迁徐州后，一篇青年教师撰写的学术论文，首次被江苏省第三届学术论文报告会录用为大会第一名报告论文时，他亲手帮助修改全文和报告提纲。从报告时间的把握，到答辩的注意事项都一一指导，并且亲临报告会。可曾清晰地记得，凡学校举行和承办重大活动时，马中华毫不犹豫地将年轻教师放在第一线磨炼，让其充分地发挥自己的才智。1988年学校承办的中华人民共和国第三届大学生运动会排球分区赛、1991年7月全国煤矿第二届“乌金杯”暨中学生田径比赛和1991年8月第一届全国大学生田径锦标赛，各组织机构的组长、部长和主任均由二三十岁的青年教师担任，让青年教师在他搭建的舞台上尽情地发挥，而马中华教授则站在台下，为青年教师保驾护航。1992年，在他和张庆权教授的精心策划组织下，学校成功地与北京体育大学合作，在全国普通高校率先创办“体育教育与训练学硕士研究生课程进修班”，为学校培养了7名硕士研究生，使学校在当时的硕士学位比例位于全国普通高校的前列。

四、严于律己，宽以待人

马中华教授在为他退休举行的欢送会上说："我一身正气说不上，但两袖清风我还是做到了。"一位与他共事近三十载的教授说："马中华教授没有向组织和同事争过名，更没有多占过任何组织和个人一分钱，多拿过一张纸。"尽管马中华教授在江苏乃至全国高校体育界享有极高的威望，可谓"德高望重"，但他始终保持着"平等相待，宽以待人；有求必应，乐于助人"的品质。在他担任体育教研室主任和体育部主任领导岗位期间，没有在任何会议、任何场合下公开批评或议论过任何人。就是刚毕业来校工作的年轻教师犯了错，均未在会议上或公众场合进行批评，而是在僻静之处，或在办公室无人时，甚至请到家里，和蔼可亲地说明错误之处，指出改正的方法。当你遇到困难求助他，或者他发现你有困难需要解决时，他毫不犹豫想尽一切办法给予解决。有一位在战争中负伤致残的职工，马中华教授对其关怀备至。这位职工当时住在一层，遇阴雨或梅雨季节房间返潮，残肢疼痛难忍。他便四处奔波，向领导反映，最终这位职工的住房问题得到了妥善解决。

马中华先生退休以后，仍然积极致力于矿大体育和大学生田径协会等项事业。他严谨扎实的工作作风、乐观积极向上的人生态度，赢得了充分认可和广泛尊敬。马中华先生获得了许多荣誉称号，先后被中华人民共和国教育部和国家体育总局授予"全国高校体育卫生先进个人"荣誉称号；被江苏省人民政府授予"江苏省优秀教育工作者"称号；被江苏省教委评为"江苏省体育园丁"和"江苏省优秀体育教师"；被学校多次评为"中国矿业学院先进工作者"，享受国务院特殊津贴。

附图 1-7　马中华教授和教练员、运动员在一起

附图 1-8　马中华教授陪同原校长彭世济欢迎凯旋运动员

马中华先生一生致力于我国高等学校体育工作。他对党、对社会的忠诚，对学校体育事业辛勤耕耘，对江苏乃至我国高校体育事业所作出的不懈努力和贡献，以及对同事的真诚，尤其是对年青一代的关怀和培养，都将铭记在大家的心里，他是

所有体育工作者的楷模。马中华教授半个多世纪的体育人生，给广大体育工作者留下了一大笔宝贵的精神财富。他是一位德才兼备的好领导、好师长、好朋友、好同志，是一位优秀的教育家、优秀的体育活动家。

中国矿业大学结缘大学生田径协会十二年

张文郁

附图 1-9 张文郁教授

张文郁(1930—)，河北省安新县人，教授，中共党员。1952 年北京师范大学体育系毕业，分配到中国人民解放军原总政治部工作，1957 年转业到北京矿业学院体育教研室任教。曾任北京矿业学院体育党总支训练处处长，四川矿业学院和中国矿业学院体育教研室主任，中国矿业大学体育教研室副主任、党支部书记，中国矿业大学体育部党总支书记、高水平运动队教练，江苏省大学生体育协会常务理事兼徐州协作区主任，1990 年 6 月退休。1990 年至 2003 年，任中国大学生体育协会田径分会常委、竞赛委员会主任。

一、得来不易

大田协成立于 1990 年 7 月 2 日，中国矿业大学是第一任主席单位，第一任大田协主席由矿大常务副校长沈通生教授担任，矿大体育部主任马中华教授任秘书长，矿大体育部王朝军、程杰、张小龙都曾先后担任大田协副秘书长。

国家为加强高校领导，教育部将分散在高校中“民营”的体育组织(如田径、篮球、排球、足球等)都归属教育部中国大学生体育协会领导。当时，“中国大学生业余田径联合会”是高校中仅有的群众性田径组织，该联合会是北京航空航天大学(简称北航)主办，北航党委书记朱万金任联合会主席，北航体育部许耀球任秘书长，北京科技大学体育部黄平球任副秘书长，会员学校有四十多个，中国矿大是常务会员学校。这意味着新成立的大学生田径协会将由北航主办，但后来却由中国矿大主办了，这里有一段曲折的经历。

学校得知成立大学生田径协会的信息后，即向教育部和江苏省教委郑重申请承办大田协，江苏省教委积极支持，其原因有三：一是学校田径运动基础好，1984 年和 1986 年两届江苏省大学生运动会都获得了田径男女团体总分第一名；1988 年全国大学生运动会江苏省代表队获得总分第一名，中国矿大的运动员在田径，男、女篮球等项目上立了大功，因此，矿大获得了大运会首次设立的“校长杯”第一名(校长杯共设十名，奖给比赛得分高的学校)；二是学校领导一贯重视体育，早在1958年就曾获得国家体委授予的“全国体育红旗院”锦旗，即使在华蓥山艰苦的办学条件下，仍然奋发努力，坚持不懈地开展体育活动，在重庆高校中仍不示弱；迁校徐州后，学校奋起直追创办高水平运动队，短短几年，在江苏省崭露头角；三是有一支积极肯干的体育教师队伍。省教委主任冒瑞林亲自向教育部推荐中国矿大承办大田协，表示省教委将全力支持。此时教育部考虑大学生排球协会由北航承办则田径协会不宜再放在北航，请北京市教委考虑由其他学校担此任务。此时，校领导和马中华同志与北京市教委主任李煌果进行了探讨，李煌果同志原是北京矿院的教师，对矿大很熟悉，他表示大学生篮球、排球、艺术体操三项协会都由北京高效承办，也应该发挥地方高校优点和积极性。他提出由北京市教委和江苏省教委合办、矿大承办大田协，教育部批准了这个建议。嗣后，大田协下属机构科研委员会和教练委员会设在北京，竞赛委员会和裁判委员会设在江苏，即体现了合办模式，大田协落脚矿大，真是来之不易，我们倍感珍惜。

二、艰苦奋斗，蓬勃发展

1990年，大田协建立之初面临不少困难。一是人手不足。大田协下设四个委员会，一个是秘书处，其中有一个秘书长和四个副秘书长，看起来规模不小，但是三个委员会和四个副秘书长都在外地，大田协的日常工作就落在秘书长马中华和我两个人身上。马中华负责全面对上对外联系，我除了做竞赛工作，还做日常具体工作。二是经费困难。大田协是群众性社会团体，没有专项经费，要靠自筹。其来源之一是每个会员学校一年交纳的200元会费，初期每年只能收一万多元，后来会员学校多了，每年收入三万多元；其二是每年举办的全国大学生田径锦标赛可收入参赛费四五万元，全年收入总共不到十万元。这笔经费大部分用于大田协的《高校田径》杂志，该杂志每年出版四期，每期印500本，免费赠给大田协会员学校，有关高校和论文作者，还有三分之一的出版印刷费依靠承办大田协科研委员会的学校(第一届是北京航空航天大学，第二、三届是北京大学)的支援，大田协就是在这样的情况下起步的。大田协依靠各级领导和广大会员学校的支持，坚持工作，克服困难，努力前进。

我在大田协工作12年，亲自经历了大田协蓬勃发展的过程，深感其中有几个理念非常关键。第一是贯彻大田协的宗旨，在各项活动中以育人为本，突出教育特色，寓教育于活动；第二是积极争取和依靠各级领导的支持；第三是弘扬团结民主，尊重和依靠会员学校的群众路线；第四是普及提高相结合，在普及的基础上提高。开展这项活动，以活动促工作，这些理念都渗透在各项活动中，并在各项工作中体现。同时，大田协领导的工作作风和实践也有力地推进着工作的进展。譬如大田协主席沈通生副校长深入群众，平易近人，认真倾听各种呼声，在广大会员学校和裁判员、运动员中留下良好的印象；第三届大田协主席王悦汉校长沉着冷静、指挥若定的大将风度使大田协更上一层楼。秘书长马中华教授在花甲古稀之年仍然积极工作，任劳任怨，这些敬业精神都起着“春雨润物细无声”的作用。

中国矿大承办大田协12年，使大田协朝气蓬勃，发展壮大，成为全国大学生体育协会之首。组织规模从1990年成立大田协时的46所会员学校，到2001年的156所会员学校，全国各地都有大田协会员学校。

大田协队伍逐年发展，说明大田协组织的各项活动适合各所学校的需要，大田协得到了群众的认可。大田协开展的活动主要有：举办全国大学生田径锦标赛、全国高校田径科研论文报告会、出版《高校田径》杂志、举办全国高校田径一级裁判员培训班、审批国家田径一级裁判员、举办全国高校田径教练员培训班、评选全国大学生田径“十佳”优秀运动和优秀教练员、组织学校田径教练员交流会等。

全国大学生田径锦标赛(简称大田赛)是大田协发展壮大的一个缩影。大田赛每年暑假由一所大学承办，以一个学校为单位组队参赛。从1991年开始至2002年共举办了九届，中间1992年、1996年和2000年因有全国大学生运动会暂停三次。除此，每年举办一届。身为大田协主席单位的中国矿业大学为了带头开展活动，于1991年7月13日至15日承办了第一届大田赛。当时参赛的学校有48所，参赛运动员516名。经过比赛，1名运动员达到运动健将标准，22名运动员达一级运动员标准。大田赛在这样一个较低水平线上起步。从此后，历届大田赛的运动水平迅猛进步，每届都有新的突破。1997年第五届大田赛在清华大学举行时，参赛学校达到100所，运动员共有1 002名。当时正逢香港回归祖国，有7所香港大学(香港大学、香港理工大学、香港中文大学、香港科技大学、香港城市大学、香港浸会大学、香港教育学院)首次作为中华人民共和国特别行政区的学校参加全国性比赛，澳门有2所学校也应邀参加这届大田赛，这次大赛成为全国人民庆祝香港回归祖国活动的一部分。在运动成绩方面，第五届大田赛显示出骄人的进步：有34名运动员达到运动健将标准，108人达到一级运动员标准，有71人次打破26项大田赛纪录，与第一届大田赛时的水平相比真是不可同日而语。

根据形势的发展，大田协提出新要求，从第五届大田赛开始使用塑胶田径场进行比赛，作为今后承办大田赛必不可少的条件之一，从而结束了在煤渣田径场比赛的历史。从第五届大田赛开始实行兴奋剂、性别检查，比赛计时采用全自动电子计时装置，使用电脑编排记录等，这些都标志着大田赛在比赛场地设备和竞赛工作方面向现代化和规范化迈进了一大步，成为大田赛新的里程碑。

在此后第六、七、八届大田赛的参赛学校和运动员数量都有新的增长，到2002年7月在大连市东北财经大学举行第九届大田赛时，参赛学校达到120所，参赛运动员达到1 650人，规模空前。运动技术水平也大幅度提高，有74名运动员达到运动健将标准,374 名运动员达到一级运动员标准,一批高校田径新秀脱颖而出。

大田赛发展成长的过程也是广大高校对大田赛认可和支持的过程。大田赛不断地改进和完善自身为高校服务的机制,使之更符合广大高校的要求。譬如改变竞赛分组办法。在高校中有教育部批准的高水平运动队,各高校和各省、自治区、直辖市批准的重点项目试点校,这些学校在招生时都享有特殊的政策照顾,非试点的一般高校在体育运动水平上不是一个档次,差距较大。如果都在一个组中实在不公平,影响一般高校的积极性。同时在试点校中还有体工队员大学生和体校大学生的区别,为了更好地体现公平竞赛原则,调动各类高校的积极性,在 1999 年东北师大举办第七届大田赛时,将竞赛分组办法在原先甲、乙、丙三个组的基础上,甲组又分为甲 A 组和甲 B 组。甲 A 组是省、自治区、直辖市的重点项目试点校,甲 B 组是非试点一般高校,甲 A 和甲 B 组通过比赛前八名和后八名实行升降级制度,强化了竞赛机制;乙组为教育部批准的高水平运动队学校;丙组为体工队大学生。不同类型的学校,区别对待,既照顾普及,也注重提高,符合当时高校中存在的“教练结合”“教体合办”等模式培养高水平运动员的要求。

运动员资格审查一直是历届大田赛令人关注的热点问题。它关系到是否贯彻公平竞赛原则,关系到大田赛的兴衰前途。大田协在面对这样一个复杂艰巨、至关重要的问题上,态度是鲜明而坚决的,抽调有关方面人士组织了“运动员资格审查委员会”。由一位大田协副主席挂帅,在大田赛报名后即开始审查,一直到比赛结束。对查出的问题认真调查取证,严肃坚决地查处各种违规运动员。大田协顶住了来自各方的压力,主持了公道,维护了参赛学校的正当权利,坚决抵制和杜绝在运动员资格上弄虚作假的风气,体现了大田赛以育人为本的宗旨。

狠抓裁判工作,确保大田赛顺利进行。每届大田赛的裁判员由三部分组成:首先是承办学校在当地选派大部分裁判员,但要求其中国家级、一级、和二级裁判员各占三分之一;第二部分是参加一级裁判员培训班的高校教师;第三部分是国家体育总局和大田协裁判委员会共同聘请的、全国高校资深的国家级裁判担任技术代表、技术官员、仲裁、总裁判。为了提高裁判工作水平,保证裁判工作顺利进行,赛前三天全体裁判员集中学习田径规则,制订工作制度和裁判细则,明确规定各项职责和工作方法,由于裁判员尽职尽责,认真努力完成高质量的工作,保证了各届大田赛严肃认真、公正准确地进行。

大田赛承办学校提供的高水平高质量的体育竞赛场地设备和热情周到的接待服务工作及精彩纷呈的开、闭幕式,既给参赛学校留下了深刻而美好的印象,又保证了大田赛圆满顺利地进行,这是办好大田赛的基础。大田赛在不断改进和完善中前进,成为令人瞩目的高校体育盛会。

三、众望所归，依依不舍

中国矿业大学从1990年至1998年担任大田协第一、二届主席单位之后，在1998年第三届会员学校代表上进行换届改选。中国大学生体育协会章程规定单项体育协会主席任期为一届四年，最多连任两届，换届改选由上一届协会常委会推荐下一届协会主席单位，交下一届会员学校代表大会选举产生，于是1998年1月于广州暨南大学召开了大田协第二届第四次常委会议。出席会议的有38位常委（包括校级领导及体育系部领导），矿大主动提出下一届不再担任主席，请其他学校担任，常委会议进行了热烈讨论，常委们热情洋溢、情真意切地希望矿大继任协会主席。经过充分准备，进行了无记名投票选举，三十四票赞成矿大继续担任第三届大田协主席，占出席人数的89.4%。1998年8月于湖南师大举行第六届大田赛的同时，举行了大田协第三届会员学校代表大会，与会代表106人，大会选举中国矿大继续担任第三届大田协主席。上届主席原矿大常务副校长沈通生教授退休，改由中国矿大常务副校长王悦汉教授继任，教育部体育卫生司司长宋尽贤出席了代表大会，并做了讲话，他充分肯定了大田协多年来的工作，并对新一届大田协工作提出更高的要求。

中国矿业大学不负众望，继续为高校体育事业努力奉献，大田协的工作又上了一个新台阶。

中国矿业大学承办大田协多年，弹指一挥间，今天回想当年那些峥嵘而辉煌的岁月，历历在目，宛如昨日。我作为大田协一名工作人员能为高校体育事业做一点事，尽一点力，心里感到很骄傲。

颂北京矿院体育

张庆权

附图1-10 张庆权教授

张庆权（1935— ），河北武清人，中共党员，教授。1960年毕业于北京矿业学院采矿系。学校搬迁至徐州后，历任体育部副主任、主任等职，1995年退休。

我于1956年考入北京矿院采矿系学习，入学后担任学生体协主席之职，毕业后留在学校体育部门工作，职称由助教升至教授直到退休。

几十年的工作，我亲历了矿院体育由发展至辉煌的各个时段。更欣慰在我退休后，矿院(矿大)体育有更高水平和更深层次的发展。

北京矿业学院在建校后，学校体育有了更广泛的发展。大学生参加体育运动，由部分人参加发展为全体学生参加(即体健者、体弱者、慢性病者)。由个人从兴趣出发自由参加锻炼，发展为有标准要求的制度化锻炼。运动水平和健康水平向较高层次提升，也创造出一批高水平的运动成绩。

北京矿院继承了“焦作工学院”“中国矿业学院”的体育传统，积极推进大学生群众性的体育锻炼。学校领导认为，发展体育是贯彻党的教育方针的重要组成部分，因此，要求学生坚持早操和进行课外体育锻炼。1954 年，中央人民政府体育运动委员会颁布了《准备劳动与卫国体育制度暂行条例》(简称“劳卫制”)，提出了对全国青年人、主要是青年学生身体素质的基本要求。此后，学校制定了“北京矿院准备劳动与卫国体育制度预备级、一级锻炼手册”。经过深入宣传、动员和试行，至 1957 年，以“劳卫制预备级”为中心的体育活动空前活跃。全校参加“劳卫制预备级”锻炼的学生约为健康学生的 90％，达到及格标准的为参加人数的 85.7％，达到优秀标准的为参加人数的 54.8％。

1957 年 11 月全校组织了“北京—莫斯科幻想性长跑”活动。要求每个同学、每班、每系在一个月内跑完一定距离，跑程总长度为北京到莫斯科的距离，全校将完成三条到达路线。活动开始后，每天早操跑步的学生遍布全校所有操场、道路。课外活动时间更不只在校内跑，在往返颐和园和往返新街口的公路上，跑步的人流也络绎不绝。这次活动，为此后矿院著名的群众性长跑运动打开了局面、奠定了基础。

群众性的体育锻炼活动不断发展、不断创新、后浪超前浪。学校组织了多次全体同学参加的群众性体育运动，如“百日锻炼”，要求每个同学参加在百日内，进行几个项目的身体素质全面锻炼。“千分运动”是在一定期间内，以积分形式进行一些不同类型的身体素质练习，以积分记录。积分总数可分别评为及格、良好、优秀。“破纪录、晋一级”活动，是要求每个同学在现有运动基础上，破自己的纪录，并提升到较高水平。这是在群众性锻炼的基础上，促进提高运动水平的活动。

早操是宿舍、班、年级、系集体活动的重要内容。早操以做广播体操和规定路线跑为集体活动的内容，早操做完可依个人需要自由选择运动项目。每宿舍除留一名值日生打扫内务外，其他学生都参加早操活动。坚持早操，提高了学生的身体素质水平，增强了体质和集体观念，也提高了上午第一节课的准时出勤率。

“劳卫制”的试行和学校体育的广泛开展，1958 年 2 月“劳卫制”已从预备级发展为“劳卫制”一级和二级。学校向全体学生提出了参加“劳卫制”的达标要求：在一年内，健康学生90%～95%达到“劳卫制”一级标准，其中40%～45%达到“劳卫制”二级标准。为此，各级组织要保证学生的运动时间：每天参加早操，每周保证三次，每次45分钟以上的课外体育锻炼时间。

群众性体育的蓬勃开展，许多体质原本较弱的学生，有了明显增强。许多原来运动技能很差的学生也学会了新的运动技能。学生普遍体质增强、学习精力充沛，去医务室看病的人次数、因病请假的课时数、因病休学的人数显著减少。在这样体育大发展、体质显著增强、人们精神振奋的情况下，矿院豪迈地提出“为祖国煤矿事业健康工作五十年！”的口号目标。并提出专业所需要的耐力和力量类项目，并将其作为发展体育运动的重点。

1958年9月9日下午，国家体委在北京召开表彰体育先进单位大会。期间，贺龙副总理阅读了学校的体育专刊《中国矿业学院体育运动》，会上贺龙副总理向我院颁发了“全国体育运动红旗院”锦旗，我院分管体育工作的党委副书记魏明同志接旗。

在群众性体育运动中，逐渐成长出一批成绩优异的运动员，至1959年共涌现出六名运动健将，他们是：董耀禄，马拉松运动健将，采煤系学生；辛承梁，马拉松运动健将，机械系学生；朱昌发，竞走运动健将，地质系学生；林家琪，射击运动健将，机械系学生；刘书谦，200米栏运动健将，青年教师；崔云海，马拉松运动健将，青年职工。

还涌现出一级运动员37名，先后15人多次打破全国纪录，3人4次平全国纪录，10人24次打破11项北京市纪录，有9名运动员被选入北京市代表队，参加第一届全国运动会。

体育的发展对增强体质、振奋精神，为奔向辉煌的道路奠定了良好的基础。八十年代对校友的体育调查中，许多校友说：“感谢母校给我奠定了好的身体基础，使我在毕业后几十年中精力充沛地承担繁重的工作。真心祝愿在校的师弟、师妹们珍惜在学校的机会，锻炼出强健的身体。”

北京矿院优良的体育传统是几代领导者、各级组织者、技术指导者和积极参加者共同努力创造的，也影响着几代人对体育的认识。在学校体育发展到高潮不久，是经济困难时期、“文革”时期、搬迁四川时期。虽然体育锻炼转入低潮，但优良的体育传统和观念并未散失，并且知识改变了群众性体育运动的方式和内容。至学校1980年迁至徐州，条件得到了极大改善，群众体育再次蓬勃发展。至1983年，国家体委在大连表彰体育先进学校时，学校又是榜上有名，学校代表得到了李鹏总理的接见。学校的体育优良传统在延续、在发扬光大。

到目前为止，学校共受到省级表彰10次，国家级表彰8次，18人（队）代表国家参加国际比赛，37人（队）取得全国性比赛冠军，58人获体育运动健将称号。

优良的体育传统是无形的巨大力量！

中国矿业大学的体育事业必将更加辉煌!

忆运动生涯,扬马拉松精神

董耀禄

董耀禄(1936—2017),山西平定人,1955年9月进入北京矿业学院采煤系学习(工农调干学生)。1956年2月获得北京市第一届"胜利杯环城赛跑"第二名;1957年2月获得北京春节环城赛第二名;1958年2月获得第一名;1958年11月,获得"运动健将"称号,1959年1月,获北京春节环城赛第二名;1960年,获得第一名;期间获得数届北京市高校运动会长跑冠军。毕业后留校工作,1970年随学校搬迁至四川矿业学院工作,1981年调入西安矿业学院工会工作。

附图1-11　董耀禄先生

(左图为年轻时期,右图为老年时期)

马拉松赛跑是世界上最长的田径项目,它源于古希腊战争中英雄报捷的美丽故事,精髓就在于坚忍不拔、持之以恒的毅力。在我国它也是一项群众广泛参与的赛事。作为一名钟爱长跑运动的业余运动员,马拉松运动伴随我一生。

我于1952年开始从事长跑运动,期间取得了较好成绩。1958年,我和崔云海被北京市体委确定为培养对象,到上海接受被誉为"人类的火车头"的奥运马拉松比赛冠军扎托佩克的训练。在教练的悉心有效的指导下,通过艰辛的努力和艰苦的磨炼,我的运动水平有了显著提高,也逐渐体会到了马拉松精神的精髓所在。我在1958年11月3日举行的首届全国马拉松锦标赛上取得了2小时30分20秒的成绩,一举打破全国纪录,并取得"运动健将"称号。同年在北京环城赛上以43分4秒4的成绩获得冠军。以后我的成绩逐步提高,1960年北京环城赛参加的人数很多,国家队优秀选手也很多,但我依然取得了41分0秒6的好成绩,创造了最高纪录,并维持了16年之久。这也成为我长跑运动生涯的一

附图 1-12　董耀禄在冲刺

个里程碑。此外，我还获得数届高校运动会长跑冠军。在北京的几年，我获得了20 多项长跑冠军，这些成绩的取得，与马拉松精神对我的激励息息相关。

后来由于工作原因，我辗转到西安，西安市长跑运动开展得也比较好。每年都要举行各种年龄组的比赛。我从 1981 年到 1990 年连续 10 年获得西安老年组冠军；1986 年参加在无锡举办的部分省市马拉松比赛，获得第二名。对我来说印象最深刻的是 1993 年首届西安城墙国际马拉松比赛。这届比赛不分年龄，不分组别，参赛国家有 20 多个，参赛人数 5 000 余人。65 岁的我参加这次比赛虽未取得名次，但作为一名新中国长跑事业的见证者，我欣慰地感受到国家体育事业蓬勃发展和年青一代的勃勃生机，我心足矣。

马拉松运动对于我，不仅是荣誉，更重要的是它赋予了我拼搏向上、积极进取的精神。在这种精神的指导下，我的学习和工作不断取得进步，大学时期以优异成绩毕业并获得优秀毕业生称号；曾被选为北京市优秀学生、北京市人大代表、原北京矿院党委委员、陕西省教育工会优秀干部、全国煤矿系统优秀体育干部等。

我的体育生涯不仅是我个人发展的轨迹，更是我国体育事业健康发展和国家繁荣富强的缩影。现在马拉松运动已成为我国人民最喜爱的体育运动项目之一，马拉松的赛事愈来愈多，而且成为各大城市热衷的、有广泛群众参与的健身活动，在体育发展中起着越来越重的作用。当年轻人参加马拉松比赛，他就选择了“坚韧、顽强”，他以与高手比肩为荣，以展示坚忍顽强为荣。当一名老者参加马拉松比赛时，他想到的并不是名次夺冠，他只是想更加完美地展示生命的力量！鹤发童颜仍英姿勃发、激情满怀，他们以自己的行动诠释着“生命在于运动”，以积极的态度面对人生！

国家的发展同样需要马拉松精神。当前我国在经济发展中遇到了一些特殊困难，如震后重建，百废待兴，全球金融危机影响巨大，抗旱保粮也刻不容缓，但只要我们万众一心，众志成城，不断增强我们的民族凝聚力和战斗力，就一定能渡过难关！

大爱在人间，35 万遗产捐建希望小学！

附图 1-13　陈铭训副教授

陈铭训（1928—2008），江苏常州人，副教授。1950 年毕业于中央大学体育系（南京），1951 年 2 月在燃料工业部干部学校学习，同年 8 月到北京煤炭干部学院任教，1953 年调往燃料工业部干部学校，任体育组组长。1961 年调至北京矿业学院任教，至 1988 年从中国矿业大学退休。

在中国矿业大学档案馆保存着一份特殊的扶贫档案——学校体育学院陈铭训老人留下的一份遗嘱。遗嘱中，他希望用毕生攒下的 35 万元人民币在贫困地区捐建一座希望小学。

2007 年 12 月，饱受食道癌病痛的陈铭训老人预感自己时日不多，立下了这份特殊的遗嘱，老人说：“我是一名平凡的教师，无惊天伟业，我热爱我的工作，我希望有更多的孩子不因贫困而失学，能够受到教育，将来做一个正直的人、对社会有用的人。我一辈子积蓄不多，只能在最后为社会尽一点微薄之力……”老人的最大遗愿是建设一所希望小学，希望命名为“铭训希望小学”，并以“诚实、上进、友爱、健康”作为校训。“铭训”既是老人的名字，也蕴含着老人对希望小学孩子们的殷殷期望。老人不知道自己捐出的资金是否足够建设一座希望小学，遗嘱中表达了愿意与其他赞助合办，如果均不能实现，就用这笔遗产为徐州绿化尽一点微薄之力。

陈铭训老人是矿大体育学院一名普通教师，他终身未娶，把毕生精力都献给了三尺讲台和求知若渴的学生。35 万元在 2007 年是一个不小的数目，是陈铭训老人一生省吃俭用攒下的，他生前的邻居说：“陈铭训一生淡泊名利，生活节约，任何

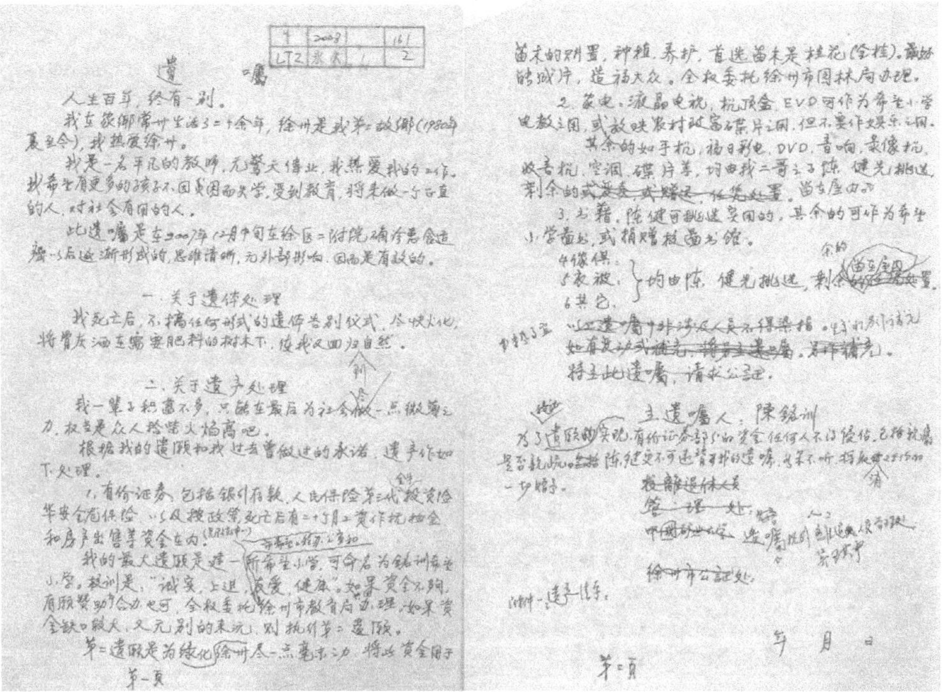

附图 1-14　陈铭训先生遗嘱手稿

时候都保持艰苦朴素，35 万元是他一点一滴积累下来的，现在捐献出来，了却了他最后的愿望，也使老人的在天之灵得到安慰。”

承载着这份沉甸甸的临终嘱托，矿大对完成老人的最大心愿——建设一所希望小学，投入了大量的精力。老人去世不久，2008 年初便与丰县教育局签署协议，将陈铭训老人的 35 万元遗产分期捐赠给丰县王沟镇，改建当时办学条件很差的张河小学。为了不辜负老人的期望，学校责成有关部门全程监管经费的使用，经过一年的建设，张河小学焕然一新，达到了省合格农村小学的标准。遵照陈铭训老人的遗愿，张河小学正式更名为“铭训希望小学”。

“铭训希望小学”，这所对矿大有着特殊意义的小学受到越来越多师生的关注和牵挂，每年都有师生倾注爱心，以“情”传“情”，他们或组织支教活动，或设立相应励志奖学金，或定时捐赠慰问……通过各种途径，利用各种资源，默默地帮扶着小学的教育教学工作。从此，校园里彩旗飘飘、书声琅琅，一派朝气蓬勃、积极向上的景象。教学楼墙上“诚实、上进、友爱、健康”的校训映着和煦的阳光，承载着陈铭训老人对孩子们的殷切希望和谆谆教导，也成为矿大师生扶贫成效的见证。

“落红不是无情物，化作春泥更护花”，陈铭训老人临终播种下的这颗种子，将在这片贫困的土地上长成参天大树。

附图 1-15　2008 年 11 月 12 日上午，徐州市丰县铭训希望小学在丰县王沟镇张河村举行落成剪彩仪式

参加过第十一届奥运会的我校教师

附图 1-16　刘宝成教授

刘宝成(1916—1993)，天津人，教授。1952 年 12 月进入北京矿业学院基础课体育教研组任教，1984 年退休。

1937—1939 年就读于天津工商学校，后入北京辅人大学政治经济系。

1936 年，刘宝成作为中华民国篮球队中锋参加了在德国柏林举行的“第十一届奥运会”，在第十八届华北运动会、中华民国第六届全国运动会上获得跨(高)栏比赛冠军，并保持纪录达 20 年之久。刘宝成教授还多次代表天津、华北地区及中国参加国内外篮球、田径大赛。

刘宝成于 1940 年 6 月进入天津警察局工作，1946 年进入天津联勤陆军医院工作，1949 年在家中自谋生路，1952 年 7 月至 1952 年 12 月进入天津津沽附中任体育教员。

1952 年 12 月，进入北京矿业学院基础课体育教研组任教。曾先后任北京市

附图 1-17 刘宝成先生参加第十一届柏林奥运会时的参赛证件及与队友的合影

篮球协会委员、北京矿业学院学生男子篮球队和田径队教练。

任教练期间，学院男子篮球队曾获北京市高校比赛冠军，队员方乃庆、董杰浦曾代表中国大学生篮球队参加在布拉格举行的世界青年联欢节篮球赛。

任教练期间，田径运动员刘书谦曾打破男子 200 米栏全国纪录，孙贵武获北京高校男子高、中栏第一名，刘景智获北京高校标枪第一名等。为学校(北京矿业学院)获得“全国体育运动红旗院”作出了重要的贡献。

我校聘请的篮球专业教练员

白江

白江，1963 年 7 月出生于江苏省南京市，身高 193 cm，前男篮国手。教授，硕士生导师。CUBA 男篮历史上第一位率领过华中科技大学、中国矿业大学两支不同球队夺冠的教练。

附图 1-18 白江教授

19 岁起开始征战 CBA 的前身——甲 A 联赛，他分别在华南、江苏、四川打拼，在 CBA 的前几个赛季，其身手不凡。而在 1986—1990 年期间，南京军区男篮青年球员白江就曾多次入选过男篮国家队，获第十一届北京亚运会男子篮球冠军。

2003 年 12 月，南京军区男篮正式撤编，白江以转业军人的身份“二次就业”，于 2004 年 1 月出任华中科技大学男篮主教练，创造了 CUBA 历史上球队第一次闯入八强就拿下总冠军的奇迹。

2004 年 9 月，受聘调入中国矿业大学，担任男篮主教练，经过几年的精心打磨和调教，2008 年，白江带领矿大男篮在第十届 CUBA 联赛中以东南赛区亚军的身份入围八强。在 2009 年第十一届 CUBA 联赛上，带领中国矿业大学男篮球员一路过关斩将，为中国矿业大学男篮取得了历史上第一个总冠军。2010 年第十二届中国大学生 CUBA 篮球联赛中，获得全国亚军。

2011 年 4 月，调入中南大学，担任男子篮球队和女子篮球队总教练，享受“长江学者”待遇。带领男篮获得 2014—2017 湖南省赛区四连冠，西南赛区四连冠，全国八强，全国大学生男子篮球超级联赛第六名，湖南省第十届大学生运动会男子篮球冠军等荣誉，在第十八届 CUBA 大学生篮球联赛中历史性闯入全国四强，第十九届 CUBA 大学生篮球联赛中夺得亚军。白江教练成了 CUBA 史上第一位带领三支不同的球队打进全国四强赛的教练！军人出身的他以训练严厉和比赛顽强著称，人称“铁腕教练”。

2018 年 4 月 20 日，中国篮球协会公布《关于组织国家男篮集训选拔的函》，中南大学篮球队主教练、前国手白江入选中国男篮蓝队助理教练组。作为唯一一名 CUBA 高校教练与另三名助理教练（杨文海、王怀玉、张博雨）一起，协助中国男篮蓝队主教练杜锋对最新一期中国男篮蓝队队员进行选拔和集训工作。

李汉亭（1928—2004）

李汉亭，男，山东省掖县（现莱州市）人，1952 年毕业于天津津沽大学体育系。1950—1955 年我国第一代国手，是中国篮坛不多见的才子。其篮球技艺高超，快速运球突破的绝招儿令人赞叹，参加过芬兰赫尔辛基奥运会。1956 年任国家男篮“蓝队”教练，1957—1958 年任天津女篮主教练。1959—1988 年任河北省女篮主教练、总教练，率领河北女篮获得第二届全运会冠军和 1960、1961、1974 年全国甲级联赛亚军。培养出李世华、陈秀珊、雍容、傅彬、李丽丽、郑冬梅、刘军等 14 位国手，深受队员们爱戴。

曾当选中国篮球协会委员、女子教练委员会副主任、河北省篮球协会主席、教练委员会主任。在担任教练期间，提倡女子技术趋向男子化，树立“动、快、巧、准”的技、战术风格，并使河北女篮成为当时我国一支具有凝聚力和战斗力的平原劲旅。

1988 年退休后，放弃了与家人团聚和休闲舒适的生活，只身来到河北省邢台。在邢台市矿务局组建了一支女篮，被聘为女篮教练。经过三年的精心调教，使邢台煤矿女篮连续 4 次获得全国煤矿系统篮球赛的冠军，同时还夺得过全国大企业比赛冠军。李汉亭在邢台市矿务局女篮干了十多年后，他说：“我已年逾古稀，但仍酷爱篮球，只要球队需要我，我就要努力做一个合格的教练。”

1997 年被中国矿业大学聘为女篮教练。率领中国矿业大学女篮先后获得 2000 年第二届中国大学生 CUBA 篮球联赛女子篮球全国总冠军、2002 年第四届中国大学生 CUBA 篮球联赛女子篮球全国亚军等优异成绩。

1999 年被选为新中国篮球运动员 50 杰之一。

2004 年 3 月 26 日，李汉亭因病在天津逝世，享年 76 岁。

张世璋

附图 1-19 张世璋

运动员出身，从 2008 年开始在青岛男篮青年队工作。在任期间，青岛青年队一直在青年联赛中保持着前八的成绩，最好成绩更是取得青年联赛第三名。于 2012 年 11 月 29 日，接替青岛外籍教练姜正秀，任青岛队主教练。2013 年 3 月 17 日，张世璋辞去青岛队主教练。

2004 年至 2007 年，受聘出任中国矿大女篮主教练。

在任期间，率领矿大女篮，在第六届至第九届 CUBA 中国大学生联赛中，连续四届获得东南赛区冠军，总决赛前八名的优异成绩。

董昆岭

20 世纪 80—90 年代河北男篮队员，1998—2005 年担任河北露露男篮（甲 B）主教练。2008 年至 2014 年被聘为矿大女篮主教练。在任期间，带领矿大女子篮球队获得 2009 年全国煤炭系统“乌金杯”女子篮球赛冠军、2014 年第十六届中国大学生 CUBA 篮球联赛东南赛区冠军等成绩。

我校与江苏省共建女子篮球队，江苏省女子篮球队多名主力队员被我校录取为高水平运动员，获得我校学士、硕士学位。其中包括国家队著名女子篮球运动员陈晓佳、卞兰、周汉婷、许诺等球员。还聘请江苏省女篮教练熊艳为我校兼职教授。

附录二 重大赛事记

献礼矿大百年校庆，铸就篮球运动辉煌

——第11届CUBA中国大学生篮球联赛矿大男篮夺冠历程

篮球，在矿大百十余年的历史积淀中及栉风沐雨的辉煌历程上，一直占据着非常重要的位置。早在1932年的焦作工学院时期就成立了学校篮球代表队，参加河南省及华北运动会，球技精湛，威震一方。有人说，篮球是矿大体育的图腾，它深深扎根于矿大校园，也繁衍盛开于矿大校园。而CUBA之于矿大体育，就像是灯塔，让一代又一代的矿大人披荆斩棘，为梦前行。

2009年6月26日至29日，CUBA男子组全国总决赛中国矿大对阵山东科大，从中国矿业大学文昌校区到山东科技大学体育馆，中国矿大与山东科大男篮的巅峰对决牵动着所有球迷的心。经过激烈的角逐，首次进入全国总决赛的中国矿大男篮以93∶91战胜上届八强赛的老对手山东科大男篮，历史上首次夺得CUBA总冠军，为矿大百年校庆献礼。

一、矿大主场首秀 揭幕战酣畅淋漓

2009年3月16日下午，中国矿业大学文昌校区体育馆里人潮涌动，座无虚席，第十一届CUBA联赛东南赛区开幕式暨揭幕战——中国矿业大学男篮迎战浙江大学男篮的比赛在这里举行。

开幕式后进行了首场中国矿业大学对阵浙江大学的比赛。最终，矿大男篮以79∶80惜败浙大男篮。中央电视台体育频道对开幕式和本场比赛进行现场直播。

3月22日，CUBA东南赛区进入半决赛，19:00时开始的男子组第一场比赛中，我校男篮62∶46战胜华东交大进入决赛，继上届联赛后连续第二次获得全国八强赛的资格。

3月23日，CUBA东南赛区进入最后一天。14:30时，最令人期待的男子组冠军之战开赛，华侨大学男篮技高一筹，最终以90∶74的比分战胜矿大男篮，蝉联了七届CUBA东南赛区冠军。

附图 2-1 第十一届 CUBA 中国大学生篮球联赛东南赛区开幕式现场

附图 2-2 比赛现场

二、猎杀“西北狼”，挺进半决赛

2009 年 5 月 14 日下午，第十一届 CUBA 八强赛首轮中国矿业大学男篮对阵西北工业大学男篮的首场比赛在中国矿业大学体育馆打响。经过激烈的角逐，中国矿大抓住主场优势，以 76：70 的比分取得八强赛首场胜利。

比赛开始后，中国矿大抢得球权并由 10 号孙术奇快攻中投拿下 2 分。西北工大随后展开反击，由 14 号王振宇成功拿下“2＋1”分。随后中国矿大快速进入比赛状态，多次组织快攻、传切配合、远投三分、造犯规等战术，打出了 13∶0 的高潮，将比分一度拉开。西北工大前场一度混乱，篮板大战不断展开。教练王立彬果断暂停，重布战术，立见成效，一度将比分拉近。首节矿大以 26∶14 结束。

第二节比赛，西北工大先发制人，多次组织有效进攻，一度将比分追成 29∶29 平。随后比分交替上升，上半场双方均有 6 次失误，以 38∶38 进入下半场比赛。

下半场双方均有出色发挥，使比赛格外激烈精彩。第三节开始后，比赛进入白热化，矿大男篮抓住主场作战机会，以 59∶56 领先 3 分进入末节。

最后一节比赛开始即进入拉锯战。中国矿大 14 号王戈见缝插针，制造对方犯规，两罚全中，将分差拉至 5 分，随后的 3 分钟内，双方加强防守，双方均无进球。中国矿大 11 号孙大虎抓住机会，一记精准三分将比赛推向高潮，随后 4 号刘洋洋外线三分造对方打手犯规，三投两中。西北工大咬紧牙关，加强进攻节奏，迅速将比分拉近 66∶60。经过短暂暂停，西北工大 13 号赵琳与队友配合默契，远投三分进账。矿大 5 号王京一抓住西北工大前场失误，快攻双手灌篮，将比赛推向最高潮。最终，中国矿大以 76∶70 取得八强赛首场胜利。

附图 2-3　比赛现场

2009 年 6 月 4 日，双方第二回合的比赛在西北工大主场进行。矿大男篮经过顽强拼搏，最终以 71∶67 猎杀“西北狼”西北工业大学男篮，以两战全胜的战绩进入全国半决赛(四强赛)。

三、半决赛双杀哈尔滨工业大学队,首次挺进全国总决赛

2009 年 6 月 11 日,第十一届 CUBA 中国大学生篮球联赛的半决赛中国矿业大学对阵哈尔滨工业大学的首场比赛,在哈尔滨工业大学体育馆举行。时任校长葛世荣、副校长宋学锋亲临赛场督战。整场比赛异常激烈,比分咬得很紧,长时间处于胶着状态。矿大男篮不畏强手,经过顽强奋战,终以 106∶93 的比分,首擒哈尔滨工业大学男篮,获得半决赛首场比赛的胜利。

附图 2-4　比赛现场

2009 年 6 月 24 日上午,CUBA 半决赛中国矿业大学对阵哈尔滨工业大学的第二场比赛在矿大文昌校区体育馆举行。比赛于 9:50 开始,2 000 多人的场馆爆

满，现场气氛热烈，观众呐喊助威声不断。

比赛伊始，哈工大郑飞中投命中先拔头筹，随后比赛进入对攻阶段。矿大男篮发挥三分球与主场优势，哈工大男篮则稳扎稳打，双方比分交替上升。随后，矿大男篮的全场紧逼战术突见奇效，哈工大男篮前场混乱，失误频频，矿大男篮抓住机会，利用中投与远投迅速将比分拉开为 21∶14。第一节最后，矿大男篮由王戈命中压哨球，以 23∶14 领先结束首节比赛。第二节伊始，哈工大马平鑫的高难度后仰中投命中，随之打出 6∶2 的小高潮，哈工大男篮将比分拉近为 27∶22。经过短暂暂停，矿大男篮重新调整状态，阵地防守战效果明显。矿大男篮放缓紧逼步伐，哈工大男篮则乱中求稳，最终双方以 36∶34 进入下半场比赛。

下半场易地再战，双方都加强防守，矿大男篮由刘洋洋后场抢断快攻得手，哈工大则成功打出高低位战术，由马平鑫罚球、后仰中投及远投三分，将比分反超为 44∶40。队长王京一凭借丰富经验，造成对手三分犯规，我方三投两中。随着双方有效对攻的进行，精彩镜头频频上演，王戈前场上篮得分，张萌成功打出“2+1”，矿大男篮又将比分反超，以 57∶54 结束第三节。第四节比赛开始，哈工大男篮背水一战，使尽浑身解数，可惜三分命中率依然很低，得分平平。矿大男篮稳扎稳打，依靠全场紧逼、快速反击等战术将比分拉开至 11 分。最后三分钟，矿大男篮打二次进攻的时间战，并由孙术奇在多人防守的情况下上篮得分，将主场气氛推向高潮。经过激烈的角逐，主场作战的中国矿大男篮凭借全场紧逼与三二联防等战术以 78∶63战胜哈工大，以 2∶0 的总比分首次挺进全国总决赛。

四、顽强拼搏，CUBA 全国总决赛首登顶

2009 年 6 月 26 日下午，第十一届 CUBA 联赛全国总决赛首场由中国矿业大学男篮迎战山东科技大学男篮的比赛在矿大文昌校区体育馆举行。体育馆内座无虚席，呐喊助威声此起彼伏。

比赛开始后，双方拼抢异常激烈，中国矿大男篮由 10 号孙术奇远投三分率先得分，山东科大男篮随即组织有效进攻予以还击，并成功造成孙术奇连续两次犯规。中国矿大男篮刘洋洋接队友发球后快速推进，见缝插针成功强打上篮得分，将现场气氛推向高潮。随着比赛的激烈进行，现场气氛空前高涨。中国矿大男篮以 25∶21 领先结束第一节。

第二节开始后，中国矿大以快速灵活的优势，利用快速攻防转换，多次由 8 号华志在前场背身单打多人得手。比赛进入三分战，中国矿大男篮孙术奇、孙大虎等，山东科大男篮李海等多次上演精彩远投三分，双方比分随之迅速上升。中国矿大男篮以 51∶46 五分优势将比赛带入下半场。

下半场易地再战，双方延续了上半场的进球热。双方你来我往，中国矿大男篮主打外线，山东科大男篮以内线强攻为主。随着山东科大男篮 13 号周雨的强攻上

篮得分，山东科大首次将比分反超。中国矿大男篮不甘落后，稳住阵脚，连续快攻得手，比分随之交替上升。中国矿大重整战术，效果立竿见影，随着杨飞的两罚全中，再次将分差扩大到6分。山东科大男篮抓住对手的出手犹豫破绽，利用外线进攻点为主将比分拉近。中国矿大男篮以68：67微弱优势结束第三节。

最后一节开始后，中国矿大男篮稳扎稳打，双方比分咬得很紧。山东科大男篮利用快攻再次将比分反超，中国矿大随即请求暂停，但是暂停并没有打乱山东科大男篮的进攻节奏，比赛场面愈加紧张。中国矿大男篮前场连连失误，三分命中率下降，山东科大男篮抓住机会，将分差拉至4分。最后15秒，山东科大男篮以82：80领先2分进入暂停。随后山东科大男篮两罚颗粒无收，中国矿大男篮最后时刻投进压哨两分，以82：82将比赛带入加时赛。

现场气氛随着加时赛的开始迅速高涨，加油助威声震耳欲聋。山东科大男篮首先利用李海的三分球将比分拉开，随之中国矿大男篮三分终于打成。关键时刻中国矿大男篮孙术奇单手大力扣篮打出了主场气势，将现场气氛推至最高潮，也将比分反超。最终，首次进入全国总决赛的矿大男篮以93：91战胜上届八强赛的老对手山东科大男篮，取得总决赛首场比赛的胜利。

双方球队曾在2008年的第十届CUBA八强赛中相遇，当时山东科大男篮以总比分2：0淘汰矿大男篮进入全国四强。本届CUBA我校男篮一路突进，自八强赛以来以全胜的战绩首次挺进全国总决赛。

2009年6月29日下午，CUBA男子组全国总决赛中国矿大对阵山东科大的第二回合比赛在山东科大体育馆举行。

比赛一开始，山东科大男篮夺得跳球，队员张金鹏、张康先后拿下五分。中国矿大男篮随后由队长王京一投篮与两个罚球得分予以还击后，双方前场拼抢激烈，中投、罚球不断，比分交替上升。中国矿大男篮16：11领先后，山东科大男篮果断暂停，随后加强防守，并造成中国矿大男篮一次技术犯规，但队员李海罚球两投不中。中国矿大以20：15结束第一节。

第二节比赛，山东科大男篮后卫周雨强强攻上篮得分，中国矿大男篮孙术奇以高难度中投还以颜色。比赛随后进入快节奏的攻防转换阶段。山东科大男篮凭借传切配合战术制造空档，以远投三分打破僵局，利用主场优势，在比分落后的情况下稳扎稳打，将比分死死咬紧。随着山东科大男篮最后30秒的三分命中，比分追成32平。紧接着，矿大男篮孙术奇中投命中，以34：32结束第二节比赛。

下半场易地再战，中国矿大男篮刘洋洋急停中投率先得分，双方展开拉锯战。随之山东科大男篮凭借快攻上篮与远投三分将比分反超为37：36。中国矿大男篮不甘落后，队长王京一记旱地拔葱式双手暴扣予以反击，随后13号王振一打三篮下强攻得分将比分改写为43：41。山东科大男篮加强防守，成功命中三分后打出7：0小高潮。双方强攻不断，前场异常混乱，第三节结束时双方以50：50

战平。

山东科大男篮第四节发力，将主场优势发挥得淋漓尽致。中国矿大男篮一记三分不中，山东科大男篮前场抢断并成功得到“2＋1”分。山东科大男篮加快进攻步伐，再次打出 10：0 的小高潮。中国矿大男篮孙大虎凭借三分远投与上篮独得 5 分，将分差拉近。

附图 2-5　比赛现场

比赛还剩 4 分 50 秒，比分定格为 64：52，两队相差 12 分。如果以这样的分差继续下去，按照规则，矿大全盘皆输，将无缘金篮板。山东科技大学的学生正准备庆祝时，在客场震耳欲聋的呼喊声中，白江教练很清醒，矿大队员也没有迷失，没有退缩，没有放弃。不到最后一刻，比赛就没有结束！在矿大队员的心目中，比赛还没有结束。

暂停！白江教练开始布置战术后，矿大队员迈着坚定的步伐回到了场上。他们的眼中，有一种刚毅，有一种不服输、不放弃的神色！关键时刻，刚替换上场的孙大虎稳稳地命中一记 3 分，这是金子一般的 3 分，矿大队员看到了希望！接下来，孙大虎又顽强地补篮得手，似乎那远去的金篮板开始向矿大靠近。接下来，全体矿大队员团结一致，努力拼搏！一次次的倒地，一次次的拼抢，凭借坚强的意志和顽强的信念顶住了山东科大的一次次强硬冲击，筑起了防线上的钢铁长城，同时也一点点消磨着对手的防守意志，最后两分钟使对手一分未得。这时候，他们的身上有着矿大精神的完美诠释！随着王振上篮得分，矿大队员把握住了机遇。在最后 17.6 秒稳住阵脚，将比分控制在山东科大以 68：61 领先。

由于中国矿大在 26 日双方第一回合的比赛中，主场获胜；在客场的比赛中，只要再次获胜，就能获得总冠军。根据联赛规则，主场作战的山东科大想要夺冠，需净胜 9 分以上，如领先不足 9 分，双方将通过罚球决胜。

在与时间和命运的赛跑中，矿大队员暂时取得了一个喘息的机会！但是，更艰难的考验——罚球决胜又摆在了我校球员面前。客场作战的不利因素在罚球决胜中体现得更为明显，矿大队员将面临更严峻的考验。

罚球大战中，中国矿大张萌、华志、孙术奇、王戈、高原五人依次出场。

双方罚球战至 3∶3 平。矿大王戈稳稳地命中罚球，4∶3……

接下来，矿大出场的球员是高原，一张年轻而稚气的脸，他在八强赛中还没有过出场，在这关键时刻，他能顶得住压力，创造历史吗？时势造英雄的时刻到了，现场噪声不断，充气棒在他的视野中乱舞，一切好像都充满了未知……

高原目不旁视，坚毅地走向罚球线，轻轻地拍了拍球，表情显得沉稳而冷静。

所有人的目光都集中在了罚球线上，罚球线离篮筐的距离很短，短得一个跳跃就可触手可及；可这距离又很长，长得一个投篮就可能失去那金灿灿的金篮板。

抬臂，扬手，抖腕……空气仿佛凝滞了，现场的噪声仿佛被隔绝，挥舞的空气棒仿佛被时间静止，球缓缓地在空中划过一道弧线，飞行时间实际可能不会超过一秒，但现场的人们感觉时间仿佛很长。伴随着一声清脆的声音，球轻轻地擦过篮筐，进了！电子记分牌上的红色比分变成了“5∶3”。现场的播音员开始播报：“中国矿业大学获得第十一届 CUBA 总冠军……”

高原飞速地奔向队友，大家很快抱成了一团，把白江教练抛到了空中！篮球场中心成了矿大队员欢乐的海洋！

附图 2-6　中国矿大男篮历史上首次捧得金篮板

英雄，英雄，他们是矿大的英雄，他们捧回了第十一届 CUBA 男篮总冠军金篮板，他们创造了新的历史，他们为百年矿大的辉煌再添荣光！全校师生热烈欢迎他们凯旋！学校在行政楼前举行盛大仪式欢迎男篮健儿凯旋。

2009 年 6 月 30 日下午，南湖校区，风和日丽，万里无云，校领导和师生聚集东大门，“热烈欢迎男篮健儿凯旋！”“永不服输，永不低头，矿大队员好男儿！”的横幅早早挂出，几十米的队伍长长排起，从东门直达行政办公楼门前，高擎旗帜、手持自制标牌的同学们兴高采烈、翘首以盼，整个南湖校区呈现出一片欢欣鼓舞的气象！

下午 5 点 15 分，男篮英雄们高举象征冠军的金篮板走出车门，立刻就被卷入

附图 2-7　学校举行盛大仪式欢迎男篮健儿凯旋

欢乐的海洋，握手、拥抱、献花……整个人群沸腾了，高呼英雄的声音此起彼伏。当他们走过欢迎队伍时，乐曲、掌声将英雄们重重包围，他们每移动一步，都会立即引起两边的欢迎队伍的变形。

当男篮队员到达南湖校区行政楼前时，在师生的簇拥下，在军乐团的乐曲声中，欢迎校男篮健儿凯旋仪式正式举行。时任校领导罗承选、葛世荣、邹放鸣、张爱淑、赵跃民、宋学锋、曹德欣、秦勇出席仪式，全校各部门、各学院负责人及各学院学生代表上千人参加了欢迎仪式，仪式由时任副校长宋学锋主持。

欢迎仪式上，时任校长葛世荣高度赞誉了男篮健儿："在本届 CUBA 比赛中，男篮健儿众志成城，不畏强手，顽强拼搏，一路过关斩将，高歌猛进，完胜西北工大，力挫哈工大，智战山东科大，终于梦圆青岛，捧得金篮板，历史上首次夺得 CUBA

男篮总冠军，书写了我校体育运动和篮球运动史上又一个辉煌！胜利来之不易，荣誉极其珍贵，你们是CUBA赛场上的明星，你们是学校的功臣，你们是全校师生员工心目中的英雄！”他指出：“三年不鸣，一鸣惊人；不飞则已，一飞冲天。我校男篮今日的辉煌，来自多年来的埋头苦干，来自平时的刻苦训练，更来自一种精神，这种精神，也就是矿大人的精神。这次CUBA比赛，我校男篮向全国的观众展现了矿大人的风采，昭示了矿大人的精神！这种精神，值得我们永远秉承和发扬。”

附图 2-8 欢迎仪式

教练白江在仪式上发言：第一，感谢校领导及学院对球队的关心和支持；第二，感谢队员的拼搏和奋斗为百年校庆献了一份厚礼；第三，感谢自己的团队中每一个成员的团结与协作。他表示，今天的成绩只是明天的基石与奋斗方向，自己会带领球队为学校取得更多的成绩，争取更多的荣誉。

男篮队长王京一在仪式上表示，十分感谢所有关心、支持男篮的老师和同学，他们成功获得了第十一届CUBA总冠军，为学校的百年校庆献上了自己最好的礼物，今后一定会持之以恒，继续发扬顽强拼搏的精神，永远不服输，永远争第一。

附图 2-9 校领导手捧“金篮板”与男篮队员合影

校男子篮球队员不畏强手、奋勇拼搏，充分发挥为校争光的爱校精神、敢打敢拼的奋斗精神、团结协作的团队精神、精益求精的敬业精神、勇攀高峰的创新精神，在第十一届 CUBA 中国大学生篮球联赛总决赛上，首次夺得 CUBA 总冠军，为学校赢得了巨大的荣誉、为学校的百年校庆献上了一份厚礼。

为表彰先进，进一步激励广大师生，2009 年 7 月 7 日，学校决定授予校大学生男子篮球队“校级优秀集体”荣誉称号；授予孙术奇、王京一、杨飞、刘洋洋、高原、华志、孙大虎、王戈、王振、张萌、徐玉林、宋雪涛等十二名同学“校级优秀学生标兵”荣誉称号。

站上最高领奖台，这是一个时代的起点。

“阳光运动，健康追梦”，打造校园体育金牌赛事

——中国矿业大学半程马拉松赛纪实

为响应共青团中央“走下网络，走出宿舍，走向操场”的倡议，促进全民健身活动开展，旨在引导青年学生在阳光运动中健康成长，在挑战自我、超越极限、磨砺意志中出彩人生，用“青春行”接力“中国梦”；打造我国校园“金牌赛事”为目的的“中国矿业大学半程马拉松赛”应运而生。

第一届

中国矿业大学首届半程马拉松赛于2013年11月2日8:30在南湖校区举行。校党委书记邹放鸣、校体委主任、副校长宋学锋，校体委副主任、校党委副书记曹德欣，各相关部门负责人及学院党委副书记出席了起跑仪式。校党委书记邹放鸣为首届校园半程马拉松赛鸣枪发令。

比赛路线起点为中国矿业大学南湖校区图书馆正门北侧，终点为学校博物馆北门广场，全程沿学校环路内侧车道逆时针绕行七圈，共21.0975公里。425名参赛师生中教师39人，学生386人，年龄最大的57岁，年龄最小的仅16岁。

起跑后，学校马拉松协会会长、材料学院彭邓鹏同学迅速脱颖而出，随后一直成为比赛的“领头羊”，并以1小时20分28秒的成绩，率先冲过终点，成为学校半程马拉松赛中第一个完赛的选手。

女队员巾帼不让须眉，在比赛进行至1小时36分02秒时，体育学院韩小田同学也顺利到达终点，成为女子组第一名。

本次比赛年龄最大的选手，安全学院王德明教授可谓是老当益壮，在2小时不到的时间内就到达终点。他一直热爱体育运动，在得到比赛消息后，毫不犹豫地带领他的团队一起报名参赛。

对于很多选手来说，他们对跑马拉松有着深刻的感受和理解。大学生健康教育中心李红娇老师说：“跑马拉松是一个自己与自己对话的难得机会，要有自己的节奏。”

比赛结束后，校党委书记邹放鸣、副校长宋学锋、副书记曹德欣出席颁奖仪式。

为保障比赛的顺利举行，校大学生马拉松协会于2013年10月28日晚，在博二C202教室举行了“阳光运动，健康追梦”首届半程马拉松赛赛前培训会。邀请体育学院国家级田径裁判、本次半程马拉松赛主裁判刘晓伟副教授，校党委武装部军事教育科科长、学校定向越野高水平运动队教练乔兰波等专家出席，400余名选手参加了培训会。

体育学院呼吁选手们积极参与比赛，体验长距离奔跑感受，迎接长跑挑战，提

高耐力素质，培养坚强的意志品质，促进身心健康发展，同时丰富校园文化生活，创建矿大体育品牌赛事。活动结束时，参与培训的选手们纷纷表示本次培训的收获颇丰，不但对马拉松赛的相关规则有了更多了解，更增长了自己对体育锻炼方面的知识，有助于制定更好的个人身体素质发展规划。

赛前，体育学院精心做好各项准备工作。从运动员的报名筛选、健康检查到运动场地的布置，一一严格按照标准进行。在路线设计上，经过认真考虑，选取了安全性较高的校内环路。为了测量准比赛的路程，比赛组委会邀请了环测学院张书毕教授沿路内侧 30 厘米处进行了精确测量，每圈为 3 109.02 米。在计时方法上，借鉴了定向越野比赛的计时方法，采用了较为先进的电子计时，每名运动员比赛中将会随身携带一枚电子芯片，这枚电子芯片将全程电子记录该运动员的比赛成绩。为了做好服务，在比赛环路上，设置了多个医疗点、饮料服务点及洗手间入口。

中国教育电视台、《中国体育报》、腾讯网、中新网、《新华日报》、《现代快报》、《徐州日报》、徐州电视台、《都市晨报》、《彭城晚报》等媒体到现场进行了采访。

第二届

2014 年 11 月 1 日上午，中国矿业大学第二届半程马拉松赛在南湖校区图书馆前鸣枪起跑。来自全校的 500 余名跑步爱好者迈开矫健步伐，场外万余名热情观众呐喊助威，呼声雷动，构成了校园一道靓丽的风景线。

附图 2-10　第二届半程马拉松赛起跑现场

比赛路线起点为南湖校区图书馆正门北侧，终点为博物馆北门广场，全程沿学校环路内侧车道逆时针绕行七圈，共 21.097 5 公里。与首届赛事不同的是，为了适应更多人参加到这项运动中来，本次赛事还增设了迷你马拉松(5.5 公里)。512 名参赛运动员中，348 人参加半程马拉松，164 人参加迷你马拉松，教师 23 人，学生 489 人。

经过激烈角逐，最终材料学院彭邓鹏和体育学院韩小田分别以 1 小时 17 分 44 秒和 1 小时 42 分 37 秒的成绩，夺得男、女子组冠军。

第三届

2015 年 11 月 7 日上午，中国矿业大学第三届半程马拉松赛暨首届全国高校半程马拉松赛在南湖校区图书馆前鸣枪起跑，千余名跑步爱好者迈开矫健步伐，场外万余名热情观众呐喊助威，呼声雷动，构成了校园一道靓丽的风景线。

中国矿业大学半程马拉松赛是 2015 年中国田径协会注册赛事，也是中国首个且唯一校园马拉松注册赛事。以往参赛的都是矿大学生和教师，今年第一次面向校外人员举办比赛。比赛路线起点为南湖校区图书馆正门北侧，终点为博物馆北门广场，全程沿学校环路内侧车道逆时针绕行七圈，共 21.097 5 公里。为了让更多人参加到这项运动中来，该赛事自诞生以来，除半程马拉松外，还设置了迷你马拉松(5.5 公里)项目。

来自中国矿业大学、北京大学、东南大学、郑州大学、山西财经大学、安徽师范大学、河南理工大学、江苏师范大学、徐州医科大学、徐州建筑工程学院、曲阜师范大学、福建农林大学、北京信息科技大学、徐州工程兵指挥学院、徐州财经高等职业技术学校等 40 多个高校及社会单位的 1 026 名参赛运动员齐聚美丽的南湖校区，享受马拉松的魅力，领略校园人文美景。其中，903 人参加半程马拉松，123 人参加迷你马拉松。参赛选手中有 600 余人参加过国家级和世界级的马拉松赛事。

附图 2-11　2015 年 11 月 7 日第三届中国矿业大学半程马拉松赛暨首届全国高校半程马拉松赛起跑

比赛一开始，矿大材料学院 2011 级校友、原马拉松协会会长彭邓鹏就脱颖而出，并在比赛进行至 1 小时 15 分 38 秒时，率先冲过了终点，成为第一个完赛的人。女队员巾帼不让须眉，在比赛进行至 1 小时 38 分 34 秒时，体育学院黄淑贞也顺利达到终点，成为女子组第一名。

中央电视台 CCTV-5、《新华日报》、《现代快报》、《扬子晚报》、人民网、中国新闻网、中国江苏网、《徐州日报》、《彭城晚报》、《都市晨报》、徐州电视台、徐州人民广播电台等媒体到现场进行了报道。

第四届

2016 年 11 月 6 日 8:30 时，第四届中国矿业大学半程马拉松赛暨第二届全国高校半程马拉松赛在中国矿业大学南湖校区图书馆前鸣枪起跑，近 2 000 名跑步爱好者参加。

中国矿业大学半程马拉松赛是 2016 年中国田径协会注册赛事，运动员来自北京、上海、天津、重庆、广东、新疆、甘肃、台湾等全国 25 个主要省市及地区。他们当中不仅有中国选手，也有来自美国、西班牙等国的外籍选手，更有来自中国矿业大学、浙江大学、同济大学、南京大学、上海交通大学、第四军医大学、江苏科技大学、重庆大学、天津工业大学、哈尔滨工业大学、兰州大学等全国高校的在校学生，赛事规模达历届最高。

本次比赛路线起点为南湖校区图书馆正门北侧，终点为博物馆北门广场，全程沿中国矿业大学环路内侧车道逆时针绕行七圈，共 21.097 5 公里。为了让更多人参加到这项运动中来，该赛事除半程马拉松外，还设置了迷你马拉松(5.5 公里)项目。其中，1 451 人参加半程马拉松，488 人参加迷你马拉松。参赛选手中多人参加过国家级和世界级的马拉松赛事。年纪最大的选手已近 60 岁，还有一家三口共同参加的，其中小孩年龄仅 9 岁。年龄最小的参赛大学生为 00 后，年仅 16 岁。

附图 2-12　第四届校园半程马拉松比赛现场

比赛一开始，来自安徽理工大学的祝依飞就脱颖而出，并在比赛进行至 1 小时 16 分 20 秒时，率先冲过了终点，成为第一个完赛的人。在比赛进行至 1 小时 30 分 23 秒时，来自安徽理工大学的王宗芝也顺利达到终点，成为女子组第一名。

安徽理工大学、中国矿业大学、中国人民解放军工程兵指挥学院获得高校半程团队赛前三名，曹德欣副书记为其颁发了荣誉证书。

中央电视台体育频道、新华网、人民网、中国新闻网、中国网、《新华日报》、江苏卫视、《现代快报》、《扬子晚报》、中国江苏网、《徐州日报》、《彭城晚报》、《都市晨报》、徐州电视台、徐州人民广播电台等媒体现场进行了报道。

第五届

2017 年 11 月 5 日上午，第五届中国矿业大学半程马拉松赛暨第三届全国高校半程马拉松邀请赛在南湖校区图书馆前鸣枪起跑。2 500 余名跑步爱好者参赛，创赛事举办以来参赛新高。经过五年的打造，矿大半程马拉松赛事已经成为一项体育文化品牌活动。

附图 2-13　第五届中国矿业大学半程马拉松赛暨第三届全国高校半程马拉松邀请赛起跑

本次比赛路线起点依旧为南湖校区图书馆正门北侧，终点为博物馆北门广场，全程沿校内环路行健路内侧车道逆时针绕行 6 圈加 2.443 38 公里(每圈 3.109 02 公里，共计 21.097 5 公里)。共有 2 544 名马拉松爱好者报名参赛，1 575 人参加半程马拉松，969 人参加迷你马拉松。运动员来自北京、上海、山西、山东、湖北、湖南、四川、浙江、云南、辽宁、内蒙古等 20 余个省市及地区。他们当中不仅有中国选手，也有来自美国、泰国、乌克兰等国的外籍师生。

比赛开始后，来自江苏有线铜山分公司的刘忠重就一直保持在第一军团，最终以 1 小时 20 分 37 秒的成绩获得半程马拉松男子组第一名。女子组半程赛桂冠由化工学院化工过程机械研一学生王贤摘得，用时 1 小时 48 分 59 秒。

为鼓励更多人参与体育锻炼，大赛按惯例设置了迷你马拉松(5.5 公里)项目。迷你马拉松女子组冠军是袁雪涛，体育学院研二学生，她曾获得 2012 年全国散打锦标赛冠军、2013 年世界武搏会散打冠军。已经退役 4 年的她是第一次参加马拉松赛事。

本次比赛，矿大师生参与人数再创新高，更多的参赛者抱着享受马拉松的态度参与比赛，收获了坚持和快乐，也将拼搏、友情等传递给每一位参与者。

半程参赛大学生选手年龄最小的是采矿工程类 2017-9 班的盖元，是一名 00 后，还不到 17 岁。领跑参赛队员中，来自资源学院 2014 级的邢博已经参加了十余次马拉松比赛。

在迷你马拉松项目中，年龄最小的参赛者是矿大附属幼儿园王一心小朋友，年仅5岁。附属小学三(2)班有21名小学生集体参加了比赛。矿大马拉松协会及部分学院马拉松协会、学生团体也以集体参赛的方式完成了比赛。信控学院大学生传媒中心成员共有20余人组团参加了比赛。

本届赛事还着重打造了设计新颖、蕴含矿大文化特色的奖牌。奖牌正面外形主要以矿石为主要设计元素,辅以凹陷线条,将学校办学特色表现得淋漓尽致。背面设计借鉴了"百年矿大、盛世华章"的历史,用矿大前身——原焦作路矿学堂的标志性建筑图案作为背景,奔跑中的人物剪影高举燃烧的火炬,依次穿过焦作门,寓意矿大人从过去而来,奔跑着穿过现在,并将意气风发地跑向下一届赛事、跑向更好的未来。

第六届

2018年10月28日上午,"江苏煌慧·2018第六届中国矿业大学半程马拉松赛暨京杭大运河10公里系列赛(徐州站)",在中国矿业大学南湖校区图书馆前鸣枪起跑,数千名跑步爱好者参加,场外万余名热情观众呐喊助威,呼声雷动,构成了校园一道靓丽的风景线。经过六年的打造,矿大半程马拉松赛事已经成为一项体育文化品牌活动。

附图2-14 起跑现场

本次比赛路线起点依旧为南湖校区图书馆正门北侧,终点为博物馆北门广场,全程沿校内环路行健路内侧车道逆时针绕行6圈加2.443 38公里(每圈3.109 02公里,共计21.097 5公里)。约5 000名马拉松爱好者报名参赛,其中1 467人参加半程马拉松,1 131人参加10公里系列赛,2 000余人参加迷你马拉松,矿大参赛师生人数再创新高。运动员来自江苏、安徽、山西、山东、湖北、湖南、四川、浙江、陕西、辽宁、甘肃等20余个省市及地区。他们中不仅有中国选手,也有来自美国、泰国、意大利、英国、俄罗斯等国的外籍师生。半程赛中,年纪最大的选手59岁,年龄最小的参赛选手 16 岁。

比赛开始后，来自矿大体育学院的学生徐海超一直保持在第一军团，最终以 1 小时 24 分 39 秒的成绩获得半程马拉松男子组第一名。半程马拉松赛女子组桂冠由矿大计算机学院学生姜思雨摘得，用时 1 小时 44 分 2 秒。姜思雨前一天刚代表学校夺得高校百英里接力赛冠军，当天凌晨三点多赶回学校，参加半程马拉松赛。

此次赛事的报名情况可以用“爆满”来形容，自正式报名开始，仅用两天，半程马拉松项目就已报满，被许多马拉松爱好者称为“手慢无”的最紧俏马拉松赛事。紧接着，10 公里项目和 5 公里项目也陆续报满，在矿大和徐州跑友圈中一度出现“供不应求”的现象。大家以享受马拉松的态度参与比赛，收获了坚持和快乐，也将拼搏、友情等传递给每一位参与者。

半程参赛大学生选手年龄最小的是矿大管理学院陈立芳，年龄 16 岁。矿大马拉松协会及部分学院马拉松协会、学生团体也以集体参赛的方式完成了比赛。管理学院翼之队共有 20 余人组团参加了比赛。

第七届

2019 年 10 月 27 日上午，第七届中国矿业大学校园半程马拉松赛在南湖校区图书馆前鸣枪起跑，3 000 余名跑步爱好者参赛，场外万余名热情观众呐喊助威，呼声雷动，构成了校园一道靓丽的风景线。

附图 2-15　比赛现场

此次比赛路线起点为南湖校区图书馆正门北侧，终点为中国煤炭科技博物馆北门广场，全程沿学校环路内侧车道逆时针绕行七圈，共 21.097 5 公里。为了庆祝新中国成立七十周年、中国矿业大学马拉松协会成立七周年，并让更多人参加到这项运动中来，本次赛事增设了七公里纪念跑项目。此次马拉松赛共 1 700 余人参加半程马拉松，1 200 余人参加七公里纪念跑。

经过激烈角逐，最终机电工程学院学生颉浩浩以 1 小时 22 分 56 秒的成绩夺得男子组冠军。体育学院研一学生李紫薇以 1 小时 26 分 22 秒的成绩夺冠，打破中国矿业大学半程马拉松女子组成绩纪录，领先第二名近 20 分钟。

赛事现场气氛热闹，不少参赛者都乐在其中。为了做好赛事的协调准备工作，学校成立了校内工作小组，就赛事的赛道布置、交通管制、医疗保障、志愿服务、宣传及氛围营造、校内学生赛事安全等工作进行了协调组织。

第八届

2020 年 11 月 1 日 8 时 30 分，第八届中国矿业大学校园半程马拉松赛鸣枪起跑，5 000 名跑步爱好者环绕着行健路，用活力与激情点燃校园。

附图 2-16　比赛现场

本届赛事按照中国田径协会审定的最新田径竞赛规则和本届马拉松竞赛规程进行，设有“半马”和“欢乐跑”两个项目，分别为 21.097 5 公里和 8 公里。其中，3 000 人报名参加半程马拉松，2 000 人报名参加欢乐跑，参赛人数较去年增加了 2 000 人，赛事规模创历史新高，全程沿学校行健路内侧车道逆时针绕行。

半马赛况十分激烈。机电学院机械专业大三学生、高校百英里接力队队长颉浩浩以 1 小时 22 分钟 15 秒的成绩蝉联男子组冠军，较 2019 年夺冠成绩提高了 41 秒。体育学院运动训练专业研二学生李紫薇以 1 小时 33 分 56 秒蝉联女子组第一名。

经过八年发展，中国矿业大学校园马拉松赛已成为学校体育文化的品牌赛事。为让更多师生参与，本届赛事另设有线上赛。此外，精美的钥匙形奖牌也是赛事的一大亮点，“矿世奖牌”助力梦想，承载了“矿大之匙开启梦想大门”的深刻寓意。

附录三 大 事 记

1915 年

6 月，首任福中矿务学校校长许沅在开学典礼上要求学生"'服勤劳'，注重体育以备他日降大任于肩头"。

本年，学校制订《河南福中矿务学校简章》，其中包含第七章《操场规则》，规定了体操纪律、上课要求，爱惜体育器材，提倡课外体育锻炼等内容。

1917 年

河南省政府选派河南福中矿务学校学生参加第三届远东运动会。

1921 年

《福中矿务大学规程》规定，体育课为必修课程，且学生必须至少修满 2 个体育学分。

1924 年

福中矿务大学成立了校友会，干事部设公益股、体育股、游艺股、事务股等。

4 月，学校组织选拔赛，选拔优秀运动员代表学校参加河南省队，参加第十一届华北运动会。

1931 年

本年，焦作工学院设立体育室，历任主任为朱恩魁、马振刚、王允升。

12 月，体育主任王允升率领学校 19 名选手赴开封参加中华民国全国运动会河南预选会，后选定宋肃曦等 6 人参加中华民国全国运动会。

1932 年

9 月 25—27 日，在开封举行的华北运动会预选赛上，焦作工学院代表队获 5 项第一名、3 项第二名。

10月，在开封河南省体育场举办的中华民国第十六届华北运动会上，私立焦作工学院运动员刘国祥打破铁饼华北运动会纪录，获得冠军；胡昌来跳远获得第三名，宋肃曦高栏获得第四名，杨道贵获得三级跳远第三名、急行跳远第四名。仅田赛一项，河南省男子组共得8分，而焦工独得7分，取得“空前之胜利”。

1933年

4月，学校制订、实施《体育标准》。

5月5—6日，学院举行春季运动会。

9月20日，中华民国第五届全国运动会（1933年10月10—20日在南京举行）河南赛区预选赛在开封举行，学院上报参赛田径及球类选手20余人，均系高级组。

本年度起，焦作工学院举办全院体育考试，以示其与操行及学业成绩并重之意。

本年度起，焦作工学院实施学生集体出早操制度，并常年坚持。

1934年

10月6日，焦作工学院体育主任王允升当选为华北运动会代表队成员，由开封赴南京比赛。

1913—1934年间，体育教师王堪若（中华民国篮球队队员），多次参加远东运动会的篮球比赛。

1935年

10月1日，河南省第四区举行第二届运动大会以选拔运动员参加省运会，焦工学生有26人参加，由体育主任王允升带队。学校获得非常优秀的成绩：获排球、网球、110米栏、跳远、铁饼、铁球等项目冠军，同时获篮球、十项全能亚军，铁饼季军等好成绩。

1936年

8月1—16日，学校体育教师刘宝成（中华民国篮球队主力中锋），随中华民国体育代表团，参加在德国举行的第十一届夏季奥林匹克运动会。

10月1—5日，私立焦作工学院体育主任王允升率领26名运动员，参加河南省第四区第二届运动会，焦作工学院获得排球、网球冠军，获得篮球亚军，100米冠军、跳远冠军（胡昌来）、铁饼冠军（刘国祥）、铅球冠军（刘国祥）、十项全能亚军（史久光），荣获银顿3座、锦标10面、砚台2个、网球拍2把、名人书籍数十套。

10月10—20日，学校篮球、排球、网球、足球和田径等学生运动员代表河南省参加在上海江湾体育场举行的中华民国第六届全国运动会。

11 月，焦作工学院制定、实施《暂行大学体育课程纲要》，进一步规范了学校体育课程教学。

1947 年

2 月 1 日，国民政府教育部以高字第 05824 号令批准了《私立焦作工学院课程标准表》，把体育课列为必修课程，但不计学分。

3 月，学院“设教务、训导、总务三处”。教导处下设学生生活管理组、体育卫生组、课外活动组。

1951 年

本年，中国矿业学院（天津）设立体育组，主任为王厚熙。

1953 年

8 月，学校京、津两地合校北京，9 月 11 日，改称北京矿业学院，成立体育教研组，主任为王厚熙，下设体育课教学研究组、运动训练组、器材管理室。

1954 年

3 月 9 日，北京矿业学院召开学院体育运动委员会会议，通过了该学期学生体育锻炼计划，并对开展体育活动的若干问题作了决定，通过了学院 1954 年春季田径体操运动大会的规程。

3 月 31 日的会议上，讨论评选全院学生模范体育锻炼小组办法及春季运动大会的具体问题。

4 月，学院举行第四届春季运动会，这是京津合校后举行的第一次运动会。共举行了 54 个田径体操项目的竞赛，参加比赛的运动员共 689 人。中央体育学院，钢铁、石油、地质及农业机械化等系统的兄弟院校的师生也前来担任运动会的裁判工作。运动会上，很多教师也积极参加比赛，60 多岁的何杰教务长参加了 1 500 米竞走。何杰从青年时代起就一直坚持锻炼，曾获得广东省 200 米短跑第一名。这次运动会有 11 个项目打破学院纪录。闭幕式上，体育运动委员会主任委员吴子牧为获奖的团体和个人颁奖并做了讲话。

5 月，中央人民政府体育运动委员会公布了实施《“准备劳动与卫国”制度体育暂行条例》（简称《劳卫制》），在全国中等以上学校试行。学院制定了《北京矿业学院“准备劳动与卫国”体育制度预备级或一级锻炼手册》。

暑期，决定在田径场东侧增加篮球场 12 个（年内完成 9 个）、在大楼前开辟大足球场 1 个、沙坑 4 个，除此之外，还添购了固定双杠、冰鞋、球类等体育用品。

10 月 15 日，北京矿业学院学生课外活动委员会正式成立并举行了第一次会议。委员会由吴子牧任主任委员，何杰、魏明为副主任委员，夏天任、吴明、王厚熙、曾祥星、郭永唐、王万里、李煌果、李梦刚、李海洲、姜汉信、汪式毅等 11 人为委员。下设办公室，由李煌果、马中华、李梦刚、高嘉浦、张玉鸣、姜汉信等 6 人组成，负责日常工作。第一次会议讨论并通过了“北京矿业学院 1955 年第一学期学生课外体育工作计划”“北京矿业学院各项体育代表队选拔实施办法及代表队锻炼制度”“北京矿业学院学生体育锻炼安全制度”及“北京矿业学院体育用品借用制度”。

1955 年

1 月 26 日，在北京大学未名湖举行西郊 14 个高等学校冰上运动会，比赛项目有男女速度溜冰、花样溜冰和两场冰球表演比赛。北京矿院冰上运动代表队参加了多项比赛，获得男子速度溜冰团体总分第一、女子速度溜冰团体总分第三，唐雪芳同学获得个人总分第一，矿院冰球代表队还参加了冰球表演赛。

1 月下旬结束的北京市篮球联赛复赛中，矿院男、女篮球队均被选为北京市一级队，此次共选出北京市男、女篮球一级队各 6 个。

5 月，北京西郊九大学院举行的综合性田径运动会上，北京矿院田径代表队 61 名运动员参加了比赛。矿院获得男子 5 000 米长跑、110 米高栏及女子 200 米短跑、铅球等 4 个项目的第一名，男子 1 500 米长跑及女子 800 米长跑等 7 个项目的第二名，撑竿跳高等 3 个项目的第三名，最终获得团体总分第三名，其中男子总分第三名、女子总分第四名。

10 月 15—16 日，在北京钢铁学院田径运动场举行的北京市高等学校体育运动大会上，北京矿院获得男子田径总分第四名，男子手榴弹掷远、女子铅球均获第一名。

12 月 18 日，以马中华为教练的北京矿业学院学生男子篮球队，在北京市高等院校“三好杯”篮球决赛中，以五战五胜完胜的成绩获得比赛的冠军。女子篮球队以五战四胜的成绩获得女子篮球的亚军。

1956 年

2 月，北京矿院男女长跑代表队参加北京市举行的高等学校“三好杯”越野赛跑，获得冠军，中央体育学院（现北京体育大学）获得亚军，清华大学获得季军。

2 月 15 日，参加《人民日报》等报刊联合举办的北京市“胜利杯”环城赛，比赛全程 12 000 米。北京矿院共有 120 人参加比赛，全部坚持跑到终点。这次比赛，矿院运动员获得优异成绩，前 20 名中 7 名是矿院学生，采煤系学生董耀禄获第二名，并捧得“北京市环城胜利杯”。

3 月，学校召开体育协会和俱乐部成立大会。

4 月 15 日，在北京市教育工会运动会上，学院共有男子跳高、男子铅球、男子铁饼、体操比赛4个项目取得了第一名，其中男子跳高打破了北京市纪录。

4月22日，北京市北郊区十所院校联合田径运动会在北京矿业学院举行，矿院获男女团体总分第二名，其中男子组获得总分第二名，女子组获得总分第三名。

4月，北京矿业学院成立了摩托车组。

5月16日，北京矿院举行第一次举重比赛，通过比赛选出了包括最轻、次轻、轻量和中量四个级别共15人的举重队。

5月，举行的北京市高等学校田径、举重运动大会上，北京矿院代表队获得优秀成绩，男子组、女子组分别取得总分第三、第四名。

11月，学院男女体操队参加了北京市体操测验，杨光裕、梁慰慈达到国家二级运动员标准。

11月4日，在北京市举行的举重比赛中，矿院的林祝发和卜庆云分别推举80公斤，破1950年北京市举重轻量级推举75公斤的纪录；邸至森推举70公斤，破1955年北京市举重中量级推举67.5公斤的纪录；并且涌现出3名国家二级运动员：李克儒、林祝发、庆云；4名国家三级运动员：俞启香、刘佐贤、赵子钧、庞瀛。

12月2日，在北京市射击俱乐部举行1956年北京市各高等学校射击比赛大会。共22个院校132名运动员参加比赛，北京矿院代表队有男女同学各3人组成。男队以220环的成绩取得第三名，女队为第十四名，男女总分列第八名。学院王杰同学以79环的成绩获得男子个人第二名，与第一名仅差一环。

1957年

2月2日，采煤系学生李进尧获得北京市春节环城赛第一名，董耀禄获第二名。

11月，学校向全校学生发出了“北京—莫斯科幻想性长跑”“冬季百日锻炼运动”的号召，进一步推动全校学生进行“劳卫制”锻炼的热潮。

12月15日，北京市高等学校“三好杯”越野赛在北京体育学院进行，矿业学院获得男子总分第一名，女子总分第五名。

1958年

2月20日，采煤系学生董耀禄获得北京市春节环城赛第一名，采煤系学生李进尧获第三名。

6月29日，田径运动员刘书谦110米高栏成绩达到14秒9，打破北京市纪录，成为学校第一个运动健将。

8月2日，学校收到原国家体委发给学校的贺信，以表扬学校在“劳卫制”锻炼方面取得的成绩。

8月24—28日，在西安市西北人民体育场举行的全国大学生田径运动会上，学校学生董耀禄代表北京市参加比赛，获得男子 5 000 米第三名，10 000 米第三名。

9 月 5 日，学校出版《北京矿业学院体育运动》体育刊物，详细登载了学校在实施"准备劳动与卫国"体育制度（简称《劳卫制》）中，全校师生进行体育锻炼的方方面面的工作。

9 月 9 日，北京矿业学院获得"全国体育运动红旗院"称号，时任国务院副总理贺龙代表国家体委向学校授旗，时任院党委副书记魏明代表学校接受锦旗。

9 月 14—21 日，学校田径队代表北京市大学生队参加全国田径、举重、通讯比赛。

10 月 3 日，北京矿业学院学生董耀禄参加了全国马拉松锦标赛，打破了全国纪录。

10 月 22 日，学生运动员王峰在北京市运动会上，打破 10 公里公路竞走全国纪录，取得 51 分 55 秒 3 的好成绩。

10 月 24 日，学生运动员刘书谦在北京市运动会上，以 200 米低栏 24 秒 9 和 110 米高栏 14 秒 7 的成绩打破 2 项全国纪录。

11 月 3 日，在北京举行的全国马拉松锦标赛中，北京矿业学院学生董耀禄、崔云海取得优异成绩，双双成为运动健将，王继云达一级运动员标准并打破全国纪录。

1959 年

1 月 10 日，采煤系学生董耀禄获得北京市春节环城赛第二名，采煤系学生李进尧获第六名。

3 月 22 日，学生运动员董耀禄、辛承梁分别获得北京市马拉松体育比赛冠军、亚军，辛承梁成为运动健将。

4 月 1 日，采煤系学生朱昌发，通过了 20 公里公路竞走运动健将标准，成为北京矿业学院第五名运动健将。

4 月 24 日，在手枪 60 发子弹速射和慢射的考核中，矿业学院射击运动员林家琪以 577 环的成绩平全国纪录，被选入国家队，并与 5 月 9 日赴莫斯科参加国际比赛。

7 月，北京矿业学院体育教学计划修订完成。

9 月 13 日—10 月 3 日，多名学生代表北京市，参加新中国在北京举行的"中华人民共和国第一届全国运动会"。射击运动员林家琪在全运会手枪速射和慢射比赛中，以 580 环的成绩打破全国纪录，成为北京矿业学院第六名运动健将。

12 月 13 日，北京市举行越野赛，董耀禄获得男子组第一名，崔云海获得第二名。

本年，在第一届全国青年篮球联赛中，北京矿业学院男篮获得冠军。

1960 年

1 月 18 日，北京矿业学院成立体育党总支和基础课党总支。

1 月 30 日，采煤系学生董耀禄获得北京市春节环城赛第一名。此次环城赛盛况空前，参加人数超过以往任何一届，学校 2 100 余名学生参加比赛。被多个媒体誉为“以长跑著称的单位”。(1961—1963 年，因全国遭受自然灾害，北京市春节环城赛停办。)

3 月 13 日，北京矿业学院运动员王峰，在北京市竞走比赛中，创造北京市 50 公里竞走纪录，荣获冠军。

4 月 9—10 日，北京市高校无线电比赛举行，张汉英、王民歌分获冠、亚军，北京矿业学院获得总分冠军。

4 月 20 日，北京矿业学院朱昌登，以 2 小时 43 分 41 秒的成绩获得全国竞走测验赛 30 公里竞走冠军，创造了全国纪录。

6 月 4 日，北京矿业学院学生登山运动员曾曙生攀登珠穆朗玛峰，登上 7 600 米高峰，打破全国纪录。

1962 年

本年，以马中华为教练的北京矿业学院男子篮球队，获得北京市大学生篮球赛冠军。

1963 年

4 月 13—14 日，北京矿业学院春季田径运动会举行。

本年，第七届北京市高校田径运动会，矿院获得男子团体总分第三名，女子团体总分第三名，男女团体总分第三名的成绩。

1964 年

2 月 25 日，北京市春节环城赛恢复，职工崔云海荣获第一名。

12 月 6 日，举行北京矿业学院“红色矿工民兵师”第一届民兵比武大会，5 个民兵团的 1 200 余名战士参加了包括队列、刺杀、射击、手榴弹等 7 个项目的比赛。

本年，北京市第八届高校田径运动会，北京矿业学院学生运动员王玉成男子 800 米，男子 4×400 米，郑永平男子 3 000 米等项目，打破北京市高校纪录。获得男子团体总分第三名，女子团体总分第六名，男女团体总分第四名的成绩。

1965 年

2 月 4 日，北京市春节环城赛举行，此次环城赛学校参加比赛人数达 589 人。职工崔云海获冠军。

4 月 24—25 日，学校春季田径运动会举行。

10 月 27 日，制定 1965 年度“新队员入队初期思想教育计划”。

12 月 19 日，学校冬季越野比赛举行，比赛分为“大矿院”“小矿院”“院内道路”三种不同距离进行。

1966 年

1 月 23 日，第八届北京市春节环城赛中，崔云海获得第一名，体育教师刘培福获得第二名。

4 月 16—17 日，学校第十一届春季田径运动会召开。

5 月 21—22 日，北京市第十届高等院校学生田径运动会在北京地质学院召开，矿业学院 82 名运动员参加比赛，获得男子团体总分第三名，女子团体总分第八名，男女团体总分第四名。

1970 年

1970 年，学院搬出北京(1970 年 4 月 3 日—5 月 23 日)，在四川省合川县华蓥山下的三汇坝重新建校，改名为四川矿业学院。

本年，北京矿业学院制定新的体育教学大纲。并制定田径、篮球、排球、足球、体操、武术等项目的专项教学授课计划。

本年，制定军体教学大纲，包括田径、球类、体操、爬山、举重、理论课等，对学员进行体育教学，并制定了考勤、考核等相关规定。

1972 年

4 月，制定四川矿业学院体育教学计划大纲。

1973 年

3 月 24 日，学校春季田径运动会举行。

1976 年

6 月 12 日，四川矿业学院青少年业余体校成立，开设篮球、武术体操等班，进行业余训练。

1977 年

5 月 1 日起，三汇地区篮球友谊赛在矿院、三汇、三矿球场举行。

5 月 18 日，矿院学员排球赛开始。

11 月 17—27 日，重庆市大学生乒乓球、排球比赛开始，矿院参加男子乒乓球、排球比赛。

本年，学校女子篮球队参加重庆市高校“三好杯”篮球比赛，获得第三名。

1978 年

3 月，举行新生篮球、排球、乒乓球比赛。

4 月 24—29 日，四川矿业学院体操运动会举行。

5 月 27 日，学生田径运动会举行。

5 月，学院田径队参加重庆市高校运动会田径比赛，获团体总分第一名。

10 月，学院男子排球队、女子排球队参加重庆市高校排球赛，男子排球队获得第二名。

1979 年

4 月 6 日，学校春季田径运动会开幕。

11 月 9—10 日，矿业学院党委专题讨论了学校体育工作，会议纪要指出，学校在当时体育场地、器材和条件很困难的条件下，全院师生特别是体育教师的艰苦努力，进行了大量工作，坚持上好体育课、坚持开展群众性的体育锻炼和竞赛活动，开展“国家体育锻炼标准”测验、学生们的体质有所增强，坚持体育代表队的经常训练，并在校外的体育竞赛中取得了成绩。同时也指出了存在的问题和差距，并要求分批制定计划，切实抓好当时的主要工作。

11 月 28 日，矿院秋季运动会开幕。

1980 年

在江苏省徐州市建校办学，9 月，徐州校区第一届 515 名本科生入学，设立体育教研室。（同时在四川、徐州两地办学，参加两地的各类体育比赛）主任为张文郁（1980—1982）、马中华（1982—1985）。

9 月，按照教育部颁发的《高等学校普通体育课教学大纲》，结合当时矿院的具体情况，制定 1980 届学生体育教学计划，开设田径、体操、球类、武术、游泳等项目的教学，同时进行体育理论、学生机能体能测验（徐州校区）。

9 月 10 日，制定群体计划，积极开展多种形式的群体竞赛活动。

10 月 11 日—11 月 9 日，矿院男女排球队参加了在西南政法学院举办的重庆市大学生“三好杯”排球赛。

11月8日，中国矿业学院1980年秋季运动会(四川校区)在水泥厂旁运动场举行。运动会设有田径、体操项目。

12月，制定院体育代表队管理规定，成立男女篮球队、男女排球队、男子乒乓球、男子体操、男子田径(短跨组、中长跑组、投掷组、全跳组)等院代表队。

1981年

3月28日—4月11日，参加在重庆医学院举行的重庆市大学生“三好杯”篮球赛”，男子篮球队获得第三名。

4月4日，春季田径运动会在徐州校区田径场举行。

5月17—20日，院代表队首次组队参加在华东水利学院举行的江苏省第七届大学生田径运动会，获得男子团体总分第四名。

1982年

(本年2月，搬迁工作基本结束。从本年起学校参加江苏省各类体育竞赛)

7月17日，经学院党委批准，成立中国矿业学院少年儿童业余体育学校。

5月1—2日，学校整体搬迁江苏省徐州后，首次在校中心体育场举办江苏省徐州协作区第二届大学生田径运动会，并获得男子团体冠军、女子团体亚军、男女团体总分冠军的优异成绩。

1983年

4月16—17日，院春季田径运动会在徐州校区中心田径场举行。

5月10日，江苏省高等教育局批复学校试办高水平运动队，批准学校试办男子篮球、田径队。1983年可招生5～8人，以后逐年招生3～4人。开创了改革开放以后我国学校试办高水平运动队之先河。

7月12日，院党委常委会讨论决定，将原基础部所属体育教研室划归学校直接领导，由教学副院长分管，日常工作由教务处负责，体育教研室党支部由院党委直接领导。

11月1日，院新生第六套广播操比赛在田径场举行。

本年，校女子艺术体操代表队参加徐州协作区比赛，获得团体总分冠军。

1984年

4月14—15日，院大学生春季田径运动会在学校田径场举行。

5月20—24日，院体育代表队参加江苏省第八届大学生运动会，获得金牌24枚，银牌10枚，打破省运动会纪录15项，男子团体总分冠军，女子团体总分冠军，被授予“精神文明队”称号。

6 月 4 日，江苏省体委批准，中国矿业学院试办艺术体操高水平运动队。

6 月 15 日，学校印发《中国矿业学院党组织机构序列表》和《中国矿业学院行政机构序列表》，公布党政机构改革调整方案，即实行院、系（部、处）、教研室（科）三级制，将原属院直接领导的体育教研室划归教务处领导。

8 月 6—16 日，全国煤炭系统大学生男子篮球赛在中国矿业学院开幕，学校男子篮球队获得冠军。

9 月 9 日，院游泳运动会在学校游泳池举行。

12 月 22 日，学院隆重举行徐州新建校舍竣工典礼。

1985 年

2 月，在第四届全国大学生“金陵杯”篮球邀请赛上，院男子篮球队获得亚军。

5 月 28—6 月 4 日，院学生排球赛在学校排球场举行。

8 月，由马中华教授任教练，校高水平运动员乔刚、于新德、郑建华 、王玉强四名学生参加组成的中国大学生男子篮球队，参加了在日本神户举行的第十三届世界大学生运动会（这是改革开放以后，我国第一次派出正式的在校大学生参加世界大赛），获得第 14 名。

1986 年

5 月 20—24 日，江苏省第十一届运动会高校部田径比赛暨江苏省第九届大学生田径运动会在学校文昌校区中心体育场举行。全省 61 所高校的 1 600 余名运动员参加比赛。学校获得乙组男子团体、女子团体、男女团体总分三个冠军，获得金牌 20 枚，银牌 11 枚，打破 23 项江苏省大学生运动会纪录。

8 月 3—9 日，在辽宁省大连市举办的“第二届全国大学生运动会”上，学校体育工作者代表张庆权教授受到李鹏总理的集体接见。男子篮球获得亚军，田径队获得男子团体总分季军，女子团体总分冠军（江苏省田径代表队共 30 名运动员组成，我校田径运动员占 20 名）。学校运动员获得金牌 1 枚，银牌 11 枚，铜牌 3 枚，17 人打破 20 项全国大学生运动会纪录。

10 月，中国矿业学院《运动队训练管理办法》出台并实施。

11 月 2 日，院新生田径运动会在学校田径场举行。

本年，参加煤炭高校篮球赛，获得女子冠军。

本年，学校被评为“江苏省高校体育工作先进集体”（江苏省教委）。

本年，学校被评为“江苏省群众体育工作先进集体”（江苏省体委）。

本年，原国家教委在山东省掖县召开的全国高校体育工作会议（简称“掖县会议”），颁布了《关于开展课余训练，提高学校体育运动技术水平的规划》的通知，正式确定了在高校试办高水平运动队。

本年，在全国高校篮球赛中，学校女子篮球队获得冠军。

1987 年

4 月 9 日，《国家教育委员会关于部分普通高等学校试行招收高水平运动员工作的通知》(〔87〕教学字 008 号)发布，在全国部分高校试办高水平运动队，全国共 53 所，中国矿业学院是首批全国试办高水平运动队的高校，可以招收田径、男子篮球项目。

5 月 2—3 日。大学生春季田径运动会在学校田径场举行。

5 月 14 日，学校下发《关于机构设置和干部任免的通知》(中矿院彭字〔1987〕04 号)，成立体育部(系、处级)，马中华任体育部主任，张庆权任体育部副主任；同时成立体育部党总支，张文郁任书记。

7 月 9 日，原国家教委体育卫生艺术司同意我校办高水平运动员预备班。

11 月 20 日—12 月 5 日，在广州举行的中华人民共和国第六届运动会期间，中国矿业学院被国家体委授予“全国群众体育先进单位”。

本年，校艺术体操代表队参加江苏省南京协作区组艺术体操比赛，获得冠军。

本年，校排球代表队，参加徐州协作区高校排球赛，获得男子冠军、女子冠军；参加全国煤炭高校排球赛，获得男子亚军。

1988 年

4 月 23—24 日，大学生春季田径运动会在田径场举行。

7 月，校文昌校区体育馆竣工。

7 月 23 日—8 月 2 日，中华人民共和国第三届大学生运动会排球预赛暨“徐州日报杯”排球赛，在学校文昌校区新落成的体育馆举行。

8 月，校艺术体操代表队参加第三届全国大学生运动会，获得 2 项个人冠军；田径代表队获得男子团体总分第三名，女子团体总分冠军。

8 月 25—31 日，中华人民共和国第三届大学生运动会在江苏省南京市举行。学校运动队获得男子团体总分第三名，女子团体总分第一名，以男女团体总分第一名的成绩，获得“校长杯”第一名，时任学校副校长沈通生教授代表学校领奖。

10 月，新修订的中国矿业大学《体育教学规范》开始实施。

1989 年

2 月 20 日，学校教务处、学生工作处、体育部联合发布《关于学生集体早操的通知》，规定从 1989—1990 学年度第二学期开始，全校学生实施集体早操，并制定相关管理规定。此规定持续若干年，成为矿业大学优良体育传统。

4月9日，学校三名高水平运动员参加在南京举办的南京马拉松比赛半程马拉松赛。

4月22—23日，学校大学生田径运动会在文昌校区中心田径场举行。

4月30日—5月1日，全国煤矿“彩虹杯”首届健美比赛在学校文昌校区体育馆举行。

1990年

2月20日，教育部、国家体委联合发布《学校体育工作条例》，学校传达并开始实施。

4月1—5日，江苏省第十二届运动会高校部排球预赛暨江苏省苏北分会高校排球赛在我校体育馆举行。学校男子排球队获得冠军并进入总决赛，女子排球队获得季军。男子排球队在8月份进行的总决赛中，仅负于具有高水平运动队队员的南京大学和南京理工大学，获得第三名。

4月14—15日，校大学生田径运动会在田径场举行。

5月20—23日，江苏省第十二届运动会高校部甲组、丙组田径比赛在苏州大学举行，我校获得男子甲组团体总分第三名，女子甲组团体总分第六名，体育道德风尚奖运动队。

7月2日，在半年多紧张筹备和充分酝酿的基础上，在中国矿业大学召开“中国大学生体育协会田径协会”成立大会。副校长沈通生当选为协会主席，中国矿业大学为主席单位。

9月1—5日，校运动员参加在南京举行的江苏省第十二届运动会。

9月，新修订的《中国矿业大学体育教学大纲》开始实施。

10月21日，校新生田径运动会在田径场开幕。

11月15—17日，1990年中国高等教育学会体育研究会体育教学论文报告会在学校举行。

1991年

4月5—6日，中国矿业大学第一届全校师生田径运动会暨1991年大学生田径运动会在文昌校区田径场开幕。运动会上有44名大学生达到国家三级运动员标准。

5月15—25日，中国矿业大学第一届全校运动会排球比赛暨第二届大学生排球赛在校排球场举行。

7月13—15日，第一届全国大学生田径锦标赛在中国矿业大学举行，共有49所大学的502名运动员参加比赛，学校获得男子团体第四名、体育道德风尚奖。

8月22—25日，全国煤矿第二届“乌金杯”暨中学生田径比赛在学校文昌校区中心田径场举行。

9月7日，学校体育教师魏媛，代表徐州市参加华东区健美赛，获得轻量级冠军，女双冠军，混双冠军。

10月16日，举行第一届全校运动会闭幕式。本届运动会分甲、乙组暨大学生组和教职工组进行，其中教职工组的比赛从3月开始，历时8个月，进行了田径、球类、棋类、拔河、游泳等多个项目的比赛。

10月27日，中国矿业大学1991年新生田径运动会在校田径场举行。

1992年

4月17—19日，1992年全校田径运动会在文昌校区田径场举行。

9月，为满足全国煤矿系统体育专业人才的需要，开始体育师资班、体育专科班、体育专业证书班等成人非学历教育。

9月29—10月5日，在湖北武汉举行的第四届全国大学生运动会上，学校获得“全国体育课程评估优秀学校”称号，并获得“校长杯”第六名。

10月3日，学校高水平运动队在第四届全国大学生运动会中，田径队获得金牌1枚，银牌1枚，第四名人，第八名1人，1人打破一项全国大学生运动会纪录；艺术体操代表队获得团体总分第四名，男子篮球获得第五名。

10月25日，全校新生田径运动会在文昌校区田径场举行。

1993年

4月16日，著名科学家、全国政协副主席钱伟长教授参观学校体育成果展室和体育场馆，并欣然为体育工作题词“矿大学子，自强不息”。

5月7—8日，1993年全校师生员工田径运动会在田径场举行。

6月15日，学校“普通体育”课程被江苏省教委评为省二类优秀课程。

8月，学校参加1993年全国大学生田径通讯赛，获得男子团体总分第八名。

8月24—26日，学校田径代表队参加第二届全国大学生田径锦标赛，获得金牌3枚，银牌1枚，铜牌3枚，3人打破三项全国大学生田径锦标赛纪录；获得男子团体总分第二名，男女团体总分第四名。

8月15—24日，9月4日—9月15日在北京、四川举行的中华人民共和国第七届运动会期间，学校被国家体委授予“全国群众体育先进单位”。

9月，开始创办“武术秘书班”成人非学历教育(一年制)。

9月，第二届体育专业两年制专科的委培生和自费生入学，“体育专业证书班”(一年制)入学。

9月，新修订的《中国矿业大学体育教学大纲》开始实施。

9月30日，学校普通体育课被评为江苏省普通高等学校第一批二类优秀课程。

10月24日，校新生田径运动会在田径场举行。

11月26日，中华人民共和国大学生体育协会、中学生体育协会《关于表彰72所全国课余训练试点工作先进学校的决定》(体协〔1993〕2号)，学校被评为“全国课余训练试点工作先进学校”，是全国17所先进高等学校之一。

12月9日，校长办公会正式通知我校开设体育专业两年制专科，并报煤炭部科教司核准备案。

12月20日，煤炭部同意学校成人专科脱产班增设体育专业，学制2年。

当年，学校被评为“江苏省学校施行《锻炼标准》工作先进单位”(江苏省体委、教委、劳动厅)。

1994年

5月，在江苏省第十三届运动会高校部比赛中，学校田径代表队获得金牌13枚，银牌6枚，铜牌2枚，3人打破2项江苏省大学生田径纪录，男子团体总分第一名，女子团体总分第四名，男女团体总分第一名；男子篮球获得冠军；男子排球获得第五名。

5月13—15日，中国矿业大学第三十五届田径运动会在学校中心田径场举行。

7月24—26日，第一届全国煤炭系统大学生田径运动会在我校文昌校区中心体育场举行。我校获得金牌16枚，银牌6枚，铜牌3枚，男子甲组团体总分第一名，女子甲组团体总分第四名，男女团体总分第二名。

8月，中国矿业大学普通体育课教学大纲(总纲)修订完成。

8月19—23日，第三届全国大学生田径锦标赛在山东师范大学举行，我校运动队获得甲组男子团体总分第四名，女子团体总分第二名，男女团体总分第四名，获得金牌2枚，银牌2枚，铜牌1枚。我校运动员王莹卓打破女子七项全能赛会纪录并获得冠军。副校长沈通生再次被推举为中国大学生田径协会主席。

10月20日，中国矿业大学新生田径运动会在学校田径场举行。

本年，学校被评为“江苏省群众体育工作‘先进集体’”(江苏省体委)。

1995年

4月21—22日，中国矿业大学第三十六届全校田径运动会在学校中心体育场举行。

5月29日，《国家教委办公厅关于部分普通高等院校试办高水平运动队的通知》(教学厅〔1995〕7号)发布，全国共53所高校具备招收高水平运动员资格，中国矿业大学具有田径、男子篮球高水平运动员招生资格。

8月2—6日，在第四届全国大学生田径锦标赛中，学校田径队获得金牌2枚，银牌2枚，铜牌2枚。

8月，新修订的中国矿业大学《普通体育课程教学大纲》完成并开始实施。

9月，进行大学体育课程选项课的改革。实施“教师挂牌选课制”改革，建立在单元教学时间内，进行“单元选课制”的教学改革试点和推行工作。

10月28日，中国矿业大学新生田径运动会在学校中心体育场举行。

本年，高水平运动队实施了“校企联办、教体结合”，在高校较早地实现了“办队”和聘任“专业队”教练。

本年，学校高水平田径运动员任秀娟，获得北京国际马拉松赛冠军。

1996年

4月7日，在上海举行的奥运会田径选拔赛中，学校1995级财会专业学生任秀娟获得女子马拉松比赛冠军，正式入选1996年亚特兰大奥运会中国体育代表团国家田径队。

5月3—4日，中国矿业大学第三十七届全校田径运动会在学校中心体育场举行。

5月16日，中国矿业大学《体育课程教学及管理细则》新修订完成并实施。

6月，学校被江苏省教委评为江苏省普通高等学校贯彻学校体育工作条例“优秀学校”。

7月23日—8月1日，学校高水平田径运动员任秀娟代表我国参加美国亚特兰大奥运会，获得女子马拉松比赛第九名。

8月，学校被国家教委评为“全国贯彻学校体育工作条例优秀学校”称号。

8月28日—9月3日，在陕西西安举行的第五届全国大学生运动会中，学校田径队获得金牌2枚，银牌1枚，铜牌1枚，第四名1人，第五名2人次，第七名1人次，打破全国大学生运动会纪录4人次；男子篮球获得甲组第三名；武术代表队获得金牌1枚，第四名1项（集体三人），团体总分第七名；被评为“校长杯”第五名（全国22所高校获得）。

9月，在原“武术秘书班”非学历教育的基础上，开办两年制国民系列学历教育“现代秘书”专业，开创培养时代需求的“复合型”人才的先河。

10月20日，在北京举行的1996北京国际马拉松赛上，学校高水平运动员任秀娟以2小时27分13秒的成绩获得冠军，并创造了这一赛事的女子最好成绩。

10月26日，中国矿业大学新生田径运动会在学校中心体育场举行。

1997年

5月10—11日，中国矿业大学第三十八届全校田径运动会在学校中心体育场举行。

7 月，江苏省"篮协杯"篮球赛上，学校男子篮球获得第四名。

7 月 29 日，在清华大学举行的第五届全国大学生田径锦标赛上，学校田径队获得金牌 1 枚，银牌 2 枚，铜牌 5 枚，第四名 4 人次，第五名 3 人次，第六名 3 人次，第七名 2 人次，第八名 1 人次，打破大学生田径锦标赛纪录 1 人次，女子团体总分第六名，男女团体总分第八名。

10 月 7 日，中国矿业大学排球赛在学校排球场举行。

10 月 12—24 日在上海举行的中华人民共和国第八届运动会期间，中国矿业大学被国家体委评为"全国群众体育先进单位"。

11 月 10 日，中国矿业大学新生篮球赛在学校篮球场举行。

11 月 12 日，中国矿业大学第八套广播体操比赛在学校体育馆举行。

1998 年

4 月 24—25 日，中国矿业大学第三十九届全校田径运动会在学校中心体育场举行。

5 月 20—23 日，江苏省第十四届运动会高校部田径比赛中，学校高水平运动员吴晓亮，两破女子铅球赛会纪录，王莹卓打破女子七项全能赛会纪录，王敏、刘为打破女子 5 000 米赛会纪录，邵金玲打破女子铁饼赛会纪录。获得甲组男子团体总分第二名，甲组女子团体总分第二名，男女团体总分第一名的优异成绩。

5 月，在江苏省第十四届运动会高校部篮球比赛中，学校男女篮球队双双获得甲组冠军。

8 月，在第六届全国大学生田径锦标赛上，学校田径代表队获得金牌 4 枚，银牌 7 枚，铜牌 2 枚，第四名 2 人次，第五名 1 人次，女子团体总分第二名，男女团体总分第七名。

8 月，中国矿业大学获得中国大学生田径协会"荣誉会员学校"。

8 月，中国矿业大学男子篮球队获得 CUBA 全国大学生篮球联赛 A 组第五名。

9 月，中国矿业大学被江苏省体委评为"江苏省群众体育工作先进集体"。

9 月，中国矿业大学获得江苏省第十四届运动会高校部"校长杯"。中国矿业大学代表团被评为"体育道德风尚奖代表团"。男子篮球队被评为"体育道德风尚奖代表队"。

11 月，中国矿业大学体育部被江苏省教委评为"江苏省普通高校先进体育部"。

12 月 26 日，中国矿业大学"主任杯"大学生运动会冬季长跑比赛在学校北门广场举行。

1999 年

7 月 18 日，在吉林长春卡伦湖举行的第七届全国大学生田径锦标赛上，学校运动员获得第一名 3 人次，第二名 3 人次，第三名 2 人次，第四名 1 人次，第五名 4 人次，第六名 1 人次，第八名 3 人次。

2000 年

1 月 20 日，根据《教育部关于公布 1999 年度经教育部备案或批准设置的高等学校本科专业名单的通知》(教育部教高函〔2000〕2 号)，中国矿业大学获批“社会体育”本科专业招生资格，自 2000 年开始招生。

4 月 20—21 日，中国矿业大学第四十一届全校大学生田径运动会在学校中心体育场举行。

6 月 14 日，学校大学体育课程被省教委评为“一类优秀课程”。

6 月 22 日，“体育部”更名为“体育系”。池忠军任主任。

7 月 3 日，撤销体育部直属党支部，成立体育系党总支，姜建平任书记。

9 月，中国矿业大学第一届“社会体育”本科专业 36 名学生顺利入学，体育系学科建设迈上新台阶。

9 月，中国矿业大学被教育部评为“贯彻学校体育工作条例先进学校”。

9 月 3—11 日，在四川成都举行的第六届全国大学生运动会上，校高水平运动员在田径、游泳比赛中获得冠军奖牌 1 枚，季军奖牌 1 枚，第四名 4 人次，第五名 4 人次，第六名 5 人次，第七名 5 人次，第八名 4 人次，男子篮球获得第八名。

本年，在第二届中国大学生 CUBA 篮球联赛中，校女子篮球队获得总决赛冠军。

2001 年

1 月 10 日，体育系修订并实施《体育俱乐部管理规定》。学校开设了篮球、排球、足球、武术、网球、乒乓球、羽毛球、散打、跆拳道、健美操、体育舞蹈等课外体育俱乐部。

5 月 10—11 日，全校大学生春季田径运动会在学校中心体育场举行。

7 月，体育系制订、实施《科研奖励及学术进修资助办法》。

7 月，第八届全国大学生田径锦标赛中，我校运动员获得金牌 1 枚，铜牌 2 枚，第四 2 人次，第五名 4 人次，第六名 4 人次，第七名 4 人次，第八名 1 人次。

7 月，全国大学生游泳锦标赛中，我校运动员获得金牌 1 枚，银牌 3 枚，铜牌 5 枚，第四名 3 人次，第五名 5 人次，第六名 3 人次，第七名 1 人次。

10 月 17—30 日，中国矿业大学新生篮球赛在篮球场举行。

10 月 18—19 日，中国矿业大学全校大学生健美操比赛在学校体育馆举行。

10 月，全国山地公路马拉松赛中，我校运动员获得银牌 1 枚、第四名 1 人、第八名 1 人。

11 月 5—6 日，全校大学生乒乓球比赛在体育馆举行。

11 月 10—25 日，全校大学生足球比赛在学校足球场举行。

12 月，第三届 CUBA 中国大学生篮球联赛，校女篮获得东南赛区冠军。

12 月，上海国际马拉松赛，校高水平运动员获得第四名、第五名、第七名。

12 月 29 日，全校大学生长跑比赛在主楼北广场举行。

2002 年

4 月 19 日，学校第四十二届大学生田径运动会在文昌校区中心田径场举行。全校共 16 个代表队、1 307 名学生参加比赛。

4 月 19—25 日，全校大学生篮球联赛在学校篮球场举行。

4 月 22 日，在江苏省第十五届运动会高校部篮球比赛中，我校男、女篮球队双双获得冠军。

5 月 4—5 日，第四届 CUBA 中国大学生篮球联赛女子四强赛在学校体育馆举行。学校女篮进入总决赛。

5 月 10 日，第四届 CUBA 中国大学生篮球联赛女子总决赛第二回合的比赛在天津财经学院举行，校女篮以 63∶78 不敌天津财经女篮，荣获亚军。

5 月 10 日，全校大学生网球比赛在学校网球场举行。

5 月 8—12 日，江苏省第十五届运动会高校部比赛中，田径队获得金牌 7 枚，银牌 8 枚，铜牌 10 枚，第四名 4 人次，第五名 4 人次，第六名 2 人次，男子团体总分第一名，女子团体总分第二名，男女团体总分第一名。游泳队获得金牌 6 枚，银牌 8 枚，铜牌 8 枚，团体总分第三名。学校以总分 294 分获得男女团体总分第一名。

6 月 8—9 日，全校大学生羽毛球比赛在学校体育馆举行。

7 月，学校获得江苏省第十五届运动会“校长杯”。

7 月，校运动员在全国山地马拉松赛上获得团体第三名。

7 月，校高水平田径队获得上海国际马拉松和杭州马拉松女子全程赛第一名，男子全程第一名和第五名。

8 月 11—15 日，2002 年全国学生定向越野锦标赛、全国定向越野公开赛在杭州举行，校运动员在两个单项中分别获得全国第 10 名、第 14 名，在团体越野接力赛中，获得全国第 14 名。这是学校首次组队参加比赛。

8 月，第九届全国大学生田径锦标赛上，学校获得男子团体总分第一名，女子团体总分第二名，男女团体总分第二名。其中金牌 4 枚，银牌 6 枚，铜牌 6 枚，第四名 6 人次，第六名 3 人次，第七名 2 人次。

8月，全国大学生游泳锦标赛上，校运动员获得金牌4枚，银牌6枚，铜牌3枚，团体总分第三名。

10月5—7日，“中大电子杯”全国男子篮球四强邀请赛在我校体育馆举行，校男篮荣获亚军。

10月17—25日，全校新生篮球赛在学校篮球场举行。

10月20日，在全国定向越野锦标赛暨江苏省首届“测绘杯”定向越野锦标赛中，校定向队获得高校组标准距离和短距离比赛第3、第4名。

11月6—17日，全校大学生排球比赛在学校排球场举行。

11月17日，校女子篮球队在第五届CUBA中国大学生篮球联赛东南赛区的比赛中，蝉联东南赛区冠军，闯入四强。

11月18—19日，全校大学生乒乓球比赛在学校体育馆举行。

12月8—18日，全校大学生足球比赛在学校足球场举行。

12月18日，学校召开新形势下的体育发展之路座谈会。

12月26日，全校大学生长跑比赛在学校主楼北广场举行。

2003年

4月10—17日，全校大学生篮球乙级联赛在学校篮球场举行。

4月18—25日，全校大学生篮球甲级联赛在学校篮球场举行。

4月18—19日，中国矿业大学第四十三届大学生田径运动会在学校中心体育场举行。

5月1—2日，全校大学生网球比赛在学校网球场举行。

6月7—8日，全校大学生羽毛球比赛在学校体育馆举行。

6月14日，全校大学生呼啦圈比赛在学校体育馆举行。

6月15日，全校大学生跳绳比赛在学校体育馆举行。

8月，在全国第十五届“乌金杯”比赛中，校男子篮球队获得冠军。

9月1日，国务院学位委员会批准我校体育教育训练学硕士学位研究生招生资格，可行使硕士学位授予权。于2004年9月招收第一届体育教育训练学研究生。

10月22日，国家女篮与学校男篮进行友谊对抗赛，校男篮以96∶82获胜。

11月15日，学校中长跑队在教练翟丰的带领下，参加了在上海举行的2003年“东丽杯”国际马拉松比赛，高水平运动员葛萍莉以2小时46分52秒的优异成绩夺得冠军，并再次达到国家运动健将水平。

12月19日，撤销体育系，成立中国矿业大学体育学院，程杰任院长。

12月20日，学校举行万人长跑迎元旦活动。

12月26日，体育系党总支更名为体育学院党总支，姜建平任书记。

本年，在杭州国际马拉松比赛中，学校中长跑队获得男子全程冠军，女子全程冠军。

本年，校女子篮球队获得本年CUBA中国大学生篮球联赛第四名。

2004年

1月，第六届CUBA中国大学生篮球联赛江苏省预赛中，学校男、女篮球队均获得冠军。

3月1日，根据《教育部关于公布2003年度经教育部备案或批准设置的高等学校本科专业名单的通知》（教育部教高函〔2004〕3号），批准学校设置体育教育本科专业，自2004年开始招生。

3月28日，由中国矿业大学、北京科技大学等学校运动员组成的中国大学生体育代表团参加在意大利都灵举行的第十四届世界大学生越野锦标赛，学校高水平运动队教练员翟丰率队参加比赛。葛萍丽、王静分别获得女子第12、第16名，薛峰、马英虎分别获得男子第15、第20名。男子团体获得第15名，女子团体获得第11名。

3月，第六届CUBA中国大学生篮球联赛东南赛区比赛，学校女篮获冠军，男篮获亚军。

5月，江苏省教育厅对学校进行了贯彻执行《学校体育工作条例》评估。

5月25日，学校社会体育等五个本科专业通过专家评审，获得学士学位授予权。

8月13日～29日，在希腊首都雅典举行的第二十八届夏季奥林匹克运动会上，学校高水平运动员陈秀君获得4×100米混合泳接力第四名。

8月26日至9月6日，在上海举行的第七届全国大学生运动会上，学校女子篮球队部分队员参加的篮球比赛，获得第八名。游泳运动员共获得82分，打破一项全国大运会纪录。田径队获得团体总分第二名，获得179分，打破三项大运会纪录，获得金牌1枚，银牌5枚，铜牌7枚；马英虎破男子3 000米障碍纪录获得银牌、吴京哲分别破男子5 000米、10 000米纪录分获第五、第四名。学校第四次夺得“校长杯”。

9月，中国矿业大学招收第一届体育教育本科专业学生，28名学生入学。

9月，中国矿业大学南湖校区一期工程完成，2004级本科新生整体入住南湖校区。

10月，学校田径运动员参加北京国际马拉松赛，薛峰获得男子半程马拉松第一名，王静、袁丽丽分别获得女子半程马拉松第四、第五名。

11月，学校田径运动员参加上海国际马拉松比赛，马英虎获得男子半程冠军，王静获得女子半程马拉松第四名。

本年，学校女篮再次引进专业队教练员（原天津女篮主教练张世璋）担任学校高水平运动队的教练。

本年，学院制订实施《体育学院青年科研启动基金管理办法》。

本年，学校获得体育学高级职称自主评审权。

2005 年

7 月，第十届“玛麒杯”全国大学生网球锦标赛在学校南湖校区网球场开幕。我校学生夺取女子乙组单打冠军，男子团体获第四名。

8 月 10—21 日，学校高水平运动员马英虎、韩娟、刘林鹏代表我国参加在土耳其举行的第二十三届世界大学生运动会，刘林鹏获得女子铁饼第四名。

9 月 1 日，学校高水平运动队建设工作在江苏省评估中，申报的五个项目全部优秀，整体水平也获得优秀，名列前茅。

7 月 20—25 日，第十届全国大学生田径锦标赛在青岛大学田径场举行。学校派出 20 名运动员（女 11 人、男 9 人），参加男子 23 项中的 12 项、女子 21 项中的 13 项比赛。取得女子团体总分第一名（114 分）、男子团体总分第八名（38 分）、男女团体总分第四名（152 分）的成绩。其中获得冠军 1 人，亚军 4 人次，第三名 5 人次。第一次在全国大学生田径锦标赛上获得女子团体冠军。

7 月，在第七届全国大学生游泳锦标赛上，学校夺取男子甲组团体总分第二名、女子甲组团体总分第三名、男女甲组团体总分第二名。共获得金牌 5 枚，银牌 9 枚，铜牌 5 枚。

9 月，体育学院项立敏教授荣获中国矿业大学首届“学生最喜爱的十佳基础课教师”称号。

12 月 14 日，教育部办公厅公布全国普通高校高水平运动队建设综合评审结果，中国矿业大学田径、篮球、游泳、网球、定向越野高水平运动队建设综合评审结果为合格，确定为 2006 年招收高水平运动员的学校。

本年，学校被评为“全国群众体育先进集体”。

2006 年

1 月，学校获批体育人文社会学硕士点，于 2007 年 9 月招收第一届体育人文社会学研究生。在学科建设上实现 2 个体育本科专业、2 个体育硕士专业的跨越式发展。

3 月 4—14 日，第八届 CUBA 中国大学生篮球联赛（东南赛区）的比赛在中国矿业大学文昌校区体育馆举行。学校男、女篮球队努力拼搏，双双获得东南赛区冠军。

5 月 11—13 日，江苏省第十六届运动会高校部网球比赛在中国矿业大学南湖校区举行。学校获得男子团体总分第一名、女子团体总分第三名，男女团体总分第一名。学生获女子单打冠军、男子单打第三名。

5月2—6日，江苏省第十五届运动会高校部田径比赛在东南大学浦口校区举行。学校派出20名运动员(男、女各10名)参加了本次比赛。共获得金牌6枚、银牌10枚、铜牌6枚等成绩。获男女团体总分第三名(252分)，男子团体总分第二名(140分)，女子团体总分第四名(112分)。

6月，江苏省第十六届运动会高校部篮球比赛中，校男、女篮球队双双获得冠军。

7月，江苏省第十六届运动会高校部游泳比赛中，校游泳队获得男子团体总分第二名，女子团体总分第二名，男女团体总分第二名。

4月—7月，在江苏省第十六届运动会上夺得“校长杯”第2名，创历史最好成绩。

7月22—28日，在全国定向越野锦标赛中，我校男子定向越野队首次跻身全国三甲行列。2名运动员获得全国冠军精英赛资格。

8月，在全国大学生游泳锦标赛上，学校游泳队获得甲组团体总分第二名，乙组团体总分第七名。

8月，在全国大学生网球锦标赛上，学校网球队获得男子甲组团体赛第三名，男子甲组双打第二名，男子单打第四名。

9月，体育专业大类招生的培养方案改革全面实施。

9月19日，学校被江苏省体育局评为“江苏省群众体育先进单位”。

本年，学校被教育部评为“全国贯彻《学校体育工作条例》先进单位”。

2007年

6月5日，撤销体育学院党总支，成立体育学院党委。

7月18—28日，在广东省广州市大学城举行的第八届全国大学生运动会上，学校共23名运动员入选江苏省大学生田径队参加比赛，其中男10人，女13人。取得130分(男子70分、女子60分)的好成绩。获得金牌2枚、银牌7枚、铜牌4枚等成绩。学校夺得“校长杯”第11名(全国共20所)，是学校第五次获此殊荣。

8月，全国青年篮球联赛第二阶段比赛在中国矿业大学文昌校区体育馆开赛。

本年，学校获得江苏省第八届全国大学生运动会“特殊贡献奖”。

本年，学校被评为“贯彻学校体育工作条例先进学校”。

本年，“鲁能杯”中国乒乓球俱乐部超级联赛河北金能主场对阵上海电信华东理工大学的比赛，在中国矿业大学文昌校区体育馆开赛。

2008 年

2 月 18 日，中国矿业大学与河北金牛能源集团（简称“金能集团”）签署联合办学协议，创办中国矿业大学金能体育学院并成立理事会，开创了全国范围内企业与高校学院联合办学的先河。

10 月 30 日，国家体育总局体育文化发展中心确定中国矿业大学等 16 所院校为“国家体育总局体育文化发展中心研究基地”。

11 月 4 日，中国矿业大学金能体育学院更名为中国矿业大学冀中能源体育学院。

11 月 8 日，中国矿业大学新生田径运动会在南湖校区第二田径场举行。

11 月，经中国煤矿体育协会批准，学校成为“全国煤炭系统体育管理干部培训基地”。

11 月 25 日，体育学院建院五周年庆典在文昌校区科学馆隆重举行，并进行“中国矿业大学冀中能源体育学院”“国家体育总局体育文化发展中心”“全国煤矿体育管理干部培训基地”三个揭牌仪式；校长葛世荣代表学校向田麦久教授颁发名誉院长聘书等。

本年，学校被评为“江苏省体育教育工作先进单位”。

2009 年

2 月 24 日，第一届中国矿业大学冀中能源大学生体育文化节闭幕式举行。

2 月 24 日，由共青团江苏省委、江苏省教育厅、江苏省学生联合会共同主办的 2008 年度“江苏省十佳青年学生”评选活动在南京揭晓，学校体育学院社会体育 2006 级学生赵金龙同学喜获 2008 年度“江苏省十佳青年学生”荣誉称号。

3 月 16 日，第十一届 CUBA 中国大学生篮球联赛东南赛区比赛在文昌校区体育馆开幕。

3 月 20 日，中央电视台体育中心篮球转播顾问、著名篮球评论员徐济成兼职教授聘任仪式在学校文昌校区办公楼会议室举行。

3 月 23 日，第十一届 CUBA 中国大学生篮球联赛东南赛区比赛在文昌校区体育馆顺利闭幕。学校男篮获得亚军，继上届 CUBA 之后再次闯进全国八强。

4 月 25—26 日，第二届中国矿业大学冀中能源大学生体育文化节暨第四十九届全校大学生运动会成功举办。

5 月 14 日，第十一届 CUBA 中国大学生篮球联赛八强赛，学校男篮以 76∶70 胜西北工大。

6 月 4 日，学校男篮客场以 71∶67 淘汰西北工大，晋级第十一届 CUBA 四强。

6 月 11 日，学校男篮客场以 106∶93 战胜哈尔滨工业大学男篮，取得半决赛首场胜利。

6 月 18 日，学校被江苏省无线电和定向运动协会授予“江苏省定向运动训练基地”称号。

6 月 24 日，第十一届 CUBA 中国大学生篮球联赛半决赛第二场比赛在文昌校区体育馆举行，我校男篮以 78∶63 战胜哈工大，以 2∶0 的总比分首次挺进全国总决赛。

6 月 26 日，学校男篮在文昌校区体育馆主场迎战山东科技大学男篮，通过加时赛力克对手，以 93∶91 取得第十一届 CUBA 中国大学生篮球联赛全国总决赛首场胜利。

6 月 29 日，第十一届 CUBA 中国大学生篮球联赛男子总决赛。学校男篮在山东科技大学黄岛校区体育馆，客场通过罚球决胜，以 5∶3 战胜山东科大男篮，首次夺得 CUBA 全国总冠军，为学校百年华诞献上厚礼！

7 月 5 日，“桓宇杯”2009 年全国女篮俱乐部联赛第一阶段比赛在文昌校区篮球馆举行。

7 月 7 日，学校决定授予大学生男子篮球队“校级优秀集体”荣誉称号；授予孙术奇、王京一、杨飞、刘洋洋、高原、华志、孙大虎、王戈、王振、张萌、徐玉林、宋雪涛等十二名同学“校级优秀学生标兵”荣誉称号。

9 月 25 日，学校体育学院研究生卞兰（江苏省女篮队员，国家女篮主力），荣膺第二十三届女篮亚锦赛最有价值球员称号。

12 月 21 日，学校男篮勇夺“第十二届 CUBA 中国大学生篮球联赛江苏预赛”冠军。

12 月 25 日，学校被国家体育总局授予 2005—2008 年度“全国群众体育先进单位”称号，这是我校连续第六次被国家体育总局评为“全国群众体育先进集体”。

12 月 28 日，学校举行迎 2010 年元旦长跑比赛暨第二届中国矿业大学冀中能源大学生体育文化节闭幕式。

2010 年

2 月 28 日，学校大学生定向运动队获“全国十佳运动队”荣誉称号。

4 月 24—25 日，第三届冀中能源大学生体育文化节开幕式暨第五十届全校运动会在南湖校区第一田径场举行。

5 月 1—5 日，江苏省第十七届运动会高校部田径比赛在东南大学举行。学校共 20 名运动员参赛，取得 9 枚金牌，位居全省第一；男女团体总分获得第二名（243 分），男子团体总分获得第四名（115 分），女子团体总分获得第二名（128 分），单项比赛取得第一名 9 项，第二名 6 项，第三名 3 项。

5 月 8 日，第十二届 CUBA 中国大学生篮球联赛全国八强赛在学校文昌校区体育馆举行。学校男篮以 94∶53 完胜武汉理工男篮，取得八强赛首场胜利。

5 月 5 日，体育学院田顺利同学获团省委表彰。

5 月 26 日，第十二届 CUBA 中国大学生篮球联赛男子八强赛半决赛第一回合的比赛在我校文昌校区体育馆举行，我校男篮主场在力克清华大学男篮，获得半决赛第一回合的胜利。

5 月 29 日，第十二届 CUBA 中国大学生篮球联赛男子八强赛半决赛第二回合比赛在清华大学主场进行，学校男篮 78∶76 险胜清华大学男篮，以总比分 2∶0 淘汰清华大学男篮，晋级总决赛。

6 月 8 日，第十二届 CUBA 中国大学生篮球联赛男子总决赛第一回合，学校男篮主场 105∶81 不敌太原理工男篮。

6 月 12 日，学校男篮不敌太原理工男篮，获得第十二届 CUBA 中国大学生篮球联赛总决赛亚军。

6 月 13 日下午，祝贺男篮荣获第十二届 CUBA 中国大学生篮球联赛亚军座谈会在南湖校区党政办公楼 C604 会议室举行。

7 月 10—13 日，第十一届全国大学生田径锦标赛在武汉中南民族大学、武汉理工大学田径场举行。学校派出 14 名运动员(女 7 人、男 7 人)，参加男子 19 项中的 8 项、女子 19 项中的 9 项比赛。在 91 所甲组参赛院校中，取得团体总分第二名的好成绩。其中获得冠军 4 人次，第三名 1 人次，第七名 1 人次，第八名 1 人次。

7 月 15—17 日，江苏省第十七届运动会高校部游泳比赛在南京大学举行，学校共夺得 6 枚金牌、9 枚银牌、11 枚铜牌，列男子团体总分第 1 名、女子团体总分第 3 名、男女团体总分第 2 名，并获得“体育道德风尚奖”运动队称号。

7 月 20—22 日，学校高水平游泳队参加了在杭州举行的第十一届全国大学生游泳锦标赛。我校游泳队男女队员共夺得 2 枚金牌，3 块银牌，4 块铜牌，获得团体总分第三名的好成绩，其中女子团体第三名、男子团体第四名。

8 月 9 日，学校女子定向队勇摘全国学生定向越野赛接力赛冠军。

9 月 20 日，体育学院社会体育专业学生陈加封拾金不昧受到社会广泛赞扬。

10 月 14 日，“矿大杯”2010 年海峡两岸篮球邀请赛在学校文昌校区体育馆开幕。

10 月 18 日，江苏省第十七届运动会闭幕式在常州奥体中心体育馆隆重举行。学校获江苏省第十七届运动会高校部“校长杯”和体育道德风尚代表团奖。

10 月 21 日，《教育部办公厅关于公布新一轮普通高等学校申请建设高水平运动队综合评审结果的通知》(教体艺厅〔2010〕10 号)，确定我国 268 所申请建设高水平运动队的高等学校，综合评审结果为合格。中国矿业大学为合格学校，批准建设田径、篮球、网球、游泳、定向越野等五个项目。

11 月 1 日，校大学生定向队在世界定向排位赛暨第十七届全国定向锦标赛中喜获佳绩。

11 月 6 日，中国矿业大学第三届冀中能源大学生体育文化节闭幕式暨第一届大学生体育大会在南湖校区第一田径场隆重举行。

2011 年

4 月 23 日，校第四届冀中能源体育大学生文化节开幕式暨第五十一届大学生运动会在南湖校区第一田径场隆重召开。

5 月 11 日，江苏省高校体育教育本科专业学生基本功测试专家组一行 12 人来校，对学校体育教育本科专业学生基本功进行检查评估。

5 月 12 日，测试项目分为体育专业理论知识考试、说课、篮球、足球、排球、田径、健美操、武术等项目；学校取得第二名。

8 月 12—14 日，受教育部的邀请，校长葛世荣出席了在深圳举行的第二十六届世界大学生夏季运动会开幕式及世界大学校长论坛。

9 月 2 日，《江苏省教育厅关于公布第二批高校公共体育课程考核结果的通知》(苏教体艺〔2011〕16 号)发布，学校公共体育课程考核结果为合格。

9 月 25—28 日，第十二届全国大学生田径锦标赛于在海南三亚体育中心举行。学校田径队经过顽强拼搏，以 3 金 2 银的成绩位列甲组第三名。

10 月 15—17 日，江苏省第九届“测绘杯”定向赛在南京高淳举行。学校大学生定向队取得 6 个单项第一名、2 个团体第一名的优异成绩。

11 月 11 日，学校第四届冀中能源大学生体育文化节闭幕式暨第二届体育大会在南湖校区第一田径场举行。

11 月 13—19 日，第十三届 CUBA 中国大学生篮球联赛江苏省预赛在南京邮电大学仙林校区举行。学校男篮夺得冠军，女篮得亚军。

12 月 9—11 日，第二届“冀中能源”杯海峡两岸大学生男子篮球邀请赛在我校文昌校区体育馆举行。中国矿业大学、西北工业大学和台湾艺术大学、台湾中兴大学四支代表队参加了本次邀请赛，我校获得冠军。

12 月 19 日，江苏省学生体育协会高校工作委员会篮球分会揭牌仪式暨 2011 年年会在学校文昌校区学术交流中心召开。

12 月 20 日，学校第五届阳光体育冬季长跑起跑仪式在第一田径场顺利举行。

12 月 24 日，学校第五届冀中能源大学生体育文化节迎元旦长跑比赛在第一田径场举行。

本年，学院新增全日制体育硕士专业学位招生资格，并开始招收第一届专业学位研究生。

2012 年

3 月 22—24 日，2008—2010 年度全国学生定向运动先进单位及个人表彰大会在湖南长沙举行，学校大学生定向运动队被评为“2008—2010 年度全国学生定向运动先进单位”。

4 月 11 日，在第十四届 CUBA 中国大学生篮球联赛东南赛区比赛中，我校男、女篮球队双双进入全国八强。

4 月 20—21 日，中国矿业大学第五届冀中能源大学生体育文化节开幕式暨第五十二届大学生田径运动会开幕式在南湖校区第一田径场隆重召开。

5 月中旬，首届“百年大学 · 百年体育”高层论坛在北京大学举行，中国矿业大学副校长宋学锋出席论坛，并在校长对话论坛上做了题为“体育与人才培养”的演讲。宋学锋副校长还出席了在北京大学举办的首都高等学校第五十届学生田径运动会开幕式。

7 月 4 日，学校召开第九届全国大学生运动会动员会。校体委主任、副校长宋学锋及学校相关单位负责人，体育学院部分院领导及各运动队教练员参加了会议。会议由体育学院副院长翟丰主持。

9 月 8—14 日，第九届全国大学生运动会在天津举行。学校大学生定向队参加了接力赛、短距离、团队赛、积分赛、中距离等五个项目的全部比赛。女子接力赛中取得第三名，团队赛中获得第三名，同时女子团体总分名列第五。同时被授予“体育道德风尚奖”，体育学院 2011 级硕士研究生刘英被评为“优秀运动员”。田径比赛中，赵艳敏以 53.59 秒的成绩获得女子乙组 400 米决赛金牌。王力克获得男子乙组铅球比赛第四名，关宇微获得女子甲组 100 米比赛第三名。游泳比赛中，高琳琳和宫雅楠分别获得女子甲组 400 米混合泳第三名和女子甲组 200 米混合泳第四名。在第九届大运会科学论文报告会上，学校参会的三篇论文分获一、二、三等奖。学校派出了田径 8 名、游泳 5 名、定向运动 5 名、男篮 2 名、女篮 4 名共 24 名运动员参加了比赛。

9 月 18 日，第九届大学生运动会闭幕，学校夺得本届比赛的“校长杯”(全国共 40 所学校获得)，这是学校第六次夺取“校长杯”。学校运动员在田径比赛获得 3 枚金牌、2 枚铜牌；游泳比赛获得 1 枚银牌、10 枚铜牌；定向比赛获得 2 枚集体铜牌；女篮获得第五名；学校竞赛成绩总积分为 172.75。学校的体育工作评定获得 86.8 分。

10 月 9 日，学校参加第九届全国大学生运动会表彰会在党政办公楼 C604 会议室召开。

10 月 15—18 日，学校大学生定向队参加在江苏无锡举行的第三届亚洲定向锦标赛，获得男子接力赛银牌和女子接力赛铜牌。谭江明夺得男子中距离赛个人第二名、短距离赛个人第八名，刘英获女子中距离赛个人第五名、短距离赛个人第六名，韩小田获女子中距离赛个人第七名、短距离赛个人第七名，梁诗敏获女子中距离赛青年组第五名。

10 月 23 日，校体育运动委员会第二次全体会议在党政办公楼 C604 会议室召开。

11 月 2 日，中国矿业大学第五届冀中能源大学生体育文化节闭幕式暨第三届大学生体育大会在南湖校区第一田径场举行。

11 月 2 日，中国矿业大学第六届阳光体育冬季长跑运动起跑仪式在南湖校区第一田径场举行。

11 月 22 日，第十五届 CUBA 中国大学生篮球联赛江苏省预赛赛前协调会在党政办公楼第五会议室召开。

11 月 24—30 日，学校男篮以全胜战绩荣获第十五届中国大学生 CUBA 篮球联赛江苏省预赛男子组冠军，女篮位列第四。

12 月 1—2 日，中国大学生体育协会田径分会在北京召开第五届全体委员会会议，进行田径分会换届工作，并召开了第六届委员会第一次全体会议。学校副校长宋学锋教授出席会议并当选第六届中国大学生体育协会田径分会副主席。

2013 年

1 月 9 日下午，2013 年中国矿业大学新年长跑比赛在南湖校区第一田径场举行。

1 月 22—23 日，2008—2012 年度中国学生定向运动先进单位及个人表彰大会在北京邮电大学举行。学校大学生定向运动队被评为 2008—2012 年度中国学生定向运动“突出贡献单位”，是江苏省唯一获此殊荣的高校。

3 月 27 日，第十五届 CUBA 中国大学生篮球联赛东南赛区女子组的比赛在南京大学体育馆举行。学校女篮获得赛区第三名，男篮获得东南赛区第六名。

5 月 10 日，中国矿业大学第六届冀中能源大学生体育文化节开幕式暨第五十三届大学生田径运动会开幕式在南湖校区第一田径场举行。

5 月 25 日，中国大学生体育协会篮球分会六届一次常委会(扩大)会议在上海交通大学召开。我校副校长宋学锋当选中国大学生体育协会篮球分会副主席。

6 月 7—8 日，中国大学生体育协会定向运动分会第三届委员会第一次全体大会在北京中国地质大学国际会议中心举行。学校首次当选为中国大学生体育协会定向运动分会副主席单位，我校党委副书记曹德欣当选为副主席。

7 月 29 日，教育部项目评估专家组一行 9 人莅临学校，对学校南湖校区《综合体育馆及室外游泳池项目可行性研究报告》进行评估论证。

8 月 1—20 日，2013 年全国定向锦标赛和全国学生定向锦标赛，先后在贵州省黔南布依族苗族自治州和广东省中山市举行，谭江明获得男子精英组百米个人赛冠军、中距离个人赛冠军；韩小田获女子精英组积分个人赛冠军；邓丰获男子精英组积分个人赛冠军；梁诗敏获女子精英组积分个人赛第三名；邓海波获男子精英组中距离个人赛第四名。

10月28日，学校在教二C202教室举行了"阳光运动 健康追梦"首届半程马拉松赛赛前培训会。

11月1日，中国矿业大学第六届冀中能源大学生体育文化节闭幕式暨第四届大学生体育大会在南湖校区第一田径场隆重举行。随后进行了各学院广播操比赛。

11月2日，中国矿业大学首届半程马拉松赛开赛。中国教育电视台、《中国体育报》、腾讯网、中新网、《新华日报》、《现代快报》、《徐州日报》、徐州电视台、《都市晨报》、《彭城晚报》等媒体到现场进行了采访。

11月12日，中国矿业大学第六届冀中能源大学生体育文化节闭幕式暨第四届大学生体育大会在南湖校区第一田径场举行。

12月6日，第十六届CUBA中国大学生篮球联赛江苏省预选赛结束，学校男女篮分别以全胜的战绩豪取赛区冠军，并顺利晋级东南赛区的比赛。

12月17日，中国矿业大学徐州体育文化研究院揭牌仪式在南湖校区图书馆报告厅举行。副校长宋学锋、徐州市体育局局长李跃华共同为研究院揭牌，并分别发表讲话。

12月28日下午，学校2014年大学生迎元旦长跑比赛在南湖校区举行。

本年，体育教育本科专业停止招生，拟增设运动训练专业，报教育部审批。

2014年

3月17日，中国大学生男子篮球四强邀请赛在学校文昌校区篮球馆举行。

3月21日，中国矿业大学女子篮球邀请赛在学校文昌校区篮球馆举行。

4月8日，江苏省第十八届运动会青少年部篮球比赛(男子乙组)在学校文昌校区体育馆开赛。

4月12日，第三届CUBA中国大学生体育协会篮球分会科学论文报告会在中国矿业大学文昌校区学术交流中心举行。

4月12日，第二届"校长杯"徐州网球公开赛在我校网球中心开赛。

4月18日，中国矿业大学第七届冀中能源大学生体育文化节开幕式暨第五十四届大学生田径运动会在南湖校区第一田径场举行。副校长、校体委主任宋学锋教授致开幕词。

4月21日，第十六届CUBA中国大学生篮球联赛东南赛区比赛在文昌校区体育馆开幕。副校长宋学锋主持开幕式，党委书记邹放鸣致欢迎词。

4 月 29 日，第十六届 CUBA 中国大学生篮球联赛东南赛区比赛落幕，学校女篮夺得赛区冠军，实现 CUBA“东南王”的强势回归。男篮获得第三名。

5 月 15—18 日，江苏省第十八届运动会高校部甲组田径比赛在南京航空航天大学江宁校区举行，学校田径队获得金牌 6 枚、银牌 6 枚、铜牌 2 枚。王立克获得男甲 A 铅球金牌并破省运会纪录。

5 月 25—28 日，江苏省第十八届运会高校部游泳比赛在南京大学仙林校区举行。我校游泳健儿狂揽四项接力比赛的 3 金 1 银；老将魏爽、张春晓再次刷新个人历史最好成绩，并引领学校队员获得个人单项 16 金、7 银、7 铜的佳绩。最终学校团体总分取得 327 分。

5 月 24—26 日，江苏省第十八届运动会高校部定向比赛于在南京举行。学校定向队夺得女子接力赛冠军、男子接力赛第二名，包揽女子短距离赛前三名、男子短距离赛冠亚军，为学校团体总分贡献 127 分。校大学生定向队被授予“体育道德风尚奖”运动队称号。

7 月 19—30 日，全国学生定向锦标赛和 2014 年全国定向锦标赛，先后在贵州省安顺市和布依族苗族自治州举行。学校定向队夺得男子团体精英组第一名，女子精英组第三名；在个人项目比赛中，共夺得 2 个第一名，1 个第二名，2 个第三名，3 个第四名，3 个第五名，2 个第七名。学校最终获团体总分第二名。谭江明、邓海波入选 2014 年中国大学生男子定向队(共 10 人)。谭江明将代表中国队参加于 8 月 10—20 日在捷克举行的第十九届世界大学生定向锦标赛。

8 月 26—29 日，第十四届全国大学生田径锦标赛在北京体育大学举行，我校获得金牌 2 枚、银牌 1 枚、铜牌 2 枚等成绩。

9 月 10 日，2014 年校体育运动委员会第二次全体会议在党政办公楼 C604 会议室召开。

9 月 26 日，江苏省第十八届运动会闭幕，学校以总成绩第五获得高校部“校长杯”。

10 月 16—20 日，2014 年全国定向公开赛在江苏溧阳举行。学校大学生定向队 7 名队员(4 男 3 女)参加比赛，共夺得 15 枚奖牌(7 金 7 银 1 铜)，并获接力赛团体第二名。

10 月 31 日，中国矿业大学第七届冀中能源体育文化节闭幕式暨第五届大学生体育大会在南湖校区第一运动场举行。下午，中国矿业大学第八届阳光体育长跑活动启动仪式举行。

11 月 1 日上午，中国矿业大学第二届半程马拉松赛在南湖校区图书馆前鸣枪起跑。

11 月 23 日，国家体育总局科教司教育处处长谢燕歌教授莅临体育学院，以“体育内涵发展与体育学科建设”为题作了学术报告。

12月14—16日，学校被授予“2013—2014年度全国学生定向运动先进集体”荣誉称号。期间，中国大学生定向精英个人赛在广州市举行，学校夺得6枚金牌、3枚银牌，邓丰、梁嘉敏同学被评为优秀运动员。

2015年

3月16日，根据《教育部关于公布2014年度普通高等学校本科专业备案或审批结果的通知》(教育部教高函〔2015〕2号)，学校获批运动训练本科专业招生资格。(2019年招收第一届本科学生)

4月17日，中国矿业大学第八届冀中能源大学生体育文化节暨第五十五届大学生田径运动会开幕式在南湖运动场举行。共有5人次打破了学校大学生田径运动会纪录。

4月19—26日，第十七届CUBA中国大学生CUBA篮球联赛东南赛区的比赛在厦门理工学院举行，学校男、女篮应征出战，分别以东南赛区第二名和第三名的战绩挺进全国赛。

7月11日，全国军事课教学检验(无线电测向)比赛在四川绵阳举行。学校无线电测向队代表江苏省参加比赛。夺得男子个人一等奖1项、二等奖2项、团体一等奖以及女子个人一等奖1项、二等奖1项、团体二等奖。江苏省代表队获得男女团体总分一等奖，江苏省和我校均获优秀组织奖。

7月20—25日，第十五届全国大学生田径锦标赛在广西师范大学雁山校区举行。我校田径队获得男甲团体第九名，女甲团体第二十二名，团体总分第十六名的成绩。

7月25日，第十届全国高校网球科研论文报告会在中国矿业大学学术交流中心举行。科报会共收到国内近百所高校140余篇学术论文，有11名与会专家做专题报告。

7月27日，“矿大杯”第二十届中国大学生网球锦标赛暨高校“校长杯”网球比赛在南湖校区网球场举行。

7月27日晚，中国大学生体育协会网球分会成立20周年庆典活动在中国矿业大学举行。庆典活动对在大网协发展历程中作出突出贡献的单位及个人进行了表彰。

8月29日，全国学生定向锦标赛和2015年全国定向锦标赛，先后在吉林长白山和贵州布依族苗族自治州举行，我校5名运动员(3男2女)参加比赛。共取得1个冠军、3个第二名、1个第四名、2个第五名、1个第六名、2个第七名的优异成绩。邓丰获评优秀运动员并入选2015年中国大学生男子定向队；梁嘉敏入选中国无线电测向队，并将于9月4—12日出征日本参加第十届亚洲无线电测向锦标赛。

9月4—12日，在第十届亚洲无线电测向锦标赛中，梁嘉敏代表中国队，获得4

金1银的优异成绩。

10月30日，第八届冀中能源大学生体育文化节闭幕式暨第六届大学生体育大会在南湖校区第一田径场举行。下午闭幕式结束后，第九届阳光体育长跑活动启动仪式随即举行。

11月7日，中国矿业大学第三届半程马拉松赛暨首届全国高校半程马拉松赛在南湖校区图书馆前举行。中央电视台CCTV-5、《新华日报》、《现代快报》、《扬子晚报》、人民网、中国新闻网、中国江苏网、《徐州日报》、《彭城晚报》、《都市晨报》、徐州电视台、徐州人民广播电台等媒体到现场进行了报道。

11月28—12月2日，第十八届CUBA江苏基层赛女篮比赛在南京邮电大学举行。我校女篮以五战全胜的战绩，勇夺江苏赛区冠军。

11—12月，体育学院共有20余名师生参加了江苏省军事实战化科目比武竞赛。社会体育2015-2班学生贾润月以总分14分28秒获得第一名，社会体育2015-2班学生韩亚获得第二名，院学生管理办公室主任马英虎老师获得第三名的好成绩。

12月20日，中国矿业大学迎2016年元旦大学生长跑比赛在南湖运动场举行。

2016年

3月24日，校体委2016年第一次工作会议在行健楼B203会议室举行。

3月，《国务院学位委员会关于下达2014年学位授权点专项评估结果及处理意见的通知》(学位〔2016〕5号)印发，中国矿业大学体育专业硕士学位授权点顺利通过评估，评估结果为“合格”。

4月7—30日，中国矿业大学第九届冀中能源大学生体育文化节篮球赛暨第五十六届校园篮球联赛在南湖校区灯光篮球场举行。

4月15日，中国矿业大学第九届冀中能源大学生体育文化节暨第五十六届大学生田径运动会开幕式在南湖校区第一田径场举行。

6月4—5日，由团中央学校部、全国学联秘书处主办的全国大学生“三走赢未来”户外运动团队挑战赛南方赛区复赛在浙江大学举行。我校代表队最终以团体总分第三名的成绩晋级决赛。

8月28日，全国大学生“三走赢未来”户外运动团队挑战赛总决赛在江西萍乡武功山举行。我校代表队取得二等奖并获评优秀组织奖。

8月30日，2016全国学生定向锦标赛在贵州黔西南布依族自治州举行。我校由邓丰、李威超、杨光、梁艺坚组成的男子定向队获得高校精英组男子团体总分第二名，梁嘉敏取得高校精英女子组百米个人赛第三名。学校获体育道德风尚奖，梁嘉敏被评为优秀运动员。

9月，应中华台北定向协会邀请，体育学院研究生李威超同学代表中国矿业大学学生定向队参加了在台湾举行的第五届亚洲定向锦标赛，获得男子中距离个人赛第二名、短距离个人赛第四名。

9月9日，中国矿业大学第四届半程马拉松赛暨第二届全国高校半程马拉松赛报名工作启动。

10月15日，全国军事课教学展示(无线电测向)比赛在四川德阳举行。我校6名队员代表江苏省参加比赛，夺得团体一等奖，江苏省教育厅和我校均获优秀组织奖。

10月28日，我校第九届冀中能源大学生体育文化节闭幕式暨第七届大学生体育大会在南湖校区体育场举行。下午闭幕式后，第十届阳光体育长跑活动启动仪式随即举行。

10月31日，江苏省定向锦标赛在南京市溧水区开幕。我校包揽男子短距离、中距离个人赛前三名，夺得男子接力第一名、百米赛二、三名，梁嘉敏在高校女子组比赛中1人获得2金1银的优异成绩。

11月6日，第四届中国矿业大学半程马拉松赛暨第二届全国高校半程马拉松赛在中国矿业大学南湖校区图书馆前鸣枪起跑。CCTV-5、江苏卫视、中国教育电视台、新华网、人民网、中国新闻网、中国网、中国江苏网、《现代快报》、《扬子晚报》、徐州电视台、《徐州日报》、《彭城晚报》、《都市晨报》、徐州人民广播电台等多家媒体陆续进行了报道，凤凰网、光明网、搜狐网等全国各大网站进行了转载。

12月31日，迎2017年元旦大学生长跑比赛在南湖运动场举行。

2017年

3月27—28日，第二十九届世界大学生夏季运动会游泳项目选拔赛在同济大学举行。我校朱晓彤以27秒39的成绩夺得女子50米自由泳冠军，并将代表中国参加第29届世界大学生夏季运动会。

4月8日，江苏省第十九届运动会高校部排球预赛(苏北分会)在九州大学体育馆举行。我校普通大学生男、女排球队力克对手，双双夺冠，并将参加江苏省第十九届运动会高校部的排球决赛。

4月8—15日，第十九届CUBA中国大学生篮球联赛东南赛区比赛在汕头大学举行。我校女篮以八战全胜战绩获得冠军，捧回“金篮板”。男篮也以优异的成绩挺进全国24强。女篮队员马伊娜在冠亚军争夺战中，全场砍下惊人的35分22个篮板，荣膺赛场MVP。

4月14日，中国矿业大学第十届冀中能源大学生体育文化节暨第五十七届大学生田径运动会开幕式在南湖校区第一田径场举行。

4月27—30日，江苏省第十九届运动会足球项目苏北赛区预选赛在江苏建筑职业技术学院举行，我校足球队荣获冠军，并将作为唯一代表苏北赛区参加江苏省第十九届运动会。

7 月 10—14 日，江苏省无线电测向锦标赛在江苏镇江举行。我校夺得男子 80 米波段团体第一名，梁嘉敏夺得女子个人赛第一名，李威超夺得男子个人赛第一名，邓丰、李威超、梁嘉敏、陈雪娇荣获全能运动员称号。魏源、佟利军在江苏省第四届学生军事训练营选拔赛中，分别以男、女总分第一名的成绩入选江苏省代表队。

7 月 15—20 日，第十七届全国大学生田径锦标赛在鄂尔多斯市体育中心举行。我校田径队褚鹏飞以 13 秒 79 获 110 米高栏冠军，王国忠以 51 秒 18 获 400 米栏冠军，赵文现以 46 米获铁饼亚军，他还获得链球第八名，吴哲以 6 200 分获十项全能季军；女子组杨洋以 4 米的优异成绩，获撑竿跳高季军，关宇微获 100 米第五名和 200 米第七名。

8 月 28 日，全国青少年无线电测向锦标赛在甘肃省嘉峪关市举行。我校梁嘉敏夺得大学女子组四个单项赛第一名，陈雪娇夺得大学女子组个人单项赛 2 个第二名、2 个第三名；祁晓燕夺得大学女子组个人单项赛 2 个第三名、1 个第五名。李威超夺得大学男子组个人单项赛 1 个第二名、1 个第三名、1 个第四名；杨光夺得大学男子组个人单项赛 1 个第三名、1 个第五名。在团体接力赛中，梁嘉敏、陈雪娇、祁晓燕夺得大学女子组第二名；李威超、杨光、邓丰获大学男子组第三名。

8 月，我校高水平运动队游泳队朱晓彤，以优异成绩入选中国队，将代表我国参加世界大学生夏季运动会女子 50 米自由泳比赛。

9 月，我校新生陈雪娇代表中国无线电测向队出征在蒙古举行的第十一届亚洲无线电测向锦标赛，取得个人赛 2 枚银牌，与队友共同努力摘得金牌 2 枚。

10 月 28 日，我校第十届冀中能源大学生体育文化节闭幕式暨第八届大学生体育大会在南湖校区第一田径场举行。闭幕式结束后，第十一届阳光体育长跑活动启动仪式随即举行。

11 月 5 日，第五届中国矿业大学半程马拉松赛暨第三届全国高校半程马拉松邀请赛在南湖校区图书馆前鸣枪起跑。

12 月 28—29 日，中国大学生体育协会定向分会 2017 年年会在福建省龙岩市举行。我校被授予 2015—2017 年度中国学生定向先进集体称号，校党委副书记曹德欣获评 2015—2017 年度中国学生定向突出贡献校长。

12 月，《教育部办公厅关于公布 2017 年普通高校高水平运动队技术调整结果的通知》(教体艺厅函〔2017〕65 号)发布，我校具备招收高水平运动队的资格，招生项目调整为田径、篮球、网球、游泳、足球五个项目。

2018 年

1 月 14 日，学校 2018 年元旦大学生长跑比赛在南湖运动场举行。

3 月 6 日，全国无线电测向锦标赛在梁河举行，我校梁嘉敏、祁晓燕、陈雪娇包揽大学女子组 3 个团队赛第一名，杨光、李威超、佟利军夺得大学男子组 2 个团队赛第一名、1 个第四名（比赛共产生 6 项团队赛第一名）；杨光、梁嘉敏分获大学男、女组个人全能第一名，学校定向队员取得大学男、女组单项赛 5 金 6 银 2 铜的成绩，学校荣获 2017 年全国无线电测向锦标赛优秀基层单位。

3 月 25 日，徐州国际马拉松赛暨全国马拉松锦标赛（徐州站）、2018 雅加达亚运会马拉松选拔赛在徐州举办，半程马拉松终点设在我校南湖校区图书馆前。8 000 余名马拉松爱好者参加的半程赛事在我校南湖校区完赛。矿大 600 余名马拉松爱好者参加了比赛。

4 月 8 日，第二十届 CUBA 中国大学生篮球联赛东南赛区的比赛在宁波大学举行。我校女篮成功卫冕，蝉联赛区冠军，捧回赛区“金篮板”。

4 月 13 日，中国矿业大学第十一届大学生体育文化节开幕式暨第五十八届大学生田径运动会在南湖运动场举行。

4 月 14—20 日，江苏省第十九届运动会高校部甲 A 组篮球比赛在南京财经大学举行，女子甲 A 组比赛于 4 月 21—27 日在南京邮电大学举行。我校男女篮双双为学校捧回省运会冠军奖杯，这是我校在省运会中高校部甲 A 组篮球比赛中取得的最好成绩。

5 月 3—8 日，江苏省第十九届运动会高校部田径比赛在南京大学举行，我校田径队获得金牌 1 枚、银牌 4 枚等成绩。

5 月 24—28 日，江苏省第十九届运动会高校部定向比赛在盐城举行。我校夺得 18 枚金牌中的 13 枚，获得团体总分 146 分，以超出第二名 48 分的绝对优势，夺得团体总分第一名。

6 月 9—10 日，首届中美体育与健康国际论坛在南湖校区举行。得克萨斯州立大学健康学院与我校体育学院签订《中美大学体育与健康国际合作研究协议》。

7 月 15—20 日，第十八届全国大学生田径锦标赛在黑龙江省大庆市黑龙江八一农垦大学举行。我校田径队获得金牌 1 枚、银牌 1 枚等成绩。

7 月 25—31 日，2018 年全国青少年无线电测向赛于在江苏灌云举行。由梁嘉敏、魏源、陈雪娇组成的女子团队，包揽大学女子组 80 米波段赛和 2 米波段赛第一名。佟利军获得大学男子组 80 米波段赛金牌。杨光获得大学男子组 2 米波段赛银牌。陈雪娇夺得大学女子组 2 米波段赛银牌、80 米波段赛铜牌，并荣获个人全能第二名。

在全国无线电测向锦标赛中，由梁嘉敏领衔，魏源、陈雪娇组成的女子团队，夺得定向猎狐、80 米波段赛第一名，2 米波段赛第二名。个人赛中，梁嘉敏获得女子定向猎狐、80 米波段赛 2 枚金牌，同时获得 2 米波段赛银牌，夺得女子个人全能冠军。杨光获得男子 2 米波段赛金牌、定向猎狐银牌，并夺得男子个人全能冠军。陈雪娇获得女子定向猎狐铜牌。

9 月，体育学院被江苏省体育局评为“江苏省群众体育先进单位”称号。

9 月，体育学院荣获江苏省第十九届运动会高校部甲组“校长杯”。

10 月 14—30 日，中国矿业大学第十一届大学生体育文化节全校大学生排球赛在南湖校区排球场举行。

10 月 27 日，我校第九届大学生体育大会暨第十一届大学生体育文化节闭幕式在南湖校区第一田径场举行。闭幕式后举行了第十二届阳光体育冬季长跑活动启动仪式。

10 月 28 日，第六届中国矿业大学半程马拉松赛暨京杭大运河 10 公里系列赛(徐州站)”在中国矿业大学南湖校区图书馆前鸣枪开赛。体育学院社会体育指导与管理专业 2017 级学生徐海超，获得半程马拉松赛男子组冠军。

11 月，由江苏省教育厅主办、江苏省高校体育教学指导委员会承办的江苏省本科院校首届青年体育教师微课比赛评选结果揭晓，我院周鹏老师的《篮球：传球技术》获微课比赛一等奖，黄美蓉老师的《犁式组合教学》获微课比赛三等奖。

12 月 25 日，国家体育总局竞体司根据《运动员技术等级管理办法》的规定，授予中国矿业大学大学生定向队员梁嘉敏、杨光无线电测向国家级运动健将称号，全国共 6 人。我校已有 3 名定向队员获此殊荣。

12 月 24—30 日，第二十一届 CUBA 中国大学生篮球联赛江苏省预赛分别在南京财经大学、南京邮电大学举行，我校男女篮双双以全胜战绩获得冠军，挺进东南赛区分区赛。

12 月 30 日，我校 2019 年元旦大学生长跑比赛在南湖运动场举行。

12 月，江苏省第七届普通高校军事课教师授课竞赛结束，体育学院辅导员曹杏利以小组第一的成绩获得一等奖。

2019 年

1 月，体育学院 2017 级研究生刘传奇，被评为我校第十三届“‘青春矿大’校园年度人物”。

3 月 5 日，校长宋学锋一行到体育学院调研，学院党委书记张利先，院长翟丰及班子成员参加调研座谈。

3 月 22 日下午，体育文化学者、体育产业专家易剑东教授，《体育与科学》杂志主编程志理教授应邀来到体育学院开展学术交流与研讨，学院科研骨干教师参加了活动。

3月24日上午，徐州国际马拉松暨全国马拉松锦标赛（徐州站）·多哈世界田径锦标赛马拉松选拔赛在徐州举办。该比赛的半程项目终点设置在我校南湖校区。

3月29日，江苏省少数民族传统体育运动项目射弩、陀螺比赛，在我校文昌校区体育馆举行。来自全省各地市的八支代表队近200名运动员参加了比赛。

4月10—18日，第二十一届CUBA中国大学生篮球联赛东南赛区的比赛在我校南湖校区体育馆、文昌校区体育馆开幕。来自东南赛区28所高校的336名男女篮球运动员齐聚矿大。我校男篮获得第四名，女篮获得冠军，实现东南赛区“三连冠”，双双挺进全国赛。学校被中国大学生体育协会授予“突出贡献奖”，女篮队员李嘉娜获得赛区女子MVP。

4月12—13日，中国矿业大学第十二届大学生体育文化节开幕式暨第五十九届大学生田径运动会在南湖校区第一田径场举行。

4月20日，江苏省无线电和定向运动协会在无锡召开表彰会议，我校获评2016—2018年度江苏省开展无线电测向和定向活动先进单位。

4月25日，在浙江台州举行的全国大学生华东赛区网球比赛中，我校网球队获得男子乙组团体比赛第七名，男子丙组团体比赛第六名的成绩。

5月6日，经国务院学位委员会第三十五次会议审议批准，发布《国务院学位委员会关于下达2018年动态调整撤销和增列的学位授权点名单的通知》（学位〔2019〕8号），我校体育学一级学科硕士点获批。获批体育学一级学科后，体育学院硕士研究生招生专业将从原来的体育教育训练学和体育人文社会学2个二级学科硕士点扩展至包括运动人体科学和民族传统体育在内的4个二级学科方向。

5月19日，我校女篮在第二十一届CUBA中国大学生篮球联赛全国24强比赛中，战胜众多强队，一举挺进全国四强。

5月26日上午，2019年中国矿业大学贺校庆110公里接力赛在南湖校区举行。

6月26日，第二十一届CUBA中国大学生篮球一级联赛在首都体育学院落下帷幕，我校女篮以全国赛第四名的成绩实现了女篮队史十年来的新突破，同时也是东南赛区近十年来在全国赛场上取得的最佳战绩。在本届CUBA单项赛全国决赛中，校男篮主力球员邬挺嘉以绝对优势夺得三分球大赛冠军。

7月9—13日，江苏省无线电测向锦标赛在江苏常州举行。我校包揽女子80米波段和2米波段接力赛团体第一名，夺得男子2米波段接力赛团体第二名、80米波段接力赛团体第三名，陈雪娇夺得女子个人赛2个第一名，佟利军夺得男子个人赛第二名和第三名，李学俊夺得男子个人赛第二名，梁嘉敏夺得女子个人赛2个第三名。

7月26—31日，第十九届全国大学生田径锦标赛在内蒙古呼和浩特市举行。

体育学院2018级研究生杨洋获得女子撑竿跳高季军,为学校争得荣誉。

8月5日,2019年全国青少年无线电测向锦标赛举行,我校获多个奖项,学校被授予全国青少年无线电测向锦标赛优秀基层组织单位称号(全国共20个)。

8月25日,第十九届中国大学生游泳锦标赛在兰州大学榆中校区落幕。我校游泳队安凌枫以58秒23的个人最好成绩获得男子甲组100米蝶泳铜牌;以26秒84获得男子甲组50米蝶泳第七名。田诗怡以31秒48和1分08秒88的好成绩分获女子甲组50米仰泳季军、100米仰泳季军。在女子甲组400米自由泳决赛中,获得季军,杨秋实获得男子1 500米自由泳第八名。

9月18日,我校男篮前往宁波大学参加第三届"听雨轩"海峡两岸高校篮球邀请赛,我校男篮最终获得本届赛事第四名。

9月23日,2019年"剑南春"杯全国(U21)青年女子篮球锦标赛与CUBA四强对抗赛(四川绵竹赛区)比赛完美落幕。我校女篮不负使命,先后击败八一女篮、河南伊川女篮,荣获第五名的好成绩,同时获得三分球大赛冠军。

10月26日,学校第十届大学生体育大会在南湖第一运动场举行。下午闭幕式后举行学校第十二届阳光体育冬季长跑活动启动仪式。

10月27日上午,第七届中国矿业大学校园半程马拉松赛在南湖校区图书馆前举行。

11月7日,2019年世界定向排位赛暨定向亚洲杯在山东日照举行,我校选派6男1女7名队员参加比赛,佟利军、李学俊、李辉包揽M21组别比赛前三名,梁嘉敏夺得W21组别比赛第一名。

11月30至12月1日,第二届全国大学生体育产业创新创业大赛(华东第二赛区)复赛及决赛在安徽师范大学举行。我院学生团队的"疗动——基于数据科学与体医融合的煤矿工人职业病防治及运动康复计划"项目获得赛区一等奖,并取得全国赛的参赛资格。

12月6—8日,由江苏省大学生体育健康产业创新创业联盟主办、徐州工程学院承办的第四届江苏省大学生体育健康产业创新创业大赛在徐州工程学院举行。我院学生团队的"疗动——基于数据科学与体医融合的煤矿工人职业病防治及运动康复计划"项目获得一等奖。

12月8—16日,第十四届全国学生运动会篮球项目预赛在山东农业大学举行。我校男女篮代表江苏省出战,分别以男子组第三名和女子组第五名的成绩挺进决赛。

12月22—29日,第二十二届CUBA中国大学生篮球联赛预选赛(江苏赛区)在南京邮电大学体育馆落下帷幕。我校女篮获得第二十二届CUBA中国大学生篮球一级联赛江苏基层赛冠军。

12月29日下午,学校迎2020年元旦大学生长跑比赛在南湖校区举行。

12月30日下午，中国矿业大学“体医结合”教学科研实践基地揭牌暨附属医院研究生导师聘任仪式在第一人民医院举行。

2020年

1月5日，根据学校公布的第十四届“青春矿大”校园年度人物评选结果，校女篮当选，获评“青春矿大”校园年度人物。

1月13日，《江苏省教育厅关于公布2019年江苏省首届高校体育教师教学技能竞赛获奖名单的通知》发布，我院白剑飞、崔爽分别以武术组第一名、篮球组第二名的成绩荣获一等奖，吕珊珊荣获三等奖。

3月25—4月11日，受疫情影响，中国矿业大学首届“云”运动会顺利举行。

8月2日，在内蒙古师范大学举行的第二十二届CUBA中国大学生篮球联赛女子组1/4决赛中，我校女篮以74∶64战胜上海交通大学女篮，再次挺进全国四强。

8月4日，在第二十二届CUBA中国大学生篮球联赛女子组1/2决赛中，我校女篮迎战清华大学女篮，最终遗憾负于清华女篮，获得第四名。

8月26日，在第二十二届CUBA中国大学生篮球联赛男子组1/4决赛中，我校男篮战胜对手太原理工大学男篮，时隔十年再次挺进全国四强。

8月27日，我校男篮与清华大学队进行1/2决赛，最终负于清华男篮无缘冠亚军决赛。

9月10日，第十一届“挑战杯”江苏省大学生创业计划竞赛在淮阴工学院落下帷幕。体育学院社会体育2017级学生朱源恒牵头，2019级学生张文都、周辰参与的创业项目“小‘朱’乐跑——乡村振兴路上的实干跑者”获得金奖。

9月10日，中国青年网报道我校“‘疫’往直前，有思未来”暑期社会实践团队活动情况，着重报道体育学院社会体育指导与管理专业，2018级学生李高航参加学生暑期社会实践团队的实践事迹。

11月1日上午8时30分，第八届中国矿业大学校园半程马拉松赛鸣枪起跑，5 000名跑步爱好者环绕着行健路，用活力与激情点燃校园。

11月7—8日，江苏省大学生田径锦标赛（高水平组）暨第十四届全国学生运动会选拔赛在滨海体育中心举行。我校取得2金4银2铜的好成绩，有16名队员单项成绩进入前八名。

11月8日，2020年3×3黄金联赛南京站决赛中，我校女篮队员组成的“矿小队”获得冠军，晋级全国总决赛。

11月15日，中国矿业大学第十一届大学生体育大会在南湖运动场举行。

11月22日，由信控学院主办的学校“‘心理话剧’读出来”的心理之“品古典美韵，悟不朽经典”名著片段表演大赛落下帷幕，体育学院话剧《荆轲刺秦王》在比赛中以 92.6 的高分获得一等奖。

12 月 1—6 日，我校高水平女子足球队首次组队参加在河海大学举办的 2020 年江苏省“省长杯”大学生足球联赛（女子高水平组）比赛，获得比赛季军。

12 月 4—6 日，由江苏省大学生体育健康产业创新创业联盟主办、盐城师范学院承办的第五届江苏省大学生体育健康产业创新创业大赛举行。我院学生团队的“向野而生——乡村振兴路上的实干跑者”项目获得一等奖（由体育学院张文都、周辰、李高航等同学组成），“‘少年中国之星’——农村留守青少年儿童运动与健康力行计划”项目获得二等奖。

12 月 5—6 日，我校高水平网球运动队参加在南京举行的 2020 年江苏省大学生网球锦标赛（高水平组），获得男子单打第二名、第三名、第五名，男子双打第二名、第五名；女子单打第五名、双打第五名的优异成绩。

12 月 6 日，江苏省第四届青少年游泳达标公开赛暨江苏省大学生高水平组游泳比赛在南京浦口市民中心游泳馆举行。校游泳队代表学校出战并取得团体第二名的好成绩。

12 月 11 日，由校人文社科处主办、体育学院承办的第一期人文社科学术沙龙暨 2020 年体教融合与体育课程思政学术论坛，在学校图书馆 B101 会议室举行。

12 月 16 日，2020 年第二十七期江苏足协 E 级教练员培训班在我校举行。

12 月 23—30 日，第二十三届 CUBA 中国大学生篮球一级联赛江苏赛区的比赛在南京举行。我校男女篮代表学校出战，并双双以全胜战绩夺得冠军。

12 月 28 日，2020 年江苏省大学生游泳冠军赛（高水平组）暨第十四届全国学生运动会江苏省游泳（第三次）选拔赛在南京市举行。我校游泳队获得 8 项单项冠军，17 项单项亚军，并在男子 4×200 米自由泳接力，女子 4×100 米混合泳接力中获得冠军，最终取得团体第二名的好成绩。（团体第一名是拥有多名注册运动员的南京体院。）

2021 年

1 月 4 日，中国矿业大学第十五届“青春矿大”年度人物评选结果公布，我校男篮（团队）、体育学院硕士研究生贾润月成功入选。

1 月 8 日，江苏省教育厅网站以《中国矿业大学“三融三促”加强体育工作》为题报道了我校体育工作。

2 月 2 日，教育部网站以《中国矿业大学“三融三促”加强体育工作》为题，报道我校卓有成效的体育工作。

3 月 3 日，中共江苏省委宣传部发布《关于印发 2020 年“紫金文化人才培养工程”文化英才、文化优青人选名单的通知》（苏宣干〔2020〕96 号），发布“江苏社科英才”和“江苏社科优青”入选名单。体育学院黄美蓉副教授入选“江苏社科优青”。

4月16日，中国矿业大学第十三届大学生体育文化节暨第六十届大学生田径运动会在南湖运动场举行。

5月6日，第二十三届CUBA中国大学生篮球联赛东南赛区决赛中，我校女篮在加时赛环节以2分优势战胜上海交通大学女篮成功卫冕，连续四次获得东南赛区冠军，捧回“金篮板”。我校男篮以全胜战绩小组第一出线，最终取得东南赛区亚军，男女篮球队双双进入全国赛。

5月17日，第二十三届CUBA中国大学生篮球联赛女子组1/4决赛中，我校女篮以83∶68战胜天津财经大学女篮，连续三年闯进全国四强。

5月24日，在第二十三届CUBA中国大学生篮球联赛全国赛上，我校男篮一路过关斩将，经五场鏖战，最终战胜对手西安交通大学男篮，成功晋级全国八强。

5月29—30日，江苏省大学生田径冠军赛在南京审计大学江浦校区举行。我校田径队戴文婧获得女子铅球冠军，王芳获得女子5 000米竞走冠军，周婷获得女子100米亚军，杜文贺获得男子400米栏季军，何柳静获得女子400米季军，周婷获得女子100米栏季军，李桐获得男子5 000米季军，杨鑫获得男子400米季军。此外，还有部分队员在个人项目和团队项目中获得佳绩。

5月30日，第二十三届CUBA中国大学生篮球联赛男子组精英八强赛在我校南湖体育馆打响，我校男篮主场作战；最终我校男篮以83∶78战胜北京大学男篮，在学校迎来112周年校庆之际为学校添彩。

赛后，举行我校男、女球员退役仪式。女篮队员李嘉娜、吴倩倩，男篮队员邬挺嘉、史志强、张伟豪、马振翔六位球员于本赛季结束后退役。

6月1—4日，第二十届中国大学生游泳锦标赛暨第三十一届世界大学生夏季运动会游泳项目选拔赛，在扬州体育公园游泳跳水馆举行。我校游泳队共13名队员参赛，获得1金1银3铜并同时荣获“体育道德风尚集体奖”。

6月5日，第二十三届CUBA中国大学生篮球联赛，男子1/4决赛第二场比赛在北京大学举行。第四节最后18.3秒时两队打平，北京大学经过加时赛，以99∶89击败我校进入四强。

6月12日，第二十三届CUBA中国大学生篮球一级联赛女篮四强赛，于6月12—13日在成都开打。6月12日下午3点，我校女篮对阵清华大学女篮。我校女篮经过顽强拼搏，最后负于清华大学女篮，遗憾止步四强。

6月13日，在2021年全国青少年校园足球联赛（大学组）高水平组女子甲级联赛首场比赛中，中国矿业大学女子足球队奋勇拼搏，以总比分6∶4（点球5∶3）战胜福建师范大学女子足球队，获得联赛首胜，这也是我校女足第一次参加全国性比赛。

6月18日，在2021年全国青少年校园足球联赛（大学组）高水平组女子甲级联赛淘汰赛环节的比赛中，我校女足战胜对手曲阜师范大学，挺进全国八强。

7 月 10—17 日,第十四届全国学生运动会在青岛举行,我校获得 1 金、3 银、5 铜的竞赛成绩,以优异的竞赛成绩和综合评分为学校捧回“校长杯”。我校第七次获得全国学生运动会“校长杯”。

7 月 11 日,中华人民共和国第十四届学生运动会(大学组)开赛,我校王海乔为江苏代表团获得第一枚金牌(女子大学甲组 50 米蝶泳决赛金牌);王心怡获得女子大学甲组 400 米自由泳决赛银牌。

7 月 15 日,在第十四届全国学生运动会 5 公里竞走项目中,我校田径队队员王芳以个人最好成绩夺得亚军。

7 月 18 日,在 2021 年 CBA 选秀大会上,中国矿业大学男篮球员马振翔以首轮 15 顺位选秀权,被宁波富邦俱乐部选中。随后,邬挺嘉以次轮第 2 顺位选秀权,加入南京同曦俱乐部。这是我校首次同时有 2 名球员通过 CBA 选秀走上篮球职业道路。

7 月 22 日,第二十五届中国大学生网球锦标赛(总决赛)在四川轻化工大学宜宾校区开赛,我校网球队在本次赛事中取得丙 A 组男子团体第八名的好成绩。主教练刘冠林获评体育道德风尚奖。

8 月 5 日,第二十届中国大学生田径锦标赛在浙江大学(紫金港校区)举行。体育学院运动训练 2019-1 班王芳获得女子丙组 5 000 米竞走、10 000 米竞走冠军;运动训练 2019-1 班周婷获得女子丙组 100 米栏第四名;运动训练 2020-1 班何柳静获得女子丙组 400 米栏第四名、400 米第八名;运动训练 2020-1 班戴文静获得女子丙组铅球第六名、链球第六名;有 5 名参赛队员达到国家一级运动员标准。我校获评“体育道德风尚奖”。

附录四　体育学院教职工名录

一、福中矿务大学时期(体育股)

何廷辉、王式乾

二、焦作路矿学堂时期(体育室)(后改称私立焦作工学院)

朱恩魁、马振刚、王允升

三、中国矿业学院(天津)时期(体育教研室)

刘宝成、王堪若、朱恩魁、韩子明、王厚熙、马中华

四、北京矿业学院时期(体育教研室)

(一) 教师(包括教练)

刘宝成、王堪若、朱恩魁、韩子明、王厚熙、马中华、张嘉义(女)、张文郁、马永泰、陈铭训、付满孝、边　鑑、曾祥星、张芝兰(女)、佟　军、刘培福、马贵生、董耀禄、崔云海、周寿华、丁日熙、陆鸿源、庄仁铨、鲍清明、郑利益、张嘉琪、韩瑞英、陈干华、高照凤、赵景森、江朝文、锁孝麟、张庆权、李　伟

(二) 职工

何文彩、董荫增、回秀瑞(女)、丁德宏、刘双元(女)、张天伟、武梦琴(女)

(三) 教师调出人员

赵惠卿:调入首都师范大学体育系;

刘书谦:调入北京市先农坛体校;

吴庆桂:调入天津市某企业;

刘永茂:调入内蒙古自治区包头市体委科研所;

余永昌:移居加拿大;

马永泰:1952 年参加工作,延长至 1990 年 7 月退休,原中国矿业大学(北京)体育教研室主任。

付满孝:北京矿业学院留守处,后为中国矿业大学(北京)体育教研室副主任。

边　鑑:北京矿业学院留守处,后为中国矿业大学(北京)体育教研室教师。

五、四川矿业学院时期(体育教研室)

(一) 教师

王厚熙、刘宝成、王堪若、马中华、张文郁、张庆权、张嘉义(女)、陈干华、陈铭训、刘培福、张芝兰、佟　军、赵景森、李　伟、江朝文、高照风、锁孝麟、张　强、曾昭艳、高鸣岗(女)、江嘉婉(女)、王玉兰(女)

(二) 职工

李存治、袁光舜、武梦琴(女)

(三) 教职工调出人员

董耀禄:调入西安科技学院(原西安矿业学院)工会;

陈清云:调入重庆市合川县;

陈孝钦:调入重庆市合川县;

佟　军:(1934,8—1978,12)辽宁沈阳人,1955 年从部队转业至抚顺煤矿学校任团干部,1961 年调入北京矿业学院任体育教师,1970 年随学校迁入四川矿院。

六、中国矿业大学(徐州时期)

(一) 退休教师

刘宝成(1916—1993),男,天津人,教授,1952 年 12 月起进入北京矿业学院基础课体育教研组任教,1984 年退休。

王堪若(1911—1991),男,北京人,讲师, 1953 年到北京矿业学院体育教研室任教,1984 年退休。

王厚熙(1917.3—2012.5),男,河北静海人,教授,1951 年进入中国矿业学院(天津)任教,1987 年退休。

张嘉义(1927.3—2019.4),女,福建省闽侯人,副教授,1950 年毕业于北京师范大学体育系, 1954 年调入北京矿业学院体育教研室任教,1984 退休。

陈铭训(1928.12—2008),男,江苏常州人,副教授,1951 年毕业于中央大学体育系(南京), 1961 年调入北京矿业学院任教,1988 年退休。

马中华(1929.6—2007.3),男,河北省安次县人, 教授,1952 年毕业于北京师范大学体育卫生系,分配至中国矿业学院 (天津)任教, 1994 年 8 月退休。

张文郁(1930.9—),男,河北省安新县人, 教授,1952 毕业于北京师范大学体育卫生系,1957 转业到北京矿业学院任教,1990 年 6 月退休。

高鸣岗(1932.1—),女,四川内江市人,副教授 1973 年调入四川矿业学院,1988 年退休。

江朝文(1935.6—2020.10),男,重庆璧山人,副教授,1956 年考入成都体育学院,1958 年 8 月毕业后分配到北京市体委,1959 年 9 月调入北京矿业学院体育教研室任教,1995 年退休。

张庆权(1935.9—),男,河北武清人,教授,1960 年毕业于北京矿业学院采矿系留校工作,1995 年退休。

锁孝麟(1936.11—),男,副教授,回族,1960 年毕业于北京体育学院,分配到北京矿业学院任教,1996 年退休。

赵景森(1936.12—2017.6),男,河北昌黎县人,副教授,1956 年毕业于湖北电力学校体师班,分配到北京煤炭工业干部学校(1961 年并入北京矿业学院)体育教研室任教,1997 年退休。

高照凤(1937.5—),男,河北景县人,副教授,1959 年 11 月毕业于北京矿业学院采矿工程专业留校工作,1997 年退休。

李伟(1937.7—),男,河北南皮县人,副教授,1956 年分配到北京煤炭工业干部学校(1961 年并入北京矿业学院)体育教研室任教,1997 年退休。

张强(1939.1—)男,吉林省辉南县人,教授,1964 年毕业于北京师范大学体育系,1978 年 8 月调入中国矿业学院任教,2000 年退休。

曾昭艳(1952.12—),男,四川泸州人,副教授,1969—1973 年参军服役,1976 年毕业于成都体育学院,分配至四川矿业学院体育教研室任教,2011 年退休。

凌锦华(1953.1—),男,江苏扬州人,副教授,1975—1977 年进入扬州师范学院体育系学习,1981 年调入中国矿业学院工作,2013 年退休。

王玉兰(1953.12—),女,四川资阳人,副教授,1977 年 7 月毕业于成都体育学院体育教育系,分配至四川矿业学院体育教研室任教,2014 年退休。

曹竞成(1956.7—)男,江苏徐州人,教授,1984 年毕业于上海体育学院,1987 年调入中国矿业大学体育部任教,2016 年退休。

王朝军(1961.5—),男,辽宁辽阳人,教授,1982 年 7 月毕业于东北师范大学体育系,1984 年 5 月年调入中国矿业大学体育部任教,2021 年 5 月退休。

(二) 退休职工

王德华

武梦琴(女)

杨秀英(女),1964.9 参加工作,体育部任会计员。

张秀玉(女)

马丽英(女)

赵红英(女),1977 年 4 月参加工作,2008 年退休。

张兴碧(女),1975 年 8 月参加工作,2011 年退休。

唐直蓉(女),1971 年 12 月参加工作,2011 年退休。

倪嘉华(女),从学校图书馆调入体育部,2014 年退休。

姜吉显,1950 年 12 月参加工作,1992 年退休。

程兴福,1966 年 6 月参加工作,2009 年退休。

王寿增,1975 年 1 月参加工作,2014 年退休。

王永凯,1979 年 10 月参加工作,2014 年退休。

彭军,1976 年 12 月参加工作,2020 年退休。

(三) 调离教师

丁日熙(1929.5—),男,山东黄县人,1952 年毕业于北方交通大学,分配至北京矿业学院建井系任教,1960 年 5 月—1978 年 10 月在体育教研室任教,1978 年 10 月调入院情报室、图书馆工作,1990 年退休。

刘培福(1938.4—2006.3),男, 1965 年 7 月毕业于北京体育学院,毕业后分配到北京矿业学院任教,1986 年 9 月调入中国煤炭经济学院体育教研室任教。

张芝兰(1943.4—),女, 1966 年 7 月毕业于北京体育学院,1972 调入四川矿业学院任教,1986 年 9 月调入中国煤炭经济学院体育教研室任教。

高纯(1961.8—),女,北京市人,1982 年 1 月毕业于北京体育学院,分配到学校任教,1987 年 3 月留学并定居澳大利亚。

姚志宏(1960.11—),男, 1982 年 1 月毕业于北京体育学院,分配到学校任教,1987 年辞职自主创业,现为徐州市健美丽人健身俱乐部总经理。

欧英书(1962.4—),男,湖北武汉人,1982 年毕业于武汉体育学院,分配到学校任教,1987 年调入湖北大学体育部任教。

郑金龙(1965—),男,1988 年 7 月毕业于西安体育学院,分配到学校任教,1990 年调入陕西省咸阳工商银行工作。

张理清(1967—),女,1989 年 7 月毕业于北京体育学院,分配到学校任教,1990 年 2 月调离,后移居美国学习、工作。

赵林(1962.6—),男,山东济南人,1981 年毕业于上海体育学院分配到学校任教,1991 年调离,后定居澳大利亚。

江红(1966.5—),女,1986 年 7 月毕业于北京体育学院,分配到学校任教,1992 年调离,后在湖南长沙某高校工作。

李勇(1965.6—),男,1987 年 7 月毕业于北京体育学院,分配到学校任教,1992 年调离,后在广东深圳学习、工作。

魏媛(1966.7—),女,1987 年 7 月毕业于北京体育学院,分配到学校任教,1992 年调离,后移居德国。

陈干华(1942.5—),男,河北省丰润县人, 1965 年 7 月毕业于北京体育学院田径系,分配到北京矿业学院体育教研室任教,1993 年调入山西经济管理学院(现山西财经大学)任教。

江嘉婉(1945.9—),女,四川成都人,1974 年调入四川矿业学院体育组任教,1994 年 6 月调入四川工学院任教。

朱林华(1964.10—),男,1987 年 7 月毕业于北京体育学院,分配到学校任教,1994 年调入合肥农业大学体育学院任教。

焦亚频(1965—),男,1988 年 7 月毕业于武汉体育学院,分配到学校任教,1994 年 7 月调入河南师范大学体育学院任教。

陶于(1965—),男,1989 年 7 月毕业于上海体育学院,分配到学校任教,1994 年调入东莞学院体育部任教,2003 年调入南京师范大学体育学院任教。

易汝玲(1965—),女,1988 年 7 月毕业于中国矿业大学,留校任体育部辅导员,1994 年调入中国矿业大学计算机学院。

欧阳文(1966—),男,1990 年 7 月毕业于武汉体育学院,分配到学校任教,1995 年调入上海大都会高尔夫俱乐部工作。

锁明(1967—),男,1990 年 7 月毕业于北京体育学院,分配到学校任教,1996 年调入上海行健职业技术学院体育卫生部任教。

陈九庆(1968—),男,1990 年 7 月毕业于北京体育学院,分配到学校任教,1996 年自主创业,现在北京某公司工作。

吴孜孜(1974—),男,1990 年 7 月毕业于南京体育学院,分配到学校任教,1996 年自主创业,现在北京中科恒业科技有限公司工作。

房庆芳(1972—),女,1997 年 7 月毕业于南京师范大学,分配到学校任教,1996 年调入上海大都会高尔夫俱乐部工作。

陈雷(1972—),男,江苏盐城人,1996 年毕业于北京体育大学,分配到学校任教,1998 年调入盐城市公安局工作。

高丽(1967—),女,江苏盐城人,1996 年毕业于徐州师范学院体育系,分配到学校任教,1998 年考入北京体育大学硕士研究生,毕业后调入华北科技学院体育部工作。

宋全征(1967—),男,1996 年 7 月毕业于徐州师范学院体育系,分配到学校任教,2000 年考入上海体育学院博士研究生,毕业后分配到华东师范大学体育学院工作。

高兵(1972—),男,1996 年 7 月毕业于南京体育学院,分配到学校任教,2000 年考入北京体育大学硕士,毕业后至北京市体育局体育运动技术学院工作。

张小龙(1962.6—),男,河北人,1984 年 7 月毕业于成都体育学院,分配到学校任教,1997 年获北京体育大学教育学硕士,2001 年调入中国石油大学(北京)任教。

刘华(1972—),男,湖南长沙人,1996 年毕业于北京体育大学,分配到学校任教，2001 年后辞职。

程杰(1961.3—)，男，河北人，1982 年 7 月毕业于西安体育学院，1984 年 6 月调入中国矿业大学体育部任教，1997 年获北京体育大学教育学硕士，2004 年调入上海大学体育学院。

冯晓玲(1978—)，女，山东济南人，2002 年毕业于武汉体育学院，分配到学校任教，2006 年考入北京体育大学博士，后到美国留学、工作。

张新(1964.4—)，男，江苏沛县人，1987 年毕业于新疆师范大学体育系，1995—2006 年在中国矿业大学体育学院任教，2006 年 9 月调入浙江理工大学体育部任教。

孙天明(1963.11—)，男，江苏徐州人，1986 年毕业于苏州大学体育系，分配到学校任教，1997 年获北京体育大学教育学硕士，2007 年调入上海电机学院体育部任教。

彭杰(1962.2—)，男，浙江杭州人，1983 年 7 月毕业于上海体育学院，分配到学校任教，2008 年 4 月，调入上海工程技术大学体育学院任教。

杨剑(1970.11—)，男，江苏丰县人，1993 年毕业于武汉体育学院，分配到学校任教，2000 年获武汉体育学院硕士学位，2003 年获华东师范大学博士学位，2010 年调入华东师范大学体育学院任教。

付晓龙(1970—)，男，山东曲阜人，2006 年硕士毕业于曲阜师范大学，分配到学校任教，2010 年调入上海务本会计学院任教。

李海鹏(1977—)，男，2007 年毕业于华东师范大学，分配到学校任教，2010 年进入华东师范大学体育学院博士后流动站学习。

曹原(1971—)，男，河南开封人，1993 年毕业于武汉体育学院，分配到学校任教，2010 年调入河南大学体育学院任教。

白江(1963—)，男，蒙古族，内蒙古自治区赤峰市人，我国著名男子篮球运动员，运动健将，教授。2004 年 11 月，受聘中国矿业大学男篮主教练，2012 年调入中南大学体育学院任教。

张玉超(1972.12—)，男，河南开封人，1996 年 6 月毕业于华中师范大学体育系，2005 年 9 月调入我校体育学院，2018 年调入南昌航空航天大学体育学院。

房纹萱(1987.1—)，女，山东平原人，2010 年 7 月毕业于中国矿业大学，留校工作，2015 年 12 月北京体育大学教育学硕士，校高水平女子篮球队教练，2020 年 4 月调入上海体育学院任教。

张矛矛(1981.6—)，女，江苏徐州人，2003 年 7 月毕业于徐州师范大学外国语学院，2009 年 6 月博士毕业于北京体育大学，分配到矿大工作，教育学博士，教授，硕士生导师。2020 年 7 月调任学校人文社科处副处长。

马英虎(1979.11—)，男，2007 年 6 月获中国矿业大学思想政治教育硕士学位，先后担任体育学院团委书记、学生工作办公室主任、教学秘书。2020 年 7 月，调任中国矿业大学北京校区西一楼综合办公室主任。

张海斌(1985.8—)，男，山东泰安人，2008 年 7 月毕业于鲁东大学，2015 年 6 月北京体育大学教育学博士，毕业来校工作，2021 年 7 月辞职。

池忠军(1963.4—)，男，2000—2003 年任体育系主任，后调入中国矿业大学文法学院。

姜建平(1954.7—)，女，2000—2005 年任体育系书记，后调入中国矿业大学纪委、监察处。

蔡晓星(1967.12—)，男，2000—2006 年任体育系副书记，后调入中国矿业大学成人教育学院。

李林(1980.7—)，男，2005—2009 年任体育系辅导员，后调入中国矿业大学校办公室、党委办公室。

蒋冬英(1963.11—)，女，2004 年调入我校体育学院工作，2012 年调入中南大学体育部工作。

白克义(1955.6—)，男，2004—2012 年任体育学院书记，后调入中国矿业大学银川学院。

龙景奎(1970.3—)，男，2012—2015 年任体育学院书记，后调入中国矿业大学党政办。

郭鹏(1968.9—)，男，2006—2016 年任体育学院副书记，后调入中国矿业大学保卫处。

李德福(1978.10—)，男，2003—2007 年任体育学院辅导员，2016—2019 年任体育学院副书记，后调入中国矿业大学学生工作处。

关富远(1981.11—)，男，2019—2020 年任体育学院副书记，后调入中国矿业大学学生工作处。

赵萌(1979.9—)，女，2010—2021 年任体育学院教学、行政办公室主任，2021 年 3 月调入中国矿业大学电气与动力工程学院。

(四)现任教职工

现任教师

李晓新(1962.12—)，男，山东德州人，1985 年 7 月毕业于上海体育学院体育系，分配到矿大工作，副教授。主要担任体育舞蹈课程教学。

周道华(1963.4—)，男，江苏徐州人，1986 年 7 月毕业于北京体育学院运动系，分配到矿大工作，讲师。主要担任足球课程教学。

樊六东(1963.11—)，男，江苏滨海人，1986 年 7 月毕业于徐州师范学院体育系，分配到矿大工作，副教授。主要担任篮球课程教学。

邵安伟(1964.7—),男,浙江温州人,1986 年 7 月毕业于上海体育学院体育系,分配到矿大工作,讲师。主要担任网球课程教学工作。

项立敏(1964.11—),男,江苏省徐州人,1988 年 7 月毕业于北京体育学院体育系,分配到矿大工作。1997 年获北京体育大学教育学硕士学位,教授,硕士生导师。主要担任体育社会学、体育概论、社会体育导论等课程教学。

刘晓伟(1965.2—),男,山东蓬莱人,1986 年 7 月毕业于北京体育学院体育系,分配到矿大工作,副教授。主要担任田径教学和田径高水平运动队教练。

张安君(1965.3—),男,山东鄄城人,1990 年 7 月毕业于南京体育学院,分配到矿大工作。2007 年获北京体育大学教育学硕士学位,副教授。主要担任武术课程教学。

石道兴(1966.10—),男,山东济南人,1989 年毕业于淮北煤炭师范学院,2001 年 7 月获西安体育学院教育学硕士学位,副教授。主要担任体育统计、乒乓球等课程教学。

孟献峰(1968.1—),男,安徽淮北人,1992 年 7 月毕业于中国矿业大学经贸学院(高水平)留校工作。2009 年获中国矿业大学工学(通信与信息系统)硕士学位,教授,硕士生导师。主要担任体育营销学、田径等课程教学。

张青(1968.10—),女,江苏常州人,1991 年 7 月毕业于北京体育学院体育系,分配到矿大工作,副教授,硕士生导师。主要担任网球、排球等教学。

翟丰(1969.11—),男,江苏南通人,1991 年 7 月毕业于北京体育学院体育系,分配到矿大工作。2014 年 6 月获中国矿业大学管理学博士学位,教授,硕士生导师,体育学院院长。主要担任运动训练学、篮球等课程教学。

徐碧鸿(1970.3—),男,江苏宿迁人,1993 年 7 月毕业于徐州师范大学体育系,2012 年 6 月获中国矿业大学大学管理学博士学位,副教授。主要担任学校体育学、足球等课程教学,校高水平女子足球教练。

王晓贞(1970.9—),女,河南平顶山人,1993 年 7 月毕业于武汉体育学院体育系,分配到矿大工作。2011 年 6 月获中国矿业大学工学(通信与信息系统)硕士学位,副教授。主要担任健美操等课程教学。

孙耀(1970.9—),男,江苏徐州人,1994 年 7 月毕业于上海体育学院体育系,到矿大工作。2007 年 12 月获苏州大学教育学硕士学位,副教授。主要担任田径、健身指导等课程教学。

杨家坤(1972.12—),男,湖北潜江人,1996 年 7 月毕业于武汉体育学院体育系,到矿大工作。2007 年 6 月获苏州大学体育教育与训练学硕士学位,副教授。主要担任散打等课程教学。

纪建国(1972.12—),男,江苏新沂人,1994 年 7 月毕业于上海体育学院体育系,到矿大工作。2008 年 6 月获中国矿业大学教育学硕士学位,讲师。主要担任体育场地设施与管理、篮球等课程教学。

张清华(1973.2—),男,黑龙江齐齐哈尔人,1996年毕业于牡丹江师范学院体育系,2003年7月获东北师范大学教育学硕士学位,到矿大工作,副教授,硕士生导师。主要担任排球、乒乓球等课程教学。

张建春(1973.5—),男,河南新乡人,1997年7月毕业于西安体育学院,到矿大工作。2012年获中国矿业大学工学(安全工程)硕士学位,讲师。主要担任跆拳道等课程教学。

张大中(1973.8—),男,辽宁锦州人,1997年7月毕业于沈阳体育学院,到矿大工作。2007年6月获中国矿业大学教育学硕士学位,副教授。主要担任篮球等课程教学。

张晓侠(1973.8—),女,江苏徐州人,1997年7月毕业于上海体育学院,到矿大工作。2008年6月获上海体育学院教育学硕士学位,副教授。主要担任高水平游泳队教练。

张松奎(1973.12—),男,山东郓城人,1996年7月毕业于曲阜师范大学体育系,2008年7月获北京体育大学教育学博士学位来校工作,副教授。主要担任体育教育学、篮球等课程教学。

王涛(1974.10—),男,山东枣庄人,1997年7月毕业于武汉体育学院武术系,到矿大工作。2012年6月获中国矿业大学教育学硕士学位,副教授。主要担任武术课程教学。

许彩明(1974.10—),男,山东郯城人,1998年7月毕业于曲阜师范大学体育系,2001年7月硕士毕业来校工作,2010年12月获中国矿业大学管理学博士学位,教授,硕士生导师。主要担任体育管理学、篮球等课程教学。

乔秀芳(1975.7—),女,山西应县人,1999年7月毕业于淮北煤炭师范学院生物系,2002年7月获徐州师范大学教育学硕士学位,到矿大工作,副教授。主要担任运动解剖学、运动生理学等课程教学。

古强(1975.8—),男,河南南阳人,1999年7月毕业于河南师范大学体育系,2008年7月获中国矿业大学教育学硕士学位,留校工作,副教授。主要担任体操、足球等课程教学。

孙志鹏(1976.1—),男,江苏铜山人,1998年7月毕业于上海体育学院体育系,到矿大工作,2007年6月获苏州大学教育学硕士学位,副教授。主要担任网球等课程教学。

杨文礼(1976.5—),男,安徽萧县人,2000年7月毕业于安徽师范大学体育系,2005年7月获陕西师范大学教育学硕士学位,副教授,硕士生导师。主要担任网球等课程教学。

高艳敏(1976.8—),女,安徽萧县人,2000年7月毕业于淮北煤炭师范学院,

2006年7月毕业于陕西师范大学，教育学硕士，副教授。主要担任网球等课程教学。

周鹏（1976.12— ），男，内蒙古呼伦贝尔人，1998年7月毕业于哈尔滨体育学院，到矿大工作，1998年7月获北京体育大学教育学硕士学位，副教授。主要担任比较体育学、篮球等课程教学。

王小云（1977.7— ），女，山东德州人，1998年7月毕业于武汉体育学院管理系，到矿大工作，2006年12月获苏州大学教育学硕士学位，副教授。主要担任网球等课程教学。

张艳平（1978.8— ），女，山东济宁人，1999年7月毕业于中国矿业大学管理学院（高水平）留校工作，2010年获中国矿业大学教育学硕士学位，副教授。主要担任羽毛球等课程教学。

王明伟（1978.8 — ），男，江苏沛县人，2000年6月毕业于苏州大学，2016年6月获上海体育学院教育学博士学位，2021年1月调入体育学院工作，副教授，硕士生导师。主要担任体能训练、体育科研方法等课程教学。

王军利（1979.1— ），男，河南开封人，2002年7月毕业于西安体育学院，2013年7月获清华大学教育学博士学位，到矿大工作，副教授，硕士生导师。主要担任跆拳道、越野行走等课程教学。

金曼（1979.8— ），女，江苏镇江人，2002年7月毕业于苏州大学体育学院，2005年6月获苏州大学教育学硕士学位，到矿大工作，讲师。主要担任瑜伽等课程教学。

黄美蓉（1980.2— ），女，江苏南京人，2002年7月毕业于扬州大学体育学院，2005年7月获扬州大学教育学硕士学位，到矿大工作，2014年12月获中国矿业大学管理学博士学位，教授，硕士生导师。主要担任运动心理学、瑜伽等课程教学。

王飞（1980.2— ），女，山东莱芜人，2001年7月毕业于曲阜师范大学，到矿大工作，2018年12月获华东师范大学教育学硕士学位，讲师。主要担任体育舞蹈等课程教学。

李立杰（1980.4— ），女，内蒙古通辽人，2005年6月硕士毕业于沈阳体育学院，到矿大工作，体育学硕士，副教授。主要担任武术等课程教学。

戴磊（1982.5— ），男，四川乐山人，2003年7月毕业于成都体育学院，到矿大工作，2010年6月获中国矿业大学教育学硕士学位，讲师。主要担任羽毛球等课程教学。

纵凤侠（1982.6— ），女，安徽萧县人，2005年7月毕业于中国矿业大学大学体育学院，2008年7月中国矿业大学硕士研究生毕业留校工作，教育学硕士，讲师。主要担任乒乓球等课程教学。

余丹（1984.1— ），女，江苏徐州人，2008年7月毕业于中国矿业大学，2010年

7月来校工作，2015年6月获中国矿业大学教育学硕士学位，讲师。主要担任网球等课程教学。

陈文佳(1984.3—)，男，山东单县人，2019年6月毕业于北京体育大学，博士研究生，副教授，2019年9月到中国矿业大学体育学院工作。主要担任体能训练、体育产业与市场管理等课程教学。

孙术奇(1986.8—)，男，山东威海人，2012年6月毕业于中国矿业大学(高水平)留校工作，教育学硕士，副教授。主要担任校高水平男子篮球队教练工作。

童甜甜(1987.10—)，女，安徽宿州人，2021年6月毕业于华东师范大学，2021年7月到中国矿业大学体育学院工作。博士研究生，讲师，主要担任健美操、体育概论等课程教学。

陈春平(1980.4—)，女，山东菏泽人，2020年6月毕业于北京体育大学，2020年7月到中国矿业大学体育学院工作。博士研究生，讲师，主要担任体能训练、田径等课程教学。

白剑飞(1992.8—)，男，河北人，2019年6月毕业于北京体育大学，2019年8月到中国矿业大学体育学院工作。硕士研究生，助教，主要担任武术等课程教学。

崔爽(1993.2—)，女，河北邯郸人，2019年6月毕业于中国矿业大学(高水平)留校工作，硕士研究生，助教。主要担任校高水平女子篮球队教练及篮球课程教学等工作。

周文强(1993.7—)，男，山东济南人，2020年6月毕业于北京体育大学，2020年7月到中国矿业大学体育学院工作。硕士研究生，助教，主要担任游泳等课程教学。

李卫健(1993.10—)，女，黑龙江大庆人，2020年6月毕业于北京体育大学，2020年10月到中国矿业大学体育学院工作。硕士研究生，助教。主要担任田径等课程教学，校高水平运动队田径教练。

张彭(1994.2—)，男，江苏徐州人，2021年6月毕业于中国矿业大学(高水平)，2021年6月到中国矿业大学体育学院工作。硕士研究生，助教。主要担任体能训练、篮球等课程教学。

尹一童(1995.4—)，男，河北廊坊人，2020年6月毕业于云南农业大学，2020年10月到中国矿业大学体育学院工作。硕士研究生，助教。主要担任乒乓球等课程教学。

刘冠林(1995.7—)，男，安徽宿州人，2019年6月毕业于悉尼科技大学，2019年10月到中国矿业大学体育学院工作。硕士研究生，助教。主要担任网球等课程教学，校高水平运动队网球教练。

吕珊珊(1996.3—)，女，山东济宁人，2019年6月毕业于辽宁师范大学，2019年6月到中国矿业大学体育学院工作。硕士研究生，讲师。主要担任乒乓球等课